中国近代初中算术教育史研究

常红梅 著

中国纺织出版社有限公司

内 容 提 要

本书以中国近代初中算术教育为研究对象,分为四个时期探究初中算术教育的发展历程,分析不同时期初中算术教育背景、状况,对具有代表性的初中算术教科书进行个案分析,总结初中算术教科书的编写理念、内容体系及编写特点等。通过分析初中算术教科书,挖掘当时中国数学家、数学教育家及数学教育工作者编写初中算术教科书的理念、思路,探寻他们所持的数学教育观,以及对初中算术教科书编写出版作出的贡献,得出当代中小学数学教育发展可供借鉴的典型经验,为中国近代数学教育、数学文化的研究提供理论参考。

图书在版编目（CIP）数据

中国近代初中算术教育史研究 / 常红梅著. --北京：中国纺织出版社有限公司，2023.9
ISBN 978-7-5229-0794-9

Ⅰ. ①中… Ⅱ. ①常… Ⅲ. ①算术课－初中－教育史－研究－中国－近代 Ⅳ. ①G633.602

中国国家版本馆CIP数据核字（2023）第144304号

责任编辑：段子君　　责任校对：高　涵　　责任印制：储志伟

中国纺织出版社有限公司出版发行
地址：北京市朝阳区百子湾东里A407号楼　邮政编码：100124
销售电话：010—67004422　传真：010—87155801
http://www.c-textilep.com
中国纺织出版社天猫旗舰店
官方微博http://weibo.com/2119887771
天津千鹤文化传播有限公司印刷　各地新华书店经销
2023年9月第1版第1次印刷
开本：710×1000　1/16　印张：14.75
字数：210千字　定价：99.00元

凡购本书，如有缺页、倒页、脱页，由本社图书营销中心调换

序

常红梅博士的著作《中国近代初中算术教育史研究》即将出版，这是一件值得高兴的事。中国近代算术教育由小学算术和初中算术教育两个部分组成，小学算术教育史的研究成果丰富，但是初中算术教育史的研究成果并不多见，有很大的继续深入研究的空间。常红梅博士的这项研究成果是对清末民国时期初中算术教育史研究的重要成果，是第一部研究中国近代初中算术教育史的专著。为此我借此良机简要地表达对中国近代算术教育的认识。

中国传统算术教育具有两千多年的辉煌历史，创造了不少世界纪录，也对日本和朝鲜半岛产生了积极国际影响。但是随着西学东渐和清末教育改革的迅猛推进，西方笔算数学在神州大地被普及，中国传统算术教育失去了往日的主导地位，在中小学只有珠算被保留，而且所占课时较少。算术教育，从表面上看就是加减乘除法及其应用的教学过程，但是就实际而言，中国近代算术教育经历了错综复杂的发展历程。

清末时期，由于《奏定学堂章程》是模仿日本学制制订的，因此算术教科书多数为直接翻译日本教科书或参考日本教科书而编辑的，其中小学算术教科书大多为国人自编，而中学算术教科书部分是编译日本算术教科书的。出于出版企业追求利润和教育界顺利推进教育发展的目的，编辑出版的算术教科书书名多冠以"最新""新式"等称谓。算术教学法主要是经日本传入的赫尔巴特五段教学法。对教学理论的研究几乎没有自己的东西，仅见王国维翻译进来的日本著名数学教育家藤泽利喜太郎所著《算术条目及教授法》。

民国时期，算术教育发展迅速，政治形势和各种教育思潮对算术教育产生了深刻影响。

首先，民国时期算术教科书具有多样化发展特点。这一时期的算术教科书经历了自编为主、翻译为辅的本土化历程。民国成立伊始，倡导"共和"思想的小学和中学的《共和国算术教科书》出版发行。后来在分科主义、实用主义、融合主义和实验主义的影响下，初中数学教科书的编制发行也呈现了不同特色并实现了不同阶段的历史使命。此时出现了各种主义下的算术教科书，如在实用主义思潮的历史背景下，出现了北京教育图书社编辑的《高等小学实用算术教科书》（商务印书馆，1915年）、陈文编写的系列教科书《实用主义中学新算术》（科学会编辑部，1916年）等。1920年代，融合主义（亦称混合主义）盛行，于是涌现出多种融合主义初中数学教科书，如程廷熙、傅种孙编《新中学教科书初级混合数学》（中华书局，1923年）、段育华编《初级中学用新学制混合算学教科书》（商务印书馆，1923年）、张鹏飞编《初级中学用新中华教科书算学》（中华书局，1923年）等。1930、1940年代，在实验主义思潮下出现了实验主义算术教科书，如张幼虹的《实验初中算术》（建国书局，1934年）。1930年代，商务印书馆出版的小学和初中"复兴算术教科书"影响颇大。

其次，算术教学研究方面，国人成立算术教学研究团体，如俞子夷在南京成立"江苏省算术商榷会"；国人陆续创办《教育杂志》《中华教育界》《教与学》《中等算学月刊》等杂志，并刊登算术教学研究方面的文章；翻译了美国舒兹的《中等学校算学教授法》、日本小仓金之助的《算学教育的根本问题》和美国波利亚的《怎样解题》等具有重要影响的著作。同时，从1920年代开始出现了俞子夷编写《小学算术教学法》、刘开达编写《中学数学教学法》、钟鲁斋编写《小学各科教学法》《中学各科教学法》（其中有算术教学法）等著作。在此过程中，在上海、江苏、北京等地也陆续开展了算术教学、珠算教学的实验研究活动。

总之，中国近代中小学算术教育在课程、教科书建设、教育教学研究等诸方面取得的成绩是有目共睹的，这也为新中国成立后的算术乃至整个数学教育奠定了基础。因此，就这些问题展开系统地、深入地研究是非常必要的。但是就中国近代算术教育历史研究而言，仍相当薄弱。相信常红梅博士的《中国近代初中算术教育史研究》能够充实这一薄弱环节，也希望常红梅博士今后深入研究中小学数学教育史，取得更好的成绩。

代钦

2023 年 8 月

前言

算术是数学的一个分支,是数学的初级形态,专门研究有理数的性质和运算。算术在科学、数学、生活中处于重要的基础地位。在清末民国时期,算术作为代数、几何、三角等学科的基础,在小学和初中均有所设置。初中算术作为小学算术的承接,是算术学科学习的更高阶段,在初步计算的基础上强调运算原理的学习与研究。初中算术同样与初中代数、几何相结合,在教科书中设置简单的代数、几何知识等。

本书以清末民国时期(1902—1949)初中算术教科书为研究对象,分为四个时期,即清末时期(1902—1911)、民国初期(1912—1922)、民国中期(1923—1936)、民国后期(1937—1949),采用历史研究法、文献研究法、比较研究法、个案研究法,探究中国初中算术教科书的发展历程;分析不同时期具有代表性初中算术教科书的编写理念、编排形式、内容体系、编写特点等;总结影响中国初中算术教科书变迁的内外部主要因素、初中算术教科书发展的整体特点;挖掘初中算术教科书编写者所持的数学教育观;得出可供当代中小学数学教科书编写借鉴的典型经验。本书主要研究内容为以下六个部分。

1. 清末时期,学习日本学校制度建设经验,建立中国近代新学制与新型数学课程制度。教科书编写群体主要为留日人员,以翻译、编译日本教科书为主。在近代教科书审定制度初定时期,初中算术教科书编写、出版呈现多元化趋势,为教科书的本土化探索奠定了基础。代表性教科书在编写理念、内容等方面体现出新颖性、生活化的特点。

2. 民国初期,民国政府建立新型的民主共和体制,制定、颁布《壬子癸丑学制》，在模仿日本等国外教科书的基础上，教科书编写逐渐本土化。教科书内容体系注重小学算术与初中算术的衔接性，凸显了初中算术实用性与生活化的特点。代表性教科书编辑者展现了先进的数学教育观，为近代数学教育的发展作出了积极贡献。

3. 民国中期，中国学制系统取法欧美，1922年建立"六三三"学制。初中实行混合数学，算术与代数、几何、三角相融合编排设置。1929年转为混合与分科制并行。初中算术教科书编写坚持混合与单科并行策略，教科书呈现多元化趋势，编写出版达到了民国时期的高峰。混合数学教科书呈现各科知识巧妙融合及融入数学史内容丰富的特点，单科初中算术教科书注重算术内部各科知识的衔接性。

4. 民国后期，基本沿用"六三三"学制，数学课程标准在1936年课程标准基础上进行调整。以商务印书馆和正中书局、开明书店为代表的出版机构在资源短缺、条件困难的情况下，坚守教科书的出版，推动初中算术教科书的编辑、出版工作保持平稳前进。《实验初中算术》《国防算术》《中级算术》的编写出版极具代表性。

5. 阐释1902—1949年分数概念表述与分类表述的发展演变历程。分数概念表述经历了分数定义、商定义交替使用或混合使用的复杂演变过程。分数分类表述经历了不同时期对真分数、假分数、带分数、繁分数的表述演变。演变过程同样体现出分数如何使用及继承中国传统分数表述方法和接纳域外学界的数学文化的演变。

6. 通过上述五部分的具体分析，总结影响1902—1949年中国初中算术教科书变迁的内外部主要因素有：初中算术教科书的编写，政治、经济、文化的影响及日本、欧美的影响。探析初中算术教科书发展的宏观与微观特点，得出可供当代中小学数学教科书编写借鉴的有益经验。

著者

2023年5月

目录

第1章 绪论
1.1 选题背景 ... 1
1.2 研究目的与意义 ... 2
1.3 研究问题 ... 4
1.4 文献综述 ... 7
1.5 研究方法与思路 ... 31

第2章 1902—1911年中国初中算术教科书
2.1 清末时期历史背景 ... 33
2.2 数学教育制度 ... 34
2.3 初中算术教科书概述 ... 41
2.4 高等小学用算术教科书个案分析——以《高等小学用最新笔算教科书》为例 ... 43
2.5 初中算术教科书译作个案分析——《中学算术新教科书》 ... 56
2.6 小结 ... 65

第3章 1912—1922年中国初中算术教科书
3.1 民国初期历史背景 ... 68
3.2 数学教育制度 ... 69

3.3　初中算术教科书概述 ···72
　　3.4　个案分析——以《中学校用共和国教科书算术》为例 ·············74
　　3.5　数学家寿孝天的数学教育观 ···86
　　3.6　小结 ···97

第4章　1923—1936年中国初中算术教科书

　　4.1　民国中期历史背景 ··100
　　4.2　混合时期（1923—1928）初中算术教科书发展概况 ············100
　　4.3　混合与分科并行时期（1929—1936）初中算术教科书发展概况 ·····123
　　4.4　小结 ···135

第5章　1937—1949年中国初中算术教科书

　　5.1　民国后期历史背景 ··137
　　5.2　初中算术教科书发展概况 ···138
　　5.3　个案分析（一）——以《实验初中算术》为例 ·····················152
　　5.4　个案分析（二）——以《建国教科书初级中学算术》为例 ······161
　　5.5　小结 ···170

第6章　1902—1949年初中算术教科书个案分析
　　　　　——分数概念表述及分类表述之演变

　　6.1　初中算术教科书中分数概念表述之演变 ···························172
　　6.2　初中算术教科书中分数分类表述之演变 ···························183
　　6.3　小结 ···188

第 7 章 结论

7.1 影响 1902—1949 年中国初中算术教科书变迁的主要因素 ……………189

7.2 初中算术教科书发展的特点 …………………………………………………193

7.3 启示与借鉴 ……………………………………………………………………200

参考文献 …………………………………………………………………………………206

后记 ………………………………………………………………………………………224

第1章 绪论

1.1 选题背景

随着社会的发展、文化的进步，中国优秀的传统数学文化越来越受到人们的重视，中国数学教育史中经典的理论著作分析对于当代数学教育发展的借鉴与启示作用不容忽视。数学教科书是数学课程内容的载体，是数学教育得以开展的重要工具，因而对中小学数学教科书发展史的研究具有重要意义，尤其是对于其中一门学科——初中算术教科书发展史的深入研究更是探寻数学教育发展进程的有益佐证。

数学教育是对数学教材进行教学法的加工，使学生更容易理解和掌握数学的内容、思想和方法的教育活动，它在数学的产生、变革、发展过程中发挥了积极的传承作用，而数学的发展、创新又促进了数学教育的发展，因而数学教育与数学相辅相成，互相促进。数学教育围绕数学课程、数学教科书、数学教学方法等展开，数学教科书在其中发挥了不可或缺的工具作用。同时数学教科书又是依据数学课程标准（或教学大纲）编定，系统地反映数学学科内容，用于数学教学的文本。它既辅助教师开展数学教学，也指导学生进行数学学习，传递着从古至今优秀的数学文化、经验积累。

清末，中国废除封建科举制度，兴办新式学堂，学习日本学制模式，逐步建立近代新的学制体系。数学作为新式学堂的主要课程之一，在学校教育体系中占有重要地位。中国传统数学文化与西方数学文化在不断碰撞中，形成了中西融会的近代数学教育新思想,新的数学教育制度随之逐步建立。1904年《奏定学堂章程》颁布实施,据此新的数学课程制度订立,翻译、编译外国数学教科书成为满足当时新式学堂数学教育的有效途径。以商务印书馆为首的出版机构组织有留学经历或有大中小学教学经验的教师,编辑出版成套的数学教科书。但是,教科书的编写出版还不规范,于是清政府酝酿并初步建立教科书审定制度。在此制度规范下,数学教科书的编辑出版呈现多元化趋势,并积极探索数学教科书编写的本土化之路。

民国时期,教科书审定制度逐渐成熟,在各个阶段学制、数学课程制度的规范下,数学教科书由翻译、编译转变为国人自编为主,出现了许多有代表性的数学教科书,促进了数学教育的不断发展,传承了中国传统数学文化,同时也传播了西方先进的数学文化与知识。

中国近代数学教科书经历了从不成熟、不完善到逐步成熟、完善的历程,其多元化、本土化的教科书发展趋势,不同阶段教科书编写呈现的不同特点,为近代数学教育的研究提供了基础资料。一大批学界精英参与到各科教科书的编写行列中,推行教育救国的新思想。经过几代学者的不懈努力,近代教科书历经改进和发展,日趋成熟,形成了承上启下的编写体系。探究、借鉴当时数学教科书的编辑经验,总结当今数学教科书知识体系的来龙去脉,对数学教育教学规律的探索及数学教育历史性知识的掌握都大有裨益。

1.2 研究目的与意义

1.2.1 研究目的

算术是数学的基础,算术教科书的深入研究是数学教科书整体研究的基础。本书立足清末民国时期中国初中算术教科书的考察,分析初中算术教科书在翻译、编译日本等西方算术教科书的基础上,探索国人自编初中算术教科书的发展历程。主要研究目的包括：

（1）通过系统梳理清末民国时期中国初中算术教科书发展史，总结这个时期初中算术教科书发展的特点，透视近代数学教育发展整体状况，以及西方数学教育对中国数学教育的影响。

（2）以清末民国时期不同阶段代表性的初中算术教科书为个案，结合当时社会背景、教育制度、课程制度等发展状况，探析数学教育与社会政治、经济、文化的关系，以及中国初中算术教科书由翻译、编译到自编的演变过程，为当代中小学数学教科书的编写工作探寻可供借鉴之处。

（3）阐释初中算术教科书编写者的基本情况、教科书编写理念及教科书所蕴含的教育价值，探析当时中国数学教育家及数学教育工作者所持的数学教育观，总结可供借鉴的历史经验，为当今数学教科书编写者提供参考，为数学教科书建设提供启示。

1.2.2　研究意义

对前人未有的研究进行分析探究，发现问题、总结经验，为后人提供有价值的研究参考。对于清末民国时期中国数学教科书发展史的研究，如代数教科书、解析几何教科书、三角学教科书等都有研究，但是对初中算术教科书发展史仍无系统研究，因而本书具有以下理论与现实意义：

（1）分析中国初中算术教科书的整体发展脉络，局部呈现中国近代数学教育发展状况，总结当时中小学数学教科书的编写背景、内容体系、编写特点等，为中国当代数学教科书的编制及数学教育的理论研究提供参考和借鉴。

（2）选取清末民国时期各阶段有代表性的初中算术教科书进行详细解析，呈现当时初中算术教科书对中西数学文化的吸纳与传承，为当代中小学数学教科书融入数学文化与数学史提供范式与资料参考。

（3）探析清末民国时期数学教育家及数学教科书编辑者编写初中算术教科书的基本理念，教科书出版企业编印出版数学教科书的初衷，展现当时教科书的编写出版与社会政治、经济、文化的关系，为当代中小学数学教科书编写出版体系建设起到启示作用。

（4）清末民国时期初中算术教科书中优秀个案设计、编辑思想的分析研究，有助于为其他学科知识的有效设计提供参考，使各科的知识体系更加适合儿童身心发展规律，激发儿童学习兴趣，进而使儿童合理高效地掌握知识，同时对学校教育教学体系的完善具有借鉴意义。

1.3 研究问题

1.3.1 概念界定

（1）算术的含义。算术是数学的起点，是数学的分支之一，主要研究数概念的产生和发展、数及数集上的运算、数集的公理结构及数的性质等。在西方文艺复兴之前，数的理论与运算研究是分开的。但在中国古代，算术指的是整个数学，特别重视数的运算、计算方法的研究。也可以说，算术是研究正规数和分数以及它们之间的基本运算即加减乘除。算术相对于代数、几何、三角等学科来说，是中国传统数学教育中最古老的，"算"是指计算，"术"是方法的总称，因而算术主要是教授学生学习计算方法及其基本原理的学科。最有代表性的中国古代数学教科书就是《九章算术》了。

（2）算术的发展历史。中国古代的算术主要是筹算，大约是春秋战国时期出现的，以算筹作为计算工具，直至明代出现了以算盘为计算工具的珠算，逐渐代替了筹算。明代后期，一些西方传教士来到中国，传播西方科学文化，笔算随之传入中国，逐渐代替了珠算。口算一直伴随着筹算、珠算、笔算。笔算的传入，首先，由利玛窦（Matteo Ricci，1552—1610）口译、李之藻（1565—1630）笔述的《同文算指》于1614年刊行，这是输入中国的第一部欧洲笔算著作。其次，由英国传教士蒙克利夫（E. T. R. Moncrieff）编著的《算法全书》于 1852 年出版。最后，由伟烈亚力（Alexander Wylie，1815—1887）编著的《数学启蒙》于 1851 年出版，书中介绍的是初等数学知识。❶

（3）算术的地位。清末，"数学教育的普及程度堪称空前。而就数学教育的观念言之，尚有一个发展变化的过程。此时之数学虽非六艺之末，而始终作为一门实用的知识予以提倡，不是作为一种系统的理论进行探讨。"❷因而，算术作为初等数学教育的主要科目，以训练学生对实用知识的计算能力为主。

算学即数学，依据 1922 年新学制课程会议精神将数学改叫"算学"。至 1939 年又改称数学。算学固有实用上的价值，但在中等教育上，其重要价值反而体现在锻炼思维上，教以如何着想，如何推究，如何布算，培养学生深刻、精密分析的思维。每种科学都脱离不了算学，算学是一切科学的基础，而算术又是算学的基础，是算学的初级形态。初中算术是承接小学算术、初中代数、初中几何的一门学科。小学算术主要以整数、分数、小数的四则运算和简单的空间关系介绍为主，知识学习较浅显，初中算术是对小学算术的温习与提升，探究数的计算性质与原理，并引入一些初中代数、几何的知识，为初中代数、几何的学习奠定基础。

1.3.2 研究范围

（1）时间范围：1902—1949 年。本书时间范围界定为 1902 年至 1949 年，以清政府颁布的"壬寅学制"（即钦定学堂章程）为研究中国初中算术教科书发展史的起点，以 1949 年中华人民共和国成立为界，具体分为四个时间段：清末、民国初期、民国中期、民国后期，以中国数学教育史的视角，系统研究这一时期中国初中算术教科书的发展历程及特点。

（2）高等（级）小学用算术教科书与初级中学校用算术教科书相当。本

---

❶ 熊月之. 西学东渐与晚清社会 [M]. 北京：中国人民大学出版社，2011：46，121，148.
❷ 李兆华. 中国近代数学教育史稿 [M]. 济南：山东教育出版社，2005：24.

书拟选择清末民国时期初级中学校用算术教科书（高等小学用算术教科书）为主要研究对象，不涉及初等小学使用的算术教科书。1922年学制之前，没有初中和高中的概念，初等小学学习年限四年，高等小学三年，高等小学相当于初中水平，因此，把高等小学算术教科书当作初中算术教科书。1922年以后明确了小学六年、初中三年、高中三年的学制，因而1922年之前的高等小学算术教科书和1922年以后的初中算术教科书都属于本书研究范围，如无特殊说明，本书中所说算术教科书均指初中算术教科书。

1.3.3 研究内容

（1）对中国1902—1949年编辑出版的初中算术教科书发展历程进行系统梳理，把握当时每个阶段初中算术教科书编辑出版的社会背景、学校制度及数学课程制度、教科书审定制度等的沿革、演变状况，对具有代表性的初中算术教科书进行个案分析，总结初中算术教科书的编写理念、内容体系及编写特点。

（2）具体比较分析以下几类初中算术教科书：

第一，分析同一时期典型的不同初中算术教科书之间的异同及特点。

第二，比较不同时期不同初中算术教科书的内容体系、编写特点，总结教科书编写的经验。

第三，比较翻译不同初中算术教科书之间的异同，以及对中国初中算术教科书编写的影响与启示。

（3）通过分析初中算术教科书，挖掘当时中国数学家、数学教育家及数学教育工作者编写初中算术教科书的理念、思路，探寻他们所持的数学教育观，以及对初中算术教科书编写出版作出的贡献。

（4）选取算术内容中的核心知识分数，分析清末民国时期初中算术教科书中分数的概念表述及分类表述的演变历程，探究分数如何使用及继承中国传统分数表述方法和接纳域外分数界的数学文化的演变历程。

1.4 文献综述

国内数学教育研究者对中国清末民国时期数学教科书进行了较为系统的研究，已有研究为：代数教科书、几何教科书、三角学教科书、小学算术教科书研究等硕博士学位论文，但对清末民国时期初中算术教科书进行系统阐释的文章仍不多见，且尚未发现有关清末民国时期中国初中算术教科书发展史方面的研究，相关论著及硕博士学位论文也未见到。以下主要从国内和国外两个方面阐述已有研究现状。

1.4.1 国内相关研究现状

1.4.1.1 中国数学教育史（数学教科书）相关著作研究

（1）李俨（1892—1963），著名数学史家，中国数学史研究的先行者，同时也是中国数学教育史研究领域的开拓者之一，20世纪30年代便开始对中国古代至清末的数学教育制度史和数学教科书发展史的分期和比较等方面进行研究，主要收录在其著作《中国数学大纲》（商务印书馆，1931）❶中。李俨在相应时间分阶段分别论述了数学教育制度以及数学教科书等内容，十分具体和详尽。之后，又发文《唐宋元明数学教育制度》❷《清代数学

---

❶ 李俨.李俨、钱宝琮科学史全集第三卷[M].沈阳：辽宁教育出版社，1998.
❷ 李俨.唐宋元明数学教育制度[M]//李俨.中算史论丛第四集.北京：科学出版社，1955：238–280.

教育制度》❶《清季陕西数学教育史料》❷等，这些文章的内容与《中国数学大纲》基本一致，但更具特色。在这些研究中，李俨不仅对数学教育史进行了时间分期，而且依据大量翔实的一手史料，与国外同时期的数学教育进行比较论述，并与当时国外数学教育史家广泛交流，使这些文章成为数学教育史研究的奠基性成果，更为之后的数学教育史研究开创了范式。其中重点讨论了清代数学教育制度，从清初讲起，"无人通历算，圣祖初即位，便兴大狱……锐意学习历算，由西教士教授，并编数理精蕴等书，而国学中亦设算学馆。"❸概述了基督教和天主教创办的教会学校，并呈现了因当时教科书缺乏，英美法传教士兼学者自编和编译的教科书。但清初未养成数学人才，鸦片战争以后教育才较受重视。1862年设立同文馆，施行西洋教育制度等措施，目标仅在养成外交人才，而对于科学基础的数学教育还未加注意。且学制系统尚未建立，科举亦未废止，尽管相继成立广方言馆、技术专修学校、小学校以及普通学校等，但收效未著。到了清末，以维新变法为开端，到设立京师大学堂等学堂，制定学堂章程，直至1905年废科举，清代教育制度至此驶入正轨。对于数学教科书的使用，李俨简述了我国当时使用译著的情况，包括与传教士合译、编译美国和日本数学教科书等。在此基础上，具体论述了清末教科书的使用情况，给出详尽的书目明细以及教科书的出版机构。

对于算术内容，李俨系统研究并发表了《中算家的分数论》❹。以中国古代天文历算和数学著作为对象，厘清了其中分数的发展历程，从无到有，从粗略到精确，从浅显到深奥，从法无定法到有法可依。主要介绍了分数的命

---

❶ 李俨.清代数学教育制度[M]//李俨.中算史论丛第四集.北京：科学出版社，1955：281–320.

❷ 李俨.清季陕西数学教育史料[M]//李俨.中算史论丛第四集.北京：科学出版社，1955：321–330.

❸ 李俨.清代数学教育制度[M]//李俨.中算史论丛第四集.北京：科学出版社，1955：281.

❹ 李俨.中算家的分数论[M]//李俨.中算史论丛第一集.北京：科学出版社，1954：15–43.

名和记法的发展过程，《算经十书》中的分数及其运算法则，史书历志中的分数以及分数的应用。指出《算经十书》中最早的算经《周髀算经》中就有多种分数除法，《九章算术》中包含分数四则，《孙子算经》中讨论了"约分"等内容，《张邱建算经》更加注重分数，举例表示"分数除以分数"。从南北朝历算家开始便在历书中使用分数，443年的《元嘉历》中五星和岁实的日数尽管使用分数表示，但各分母并不相同，到了462年的《大明历》中就开始使用相同的分母，隋唐之后，更有进步。

（2）钱宝琮（1892—1974）是中国著名数学史家和天文史家，同时也是数学教育家和数学教育史家。他在研究数学史的同时，积极宣传和践行在数学教学中渗透数学史内容，指出数学史研究的一个重要目标是为中学数学教师而服务。此外，他对中学数学教学法亦有独特的见解和深入的研究❶❷。钱宝琮十分重视初等数学的历史和研究，"钱先生提出编撰一部《浅近数学发展史》，把重点放在初等数学的发展史方面，主要说明中学数学教科书（包括算术、代数、几何、三角、解析几何）中的教材来源，以供中学数学教师参考"。❸钱宝琮亲自撰写了《算术史》，遗憾的是，几部书稿由于种种原因均未能正式出版，《算术史》手稿也不翼而飞。

钱宝琮还专门发文讨论分数问题，在文章《唐代历家奇零分数纪法之演进》❹中，他介绍了从619年《戊寅历》、665年《麟德历》、705年《神龙乙巳元历》到785年《正元历》等历书中对于分数的使用，愈加精确和严密。该文与李俨《中算家的分数论》中的内容相辅相成。在《中国古代分数

---

❶ 钱永红. 钱宝琮先生的数学教育理念与实践 [J]. 数学教育学报, 2010,19(2):8–10.

❷ 张美霞，代钦. 钱宝琮的数学教育思想 [J]. 咸阳师范学院学报, 2018,33(2):18–23.

❸ 钱永红. 钱宝琮先生的数学教育理念与实践 [J]. 数学教育学报, 2010,19(2):8–10.

❹ 钱宝琮. 唐代历家奇零分数纪法之演进 [J]. 数学杂志, 1936, 1（1）：68–79./ 钱宝琮. 唐代历家奇零分数纪法之演进 [M]// 李俨、钱宝琮科学史全集第九卷. 沈阳：辽宁教育出版社, 1998 : 272–281.

算法的发展》❶中更加全面地呈现了分数的发展历程，以约公元前4世纪《管子·地员篇》和约公元前3世纪的《考工记》为例，指出中国人在秦朝以前很早就知道分数的实际应用，在天文历法的研究中，尤其需要用繁复的分数算法，如《周髀算经》中已经知道将繁分数化简为单分数。之后也介绍了《九章算术》《孙子算经》《张邱建算经》中的分数及其应用，与李俨的研究相得益彰。此外，在该文最后钱宝琮谈及中国古代数学流传至印度，印度算术传到阿拉伯，阿拉伯人在表示分数时于分子分母之间添上一条横线，这种表示法就成为如今算术教科书中分数的记法。而西方古代或是用埃及人的单分数表示，或是用巴比伦人的六十进制表示，近世算术里的分数算法到15世纪普遍采用阿拉伯算术后才有发展。

在《中国数学史》中，钱宝琮讨论了"清代末年的数学教科书"❷，指出书中算式中的数字采用了印度—阿拉伯数码，加、减号用通行的 + 和 −，分数记法取分子在上分母在下的记法，但代数算式中已知数仍用甲、乙、丙、丁等干支字代替，未知数仍用天、地、人、物四元代替。1903年"奏定学堂章程"颁布，虽未能切实施行，但可知当时的高等学堂和大学堂的数学课程一般用外文教科书，中学堂和高等小学堂先用外文教科书的中译本，后改用国人自编教科书。从小学到大学所有数学课程一律以西方流行的教材为主。

（3）严敦杰发表的《中国数学教育简史》(《数学通报》，1965年第8、9期)，以社会意识形态、数学认识论为切入点研究中国数学教育史，并将中国数学教育史划分为：古代数学教育时期（自春秋战国至1840）；近代数学教育时期（1840—1949）；现代数学教育时期（1949—1965）。对于古代数学教育史，严敦杰首先论述了这一时期数学教育的主要目的：统治阶级经世致

---

❶ 钱宝琮.中国古代分数算法的发展[J].数学通报,1954(9):14−16./钱宝琮.中国古代分数算法的发展[M]// 李俨、钱宝琮科学史全集第九卷.沈阳：辽宁教育出版社，1998：389−393.

❷ 钱宝琮.中国数学史[M].北京：科学出版社，1964：344./钱宝琮.李俨、钱宝琮科学史全集第五卷中国数学史[M].沈阳：辽宁教育出版社，1998：383.

用；主要内容：儒家六艺中的九数教学；主要方式：私家传授；培养的主要技能：计算；主要特征：少数人接受数学教育，并在此基础上，阐明了他反对数学教育中的唯心主义、坚持数学教育及数学研究中的唯物主义。

传教士在近代教育史中扮演着重要角色。严敦杰列举了传教士在我国数学教育界的阴谋活动，揭示了传教士所编数学教科书的反动本质，同时列举了以汪香祖为代表的中国数学界的反洋教斗争。在此基础上，分别从为政治服务的近代数学教育设施、近代数学教育中的反封建斗争两方面阐明近代主要是反帝反封建的斗争史。其中，近代数学教育中的反封建斗争包括废除科举制度的"会议算学取士"、教育制度上采用"算学课艺"，以及教科书的编纂和选取等。他进一步论述了资产阶级数学教育观的传入对我国近代数学教育思想的影响，同时以华蘅芳为例说明尽管他的数学教育观是唯心主义，但在某些具体教学方法如"循序渐进"却是唯物主义的，而且在实际教学中，这种唯物主义的教学方法是可取的。

（4）李迪（1927—2006），中国著名数学史、数学教育史研究专家。他在《中国数学史简编》（辽宁人民出版社，1984）中详细介绍了从原始社会到清末不同时期的数学教育发展，各时期代表性的数学家及数学成就，其中包含了丰富的数学教育思想，如刘徽、杨辉等的思想。对于算术的论述始于算筹，终于清末西方笔算。书中介绍了原始社会时期的算具——算筹，描述了筹算制度和筹算算法，《九章算术》的编纂及其中包括的算术、代数、几何内容，算术内容主要涉及分数、比例算法、盈亏问题；东汉时期，数学家赵君卿把《九章算术》中的分数运算从方法上升到理论高度，创始了"齐同术"；三国时期，数学家刘徽反复地学习和研究了《九章算术》，取得了卓越的成就，他在算术方面的贡献有十进小数、齐同术、分数性质、分数化简、比例算法等；南朝的祖冲之所著《缀术》是从三世纪开始的数学理论研究的继续和发展，在唐代被列为国立学校的教科书；《孙子算经》中有大量属于日常生活的应用题，可以说是一本启蒙的算术入门书，书中最有价值的内容是关于筹算法和"物不知数"问题；《张邱健算经》介绍了许多社会上的实际问题，有关测量、纺织、交换、纳税、冶炼、土木工程利息等方面的计算问题，还很注意分数计算的简化，其中最末一题是闻名于世的百鸡问题；在唐宋时期的对外交流中，中国的"盈不足术"、比例算法、"百鸡术"等传到了阿拉伯或欧洲，此时由于我国有固有的筹算，因此没有接受印度的笔算。北宋的刘益、贾宪、沈括，南宋的秦九韶、杨辉等数学家不仅把宋代的数学推向高峰，而且对元代数学的发展也有深远影响。南宋末的数学家和数学教育家杨辉写的数学书内容由浅入深，他把《九章算术》按难易重新"分别门例，使后学周知"，编成"纂类"❶附于他的《详解九章算法》之后。在教学中，杨辉特别注意循序渐进，总是由最简单的算法开始，逐步接触比较复杂的内容。❷杨辉书中所选取的例题大都是日常所用的问题，他还特地写了《日用算法》一书，专讲日常所用的数学。杨辉还致力于简化算法的研究，并且取得了一些成就。明代笔算传入中国，代表著作是利玛窦和他的老师克拉维斯编的《实用算术概论》。明末清初数学家梅文鼎的数学著作，关于算术方面的有《笔算》五卷、《筹算》二卷、《度算释例》《筹算要指》等，其中《笔算》一书，涉及算术四则、分数、比例、小数和开平立方等，都是用笔算。

此外，李迪在其著作《中国数学通史》（江苏教育出版社，1999）中介绍了清末的数学传播与交流，尤其在最后一章，介绍了数学教育改革。一些传播和交流数学教育的书院中，数学教师大多是著名数学家，比如李善兰、华蘅芳、邹伯奇、华世芳等。除了一些综合的书院中教数学课，还有一些专门的算学教育学校也学习数学课程。其中京师同文馆的大学数学课程，是从小学笔算、筹算开始的，与同时期的西方大学数学系教学内容是没法比的。当时在各地普遍建立的小学堂主要以教授算术为主，中学堂为算术代数、几

---

❶ 李迪.中国数学史简编[M].沈阳：辽宁人民出版社，1984:178."纂类"的分法是：乘除、分数、比例、比例配分等，这样适于初学。

❷ 由浅入深地讲了九九口诀、算术四则运算、日用度量衡、土地丈量、堆垛、修建和商品交换等民间常用的问题。

何、三角。随着数学教育的发展，国人自己主办了出版机构，出版了许多数学教科书或一般数学著作用于教学，与算术相关的是《笔算数学》，书中数目字基本上都改用印度—阿拉伯数码，特意给出写算的样式，此后，该数码在中国逐渐普及，成为法定使用的数码。此时国人独立翻译的数学教科书也逐渐盛行。这一时期，数学界和数学教育界也创办了一些学术团体和学术期刊来传播数学教育，代表性的有周达创办的知新算社，介绍了日本的数学学校和数学教科书，数学期刊有算学报和中外算报等。

李迪先生撰写的与数学教育史研究相关的论文有：《1860—1960年间中国数学教科书的变迁及原因与思考》《清末对数学教育的倡导与实践》和《周达与中日数学交流》等，其对中国近现代数学教科书的演变史进行了明确的分期论述。西南大学陈婷的博士论文《20世纪我国初中几何教科书编写的沿革与发展》（2008）就是按照李迪先生的分期展开论述的。

（5）李兆华主编的《中国近代数学教育史稿》（山东教育出版社，2005）是中国第一部近代数学教育史著作。该书在回顾中国古代数学教育传统的基础上，从学校教育和民间数学知识传播两个方面，一定程度上再现了1862—1911年中国数学教育近代化的演变过程。李兆华根据不同时代背景，从洋务学堂、书院、教会学校、新式学堂四个层面展开讨论学校数学教育，并在剖析当时社会背景的同时主要从教育制度的实施、数学教科书的编审来展现数学教育的普及情况，同时透过当时的典型数学教科书进行说明。其中，洋务学堂的数学教育涉及毕业生的数学工作，新式学堂则涉及留学活动与现代数学人才。新式学堂由于已经初具现代学校的意义，因此该书详细介绍了新式学堂的发展、学生的学习年限、课程设置、班级专业及教材教法，就中学而言，包括学制的施行、历年课程、学堂数量及招生人数、数学教师群体及特征。李兆华对翻译西方书籍的介绍以墨海书馆和江南制造局翻译馆为代表，将数学杂志分为以介绍科学知识为主兼顾数学知识的杂志（如《中西见闻录》）和专门的数学杂志（如《算学报》）两种，同时还谈及集贤讲舍、知新算社等数学社团的活动。通过数学知识在民间的传播，国人对数学知识与吸收得以逐渐深化。此外,在"新式学堂"以及"数学丛书编纂"方面均涉及部分初中算术教科书书目。然而,《中国近代数学教育史稿》在论及民间翻译的数学著作时,并不包括数学教科书。

(6) 张奠宙有关数学教育史的著作《数学教育经纬:张奠宙自选集》(江苏教育出版社,2003) 和《近代数学教育史话》(人民教育出版社,1990)中《中国数学教育的文化传统和未来走向》《中国数学教育应当走向世界》等文章对数学教育的研究极具前瞻性、启发性。其中,文章《抗战时期的中国数学教育》对《国防算术》(商务印刷馆,1937) 的描述对本书有很大启发。

张奠宙的《数学教育经纬:张奠宙自选集》从对当代数学的关注、主要的数学教育观点、对数学教育高级研讨班十年的回顾,以及从数学教育国际活动浏览国际数学教育观点、序跋前言选录、编后漫笔集成、数学散文小品七个方面对中国的数学教育史与数学教育的经纬进行了回顾、研究与反思。在文章《中国数学教育的文化传统和未来走向》中,对中国的儒家文化、科举考试意识以及古代的"算学"传统等进行了阐述,正是因为有这些深远的文化传统,中国的数学教育才重视基本运算,注重模式技艺,强调数学演练。在文章《我国数学教育应当走向世界》中,张奠宙发出了"我国数学教育应当走向世界"的感慨,提出中国数学教育应该注意的地方,例如把数学教育与社会发展联系起来观察。这些文章均对数学教育的研究极具前瞻性和启发性。张奠宙等的《近代数学教育史话》中,文章《抗战时期的中国数学教育》对《国防算术》进行了全面介绍,该书在"国防文学""国防戏剧"等口号的影响之下应运而生。全书取材均为军事方面,目的是加强国防,强化对学生算术能力的训练,对国家形势能够更加深刻地认识。其内容主要包括欧洲大战经济上的损失、农业与国防、国防与航空、氧气与防空、各国陆军实力的发展、几种重要毒气的性状和效用、毒气的使用量与给风力飞散的时间、爆炸物、化学武器的发展、毒气的攻击与防御、航空路与空军的攻击、列强的国债额与军事预算、列强的海军竞争、防空枪炮、高射炮射击的效力、战费的发展等。

此外,张奠宙、许慎编著的《中国现代数学史话》(广西教育出版社,

1987）中，以"史话"形式简要论述了 1911—1949 年数学教科书的演变；张奠宙著《中国近现代数学的发展》（河北科学技术出版社，2010）对 19 世纪中叶到 20 世纪的数学教育发展进行了论述，分为中国近代数学的萌芽时期、中国近代数学的起步、中国近代数学群体的形成、中国近代数学研究的一个高潮等部分，同时对中国数学教科书的演变进行了论述，为本书提供了背景和材料上的帮助。

（7）魏庚人、李俊秀、高希尧编著的《中国中学数学教育史》（人民教育出版社，1989）简明扼要地介绍了清末和民国时期的历史背景和数学教育制度；解放区的数学教育和伪满的奴化教育下的数学教育。对每个时期的教育宗旨、学制、各级学校的数学课程内容、数学教科书书目、数学参考书的内容进行了介绍，此外还对各个时期杂志中的数学论著、中学生数学文摘、高等学校入学数学试题等方面进行论述，从而可以看到中国数学教育的发展状况。列举了 332 种教科书，并对其中的 70 种教科书、25 种数学教学参考书作了具体分析；对部分清末民国时期初中算术教科书目录、编排特点、内容设置等进行了描述及简单评价。《魏庚人数学教育文集——90 寿辰纪念》（河南教育出版社，1991）对魏庚人的数学教育工作进行了梳理。第一部分为《中国中学数学教育史》的节选，第二部分为魏庚人对中学数学教材的观点以及数学课堂教学、教育见习的主张，第三部分则为魏庚人的数学教育思想的研究。在其文章《中学数学教材将要怎样改变》中，魏庚人认为现在中学教学的内容，与几十年以前的相差不多，已不符合教育为无产阶级政治服务的宗旨，以及教育与生产劳动相结合的方针，数学教材要改变是迫在眉睫的事，从算术、代数、几何、三角四个方面提出需要改进之处。

此外，赵东辰的硕士论文《魏庚人数学教育贡献研究》[1]对魏庚人的数学教育贡献进行了系统总结。在研读魏庚人的教科书、教学参考书以及相关文献的基础上，深入挖掘其数学教育思想。其中第三章对魏庚人参编的《初中算术教科书》《高中立体几何学教科书》以及自编的《代数补充讲

---

[1] 赵东辰. 魏庚人数学教育贡献研究 [D]. 呼和浩特：内蒙古师范大学，2017.

义》作了详细的分析，阐述了魏庚人为中国中学数学自编教科书发展所做的贡献。

（8）王权主编的《中国小学数学教学史》（山东教育出版社，1995）分别论述了中国古代的数学和小学数学教学，包括中国古代数学教学的形成与演变，从上古至魏晋南北朝时期、隋唐时期、宋元时期、明清（1840年前）几个时期来阐述数学教学的发展，中国古代数学名著，如《九章算术》《孙子算经》《算经十书》《习算纲目》《同文算指》与小学数学教学发展的关系及对其的影响；1840—1911年的小学数学教学，涉及洋务运动时期新学堂的产生及小学数学教学的发展，以及癸卯学制的确立与小学数学课程的确立；1912—1927年的小学数学教学，包括民国初年的教育体制、"壬子癸丑学制"、民国初年的小学数学教材与教法及教学基本模式，"五四"前后的小学数学教学思想、学制、教育实验与教学方法；1927—1949年的小学数学教学，涉及1927—1937年的小学算术课程标准制定、小学算术教科书、教学方法等，1937—1945年小学算术课程标准、教科书、教学方法、考试方法，以及1945—1949年的小学数学教育政策和临时措施、1945年的小学算术修订课标、教科书、教学方法，苏区和陕甘宁边区的小学数学教学；还有1949—1966年、1966—1976年、1977—1992年不同时期的小学数学教学情况。书中叙述以史实为依据，总结了不同历史时期小学数学教学的发展，其中对教科书的介绍值得参考借鉴。

（9）王伦信的《清末民国时期中学教育研究》（华东师范大学出版社，2002）采用按问题列纲目的专题式方法，对清末民国的数学教育发展脉络展开梳理，其中清末民国时期中学教育制度的建立、演变过程及原因，教育制度演变的基本轮廓，以及清末民国中学课程设置及实施的动态发展情况对本研究有借鉴作用。纵观王伦信《清末民国时期中学教育研究》的具体内容，"中学课程设置与实施"只是从整体上描述中学各学科的设置情况及演变趋势，最多涉及不同课程理论对科目设置的影响，没有对课程实施的具体步骤及教学设计展开讨论。此外，在教育制度的考察中，也可以增加中学教育的行政管理及经费保障等方面。

（10）代钦著《数学教育与数学文化》（内蒙古教育出版社，2013）汇集了20年来代钦教授有关数学史、数学教育、数学文化的几十篇文章，将数学文化与数学教育有机联系，阐述了二者的关系，并论及数学文化对数学教与学的意义和价值。该著作深入挖掘了中国传统数学教育的特点和价值，总结了从王国维到陈建功、吴在渊、何鲁、刘亦珩等数学教育家的数学教育思想与数学教育观。代钦教授还总结了外国数学教育的有益经验，譬如藤泽利喜太郎、长泽龟之助、林鹤一、小仓金之助、小平邦彦等国外数学教育家数学教育思想的传播及对中国数学教育的影响，提出了很多发人深省的思考和富有新意的见解。该书还以大量篇幅介绍了我国数学教育名家的访谈，对名家数学教育思想精髓进行了深刻剖析，这对指导我国数学教育工作者建立科学和正确的教育观念具有重要影响。其中，第2编"中国近现代数学教育变迁"中专门介绍了清末、民国时期数学教科书的发展概况及主要特征。

此外，代钦著《中国数学教育史》（北京师范大学出版社，2018）作为中国数学教育史的通史性著作，系统而深入地阐述了数学教育制度史、数学教科书史、数学教学理论史、数学教育史上主要代表人物的数学教育成就等内容。书中对各时期数学教育制度、思想方法、数学教学案例、教科书、数学教育家等进行了个案分析，总结了每个时期数学教育发展的不同特点。该书将中国传统数学教育经典著作《周髀算经》中数学教学案例与苏格拉底"产婆术"、《九章算术》和《几何原本》中关于勾股定理证明等内容进行了适当的国际比较，研究视野与视角均对本研究有重要启示。

（11）李春兰著《中国近现代中小学数学教育思想史（1902—1952）》（内蒙古教育出版社，2011）对数学教科书的中国化进行了较全面、深入的论述，从数学教科书的传入背景、编排形式、主要内容等方面总结了数学教科书中国化的发展历程。

此外，王有朋主编的《中国近代中小学教科书总目》（上海辞书出版社，2010）等教科书书目为本研究提供了重要线索及基础资料。

1.4.1.2　近代数学教科书（算术教科书）相关论文研究

（1）博士学位论文。通过数据库检索，整理出以下 8 篇关于近代数学教科书研究的博士学位论文，如表 1-1 所示。

表 1-1　关于近代数学教科书研究的博士学位论文

序号	作者	论文题目	学位	时间/年	毕业学校
1	陈婷	20 世纪中国初中几何教科书编写的沿革与发展	博士	2008	西南大学
2	魏佳	20 世纪中国小学数学教科书内容的改革与发展研究	博士	2009	西南大学
3	张伟	中国近代中学代数教科书发展史研究	博士	2011	内蒙古师范大学
4	刘盛利	中国微积分教科书之研究（1904—1949）	博士	2012	内蒙古师范大学
5	王敏	欧美对中国中小学数学教育的影响（1902—1949）	博士	2014	内蒙古师范大学
6	刘冰楠	中国中学三角学教科书发展史研究（1902—1949）	博士	2015	内蒙古师范大学
7	张美霞	清末民国时期中学解析几何学教科书研究	博士	2018	内蒙古师范大学
8	张彩云	中国中学几何作图教科书发展史（1902—1949）	博士	2019	内蒙古师范大学

由表 1-1 中论文分析可知，以上博士学位论文重点对近代中学几何、代数、三角学、解析几何、几何作图及小学算术等教科书的编写背景、主要内容、发展特点等进行了详细阐释，其中研究阶段分期、研究体系框架等都为本研究提供了有益的参考。

陈婷的《20 世纪中国初中几何教科书编写的沿革与发展》（西南大学，2008），以影响 20 世纪中国初中几何教科书编写的一些重大事件为线索，系统探讨 20 世纪中国初中几何教科书编写的沿革与发展历程。找出影响 20 世纪我国初中几何教科书编写演变的主要因素，得出其对当今中国初中几何教科书改革的借鉴与启示。

魏佳的《20 世纪中国小学数学教科书内容的改革与发展研究》（西南大学，2009）对 1902 至 2000 年近一百年内，中国小学数学教科书内容的演变历程进行了全面分析，其中1902—1976年以小学算术研究为主，1977—2000年以小学数学研究为主，实际上也是小学算术的研究，每个时期以背景、小学算术教科书编写概况、小学算术教科书案例分析、总体评价四部分为主要论述内容。本研究初中算术是在小学算术基础上的提升与延续，因而该研究中1902—1949年小学算术教科书的研究对本研究意义重大，当然本书也寻求在研究形式、内容、史料收集分析等方面对该研究有所突破。张伟的《中国近代中学代数教科书发展史研究》（内蒙古师范大学，2011）对清末民国到中华人民共和国成立以前中国近代中学代数教科书的发展史进行了系统的研究，阐述了近代中国代数教科书发展的背景和脉络及具体内容的沿革与发展，并以此为基础总结近代代数教科书的编写经验、编制特点等。还对教育界关于代数教科书建设的各种批评和建议进行了梳理，揭示近代代数教科书审查和发行的状况，并以近代广泛使用或影响较大的代数教科书进行个案分析。对本书的研究思路与框架具有很大的启发。

刘盛利的《中国微积分教科书之研究（1904—1949）》（内蒙古师范大学，2012）以清末民国时期新型教育体制下的微积分教科书的编写、出版、内容体系的变迁等情况为切入点，对中国在1904—1949年所使用的微积分教科书进行梳理，对具有代表性的教科书进行个案分析，并对微积分教科书中部分核心内容进行沿革梳理与研究，呈现出该时期微积分教科书的发展历程，总结微积分教科书发展之特点。

王敏的《欧美对中国中小学数学教育的影响（1902—1949）》（内蒙古师范大学，2014）探讨了1902年新学制颁布实施后，在借鉴欧美数学教育的基础上，中国数学教育中的数学教育制度、数学课程设置与实施、数学教学法研究等方面所发生的革命性变化。深入而系统地分析了1902—1949年欧美数学教育对中国数学教育的影响。

刘冰楠的《中国中学三角学教科书发展史研究（1902—1949）》（内蒙古师范大学，2015）以1902—1949年中国中学三角学教科书为研究对象，以数学教育制度为背景，深入而系统地梳理三角学教科书的发展脉络，进而总结其编写特点。同时总结当时中国数学家及数学教育工作者对三角学教科书编写的经验，力求为当今数学教科书的编写提供建议。

张美霞的《清末民国时期中学解析几何学教科书研究》（内蒙古师范大学，2018）以清末民国时期解析几何学教科书整体发展情况作为研究主线，重点论述中学解析几何学教科书的发展历史。从解析几何课程设置、出版情况、审定情况、作者群的知识背景、教科书内容与课程内容比较等方面分析不同时期解析几何学教科书的特征。总结出解析几何学教科书的整体特点以及影响解析几何学教科书演变的主要因素，最后得出清末民国解析几何学教科书发展的意义与启示。

张彩云的《中国中学几何作图教科书发展史（1902—1949）》（内蒙古师范大学，2019）研究了1902—1949年中国中学几何作图教科书及几何教科书的发展变迁，从数学教育史的背景和视角，系统、深入地研究中国中学几何作图教科书在1902—1949年的发展脉络，总结其发展特点，分析影响其发展的因素，为当今的几何教育及几何教科书的编写提供借鉴和启示。

除以上研究外，还有毕苑的《中国近代教科书研究》（北京师范大学，2004）、吴小鸥的《清末民初教科书的启蒙诉求》（湖南师范大学，2009）、王昌善的《我国近代中小学教科书编审制度研究》（湖南师范大学，2011）等以教育学视角从宏观上对近代教科书进行了详细分析，在研究思路、研究视野方面对本书具有启示作用。

（2）硕士学位论文。在中国优秀硕士学位论文全文数据库中，检索到7篇关于近代数学教科书研究的硕士学位论文，如表1-2所示。

表1-2　关于近代数学教科书研究的硕士学位论文

序号	作者	论文题目	学位	时间/年	毕业学校
1	张伟	中国近现代数学教科书发展史研究	硕士	2008	内蒙古师范大学
2	王靖宇	中国近现代高中立体几何教科书研究（1902—1949）	硕士	2012	内蒙古师范大学
3	屈蓓蓓	崔朝庆对中国近现代数学教育的贡献	硕士	2015	内蒙古师范大学
4	杨珊	清末新学制时期的中学数学教科书分析与研究	硕士	2015	华东师范大学

续表

序号	作者	论文题目	学位	时间/年	毕业学校
5	王莉	中国中学解析几何教科书发展史研究（1902—1949）	硕士	2016	内蒙古师范大学
6	刘铭	民国时期四川中学数学教育的变迁	硕士	2017	四川师范大学
7	李瑶	清末民国时期三套中学数学教科书的比较研究	硕士	2018	四川师范大学

由表1-2中论文具体分析可知，以上硕士学位论文从数学教科书发展史、不同学科数学教科书、近代数学家编写的数学教科书、不同时期数学教科书比较等方面对近代数学教科书进行分析研究，均有一定的借鉴意义。

张伟的《中国近现代数学教科书发展史研究》（内蒙古师范大学，2008）以中国近现代的数学教科书为研究对象，对其发展史进行研究，展现了中国近现代数学教科书的发展历程，对近现代出版发行的数学教科书书目进行了整理，对具有代表性的数学教科书进行了个案分析。总结教科书变迁特点，对以后数学教科书的编写工作提出思考和建议。

王靖宇的《中国近现代高中立体几何教科书研究（1902—1949）》（内蒙古师范大学，2012）对1902—1949年中国近现代高中立体几何教科书进行研究，依据该时期的学制演变和社会变化情况，分四个时期分别对中国近现代高中立体几何教科书的编排演变进行分析和研究，并选取具有代表性的五种立体几何教科书作为案例，呈现各时期立体几何教科书发展过程，给出当今高中立体几何教科书编写的启示和借鉴。

屈蓓蓓的《崔朝庆对中国近现代数学教育的贡献》（内蒙古师范大学，2015）对中国清末民国时期的著名数学家、数学教育家、数学翻译家崔朝庆进行研究。第三章中介绍了崔朝庆编译的数学教科书并详细而系统地整理和研究了崔朝庆的译作，如泽田吾一的《笔算教本》、田中矢德的《中等算术教科书》和《初等代数教科书》等，对成书背景、序言、编排形式、编写理念与编写特点、具体内容、名词术语等进行了分析，为本书提供了资料上的参考。

杨珊的《清末新学制时期的中学数学教科书分析与研究》（华东师范大

学，2015）对清末新学制时期的中学算术、代数、几何、三角四门学科的教科书特点进行了分析，然后针对每门学科各选择一本具有代表性的教科书进行个案分析。在此之上得到清末新政时期的中学数学教科书编写对我国现在的中学数学教科书编写及中学数学课程改革所能提供的启示。

王莉的《中国中学解析几何教科书发展史研究（1902—1949）》（内蒙古师范大学，2016）对1902—1949年中国中学解析几何教科书的编写演变进行研究，以各个分段时期数学教育状况为背景，探究了各个阶段的课程标准演变情况，对解析几何教科书进行汇总和特点总结，并对其中有代表性的教科书进行个案分析。

刘铭的《民国时期四川中学数学教育的变迁》（四川师范大学，2017）以民国时期四川的中学数学教育为研究对象，详细梳理民国各时期四川中学的学校数量与数学师资情况，反映当时四川中学数学教育的大环境。探讨民国时期四川中学数学的课程安排，了解各中学对数学课程的重视程度。研究四川省普遍使用的中学数学教科书，明确当时的教学内容与特点。其中有对算学课程标准以及算学教科书的研究，为本书提供了资料上的帮助。

李瑶的《清末民国时期三套中学数学教科书的比较研究》（四川师范大学，2018）对清末全国中学数学教科书的发展历程进行研究，翻译日本的教科书、"复兴教科书"、正中书局出版的教科书作为清末全国、民国全国与民国四川教科书的代表，从教科书的编写理念、教科书的结构、教科书的内容以及教科书当中的名词术语与数学符号四个角度，对三套教科书进行了对比。其中涉及了算术教科书。通过三套教科书的对比，为当前教科书编写提供建议与启示。

（3）期刊。首先，在中国期刊全文数据库中，检索出与中国数学教育史及近代数学教科书研究密切相关的文章共19篇，如表1-3所示。

表1-3 关于近代数学教科书研究的期刊论文

序号	作者	论文题目	期刊名称	年，卷（期）
1	张伟	外国数学教科书的翻译对中国数学教育的影响	内蒙古师范大学学报（教育科学版）	2007，20（12）

续表

序号	作者	论文题目	期刊名称	年，卷（期）
2	李春兰	民国时期中学混合数学教学法发展研究	内蒙古师范大学学报（自然科学汉文版）	2007, 36（6）
3	代钦	王国维到陈建功——中国数学教育研究50年的回顾与反思（续）	数学通报	2008, 47（4）
4	张伟	民国时期主要使用的数学教科书（1911—1949）	内蒙古师范大学学报（自然科学汉文版）	2009, 38（5）
5	李朝晖 张伟	清末的数学教科书	内蒙古师范大学学报（自然科学汉文版）	2009, 38（5）
6	陈婷	20世纪20年代末中国初中混合数学教科书考察	教育学报	2010, 6（2）
7	代钦 李春兰	吴在渊的数学教育思想	数学通报	2010, 49（3）
8	代钦	漫话清末中学数学教科书	中华读书报	2012, 6（6）
9	陈婷 吕世虎	二十世纪混合数学教科书的先河——《布利氏新式算学教科书》之考察	数学教育学报	2013, 22（2）
10	李春兰	中西数学文化碰撞下的清末中学数学教科书	内蒙古师范大学学报（教育科学版）	2013, 26（4）
11	张伟 董杰	论中国近代代数教科书的多元化	内蒙古师范大学学报（教育科学版）	2013, 26（4）
12	王敏 代钦	上野清数学教科书研究	内蒙古师范大学学报（教育科学版）	2013, 26（6）
13	苏日娜 代钦	民国时期的《初级混合数学》教科书	内蒙古师范大学学报（教育科学版）	2013, 26（8）
14	海红 代钦 刘冰楠	"中学校用共和国教科书"数学教科书研究	内蒙古师范大学学报（教育科学版）	2013, 26（12）
15	代钦	民国时期初中数学教科书发展及其特点	数学通报	2014, 53（8）
16	汤雪峰	清末民国时期江苏地区中小学数学教科书与教学史论	江苏教育	2014,（8）
17	代钦	清末中学数学教科书发展及其特点	课程·教材·教法	2015, 35（1）
18	陈婷 孙彬博	清末民国时期小学数学课程的嬗变及其评析	数学教育学报	2016, 25（1）
19	王敏	清末民国时期欧美中小学数学教科书的中国化	数学通报	2019, 58（12）

由表1-3分析发现，关于清末民国时期数学教科书的研究数量不断上升；

研究内容主要以清末民国时期的数学教育、数学教科书（代数、几何、三角、微积分）等方面研究较多；作者群以内蒙古师范大学、西南大学、西北师范大学为多。对上述相关学术论文进行分析，发现中国近代数学教科书的研究主要围绕以下几方面展开：

1）数学教科书的发展研究。

a. 共和国数学教科书。海红、代钦、刘冰楠的《"中学校用共和国教科书"数学教科书研究》首先介绍了"中学校用共和国教科书"中数学教科书的种类及编纂者群体。其次，在分析"共和国教科书"编写理念与编排形式的基础上，分别介绍了《共和国教科书 算术》《共和国教科书 代数学》《共和国教科书 几何学》（包括平面几何与立体几何）、《共和国教科书 平三角大要》的主要内容、与现行名词术语及数学符号的比较、授课时间及使用情况。最后，总结共和国数学教科书的特点及不足。

b. 混合数学教科书。苏日娜、代钦的《民国时期的〈初级混合数学〉教科书》在对《初级混合数学》的时代背景、编写理念与形式、具体内容和相关名词术语进行分析的基础上，总结了其对当今数学教科书编写及中学数学教学法的启示与借鉴。

陈婷的《20世纪20年代末中国初中混合数学教科书考察》一方面结合欧美影响与我国自身发展的需要，分析了初中混合数学教科书的由来，另一方面对"当时质量算较高，使用较广的一套混编教科书"《新中学教科书 初级混合数学》的编写特点及使用范围进行简述，并以江宁、张鹏飞编写的《新中学教科书初级混合法算学》（6册）为例，分析了该书的编写特点并借此总结这一时期混合数学教科书的整体优点及局限性。基于此，剖析混合教科书停止使用的原因。《二十世纪混合数学教科书的先河——〈布利氏新式算学教科书〉之考察》则是分析了《布利氏新式算学教科书》的成书背景以及具体内容，并总结了该书的整体结构及特点。

c. 清末数学教科书。李朝晖、张伟的《清末的数学教科书》选取了清末具有典型代表性的部分数学教科书，介绍了它们产生和发展的历史背景、特点及其影响。这些教科书包括：在中国近代教育史上，第一所采纳欧美学校办学方式、具有近代学校特点的教育机构——京师同文馆编译的数学教科书；益智书会，也即"学校教科书委员会"编译的数学教科书；部分英文版数学教科书。在此基础上，以狄考文著、上海美华书馆出版的《笔算数学》为例，介绍了该书的内容、编写特点，以及在该书基础上的解释型著作。

代钦的《清末中学数学教科书发展及其特点》介绍了清末数学教科书的审定及中学数学教科书的发展历程，总结清末中学数学教科书在宏观上呈现的新颖性、多元性、滞后性和合作性特点，进一步总结清末数学教科书的编排特点和内容取舍特点。《漫画清末中学数学教科书》则是在回顾清末中学数学教科书蓬勃发展的基础上，审视中西数学文化冲突下，我国对教科书编写排版的探索与选择。

李春兰的《中西数学文化碰撞下的清末中学数学教科书》分析了清末中学数学教科书体现的多元化特征及原因，并总结了清末中学数学教科书在编排形式和内容选取方面呈现的特点。

d. 民国时期数学教科书。代钦的《民国时期初中数学教科书发展及其特点》基于初中数学课程设置演变和教科书审定制度演变的基础上，分别就"共和国数学教科书""混合数学教科书""复兴教科书"翻译的中学数学教科书、实验几何教科书展开研究，同时总结各个时期数学教科书的特点。在此基础上，总结各个时期数学教科书在整体性、出版和使用情况、翻译教科书情况等方面的特点。

张伟的《民国时期主要使用的数学教科书（1911—1949）》从出版史的角度，具体来讲，是从 1911—1949 年数学教科书的出版和使用情况来说明这一时期数学教科书的情况。

e. 清末民国时期数学教科书的中国化。王敏的《清末民国时期欧美中小学数学教科书的中国化》介绍了欧美中小学数学教科书传入的途径、欧美中小学数学教科书中国化的过程，并总结了欧美中小学数学教科书中国化的特点。

陈婷、孙彬博的《清末民国时期小学数学课程的嬗变及其评析》首先将清末民初至中华人民共和国成立前小学数学课程的发展阶段划分为1902—1911、1912—1922、1923—1928、1929—1949四个阶段。其次，从课程目标、课程内容、课程实施三方面论述清末民国小学数学课程的嬗变。最后，着重以6次课程标准的相继颁布对清末民国时期小学数学课程嬗变进行评析。

f. 某地区数学教科书的发展研究。汤雪峰的《清末民国时期江苏地区中小学数学教科书与教学史论》根据标志性事件及数学教育的发展，将1902—1949年的教科书发展分为四个时期：草创时期（1902—1911）、因袭时期（1912—1919）、改造时期（1919—1928）、革新时期（1928—1949），并在分析各个时期教育背景的基础上，一方面分析了中小学数学教科书的发展情况并举例说明，另一方面分析了数学教学法的发展情况。并据此，总结经验与教训。

g. 教科书翻译过程中对中国数学教育产生的影响。张伟的《外国数学教科书的翻译对中国数学教育的影响》回顾了中国翻译数学教科书的历史背景及其对中国数学近现代化的影响，同时在分析中国传统思维和社会变革对数学教科书发展作用的基础上，提出如何向外国学习的反思。

2）数学教学法的发展。李春兰的《民国时期中学混合数学教学法发展研究》分别介绍了混合教学法的诞生；混合教学法在中国的实施情况，并以段育华《混合算学教科书》中"毕达哥拉斯定理"的证明为例来说明当时的混合数学教学法；混合数学教学原则；以及混合数学教学引发的争论。

3）具体人物的数学教育思想。

a. 日本学者及教科书编写者的研究。王敏、代钦的《上野清数学教科书研究》总结了日本数学家、教育家上野清翻译自西方的代数、几何、三角方面的数学教科书，并以表格形式呈现了我国清末民国时期上野清的数学教科书及其相关著作传入我国的大概情况，同时以上野清典型的数学教科书——《大代数学讲义》为例，通过该书的编写理念与编排形式、内容简介，与现行名词术语及数学符号的比较、评价，借此总结上野清数学教科书的整体特点及对当今数学教育的启示。

b. 我国学者的教育思想研究。代钦、李春兰的《吴在渊的数学教育思想》

总结了吴在渊的数学教育贡献：他与胡敦复、周润初、郁少华等11人成立了"立达社"，立达社1912年成立了大同大学；编写数学教科书及讲义，他编著的部分教科书产生了重大影响并多次再版；参与数学名词术语的审定工作；参与制订中学数学课程标准；致力于提高我国的初等数学研究。基于此，对吴在渊的数学教育思想进行总结。

代钦的《王国维到陈建功——中国数学教育研究50年的回顾与反思》（数学通报，2008年第3、4期）以数学教学研究的发展特点出发，在梳理有关数学教育研究文献的基础上，比较系统地分析了数学教育研究进展及研究特点、清末数学教学法研究。其中，"数学教育研究进展及研究特点"包括纲领性文件中的数学教学法要求、清末以王国维为起始的数学教学法研究、民国时期的数学教学法研究。具体来讲，"民国时期的数学教学法研究"又包括民国时期的小学及中学数学教学法研究、民国时期的中学数学混合教学法的争论、以刘亦珩的观点为例的北平师范大学暑期讲习班教学法、对科学研究方法的提倡。最后，总结了陈建功承前启后的数学教育研究贡献。

综合上述研究，从具体研究内容上看，侧重于数学教科书整体上的研究，尤其是从史学上对数学教科书的发展展开研究，对具体初中算术教科书的发展涉及相对较少。从研究者群体来看，以内蒙古师范大学代钦教授的研究团队为主，其次有陈婷及汤雪峰。对中国近代数学教育工作者的挖掘和研究，以及中国近代具体某个地区的数学教育，仍有待继续补充。

其次，在中国期刊全文数据库中，检索出与清末民国时期笔算或算术教科书研究相关的文章共8篇，如表1-4所示。

表1-4 关于近代算术教科书研究的期刊论文

序号	作者	论文题目	期刊名称	年，卷（期）
1	魏佳	清末小学数学教科书编写：史实与借鉴	课程·教材·教法	2009，29（11）
2	付云菲 代钦	清末民国时期初中算术教科书研究	内蒙古师范大学学报（教育科学版）	2012，25（6）
3	李江南 付云菲	清末民国时期初中算术教科书中分数概念内容编排特点	内蒙古师范大学学报（教育科学版）	2013，26（4）

续表

序号	作者	论文题目	期刊名称	年，卷（期）
4	魏佳	清末小学笔算教科书的艰难蜕变	中华读书报	2013，3（13）
5	魏佳 肖萍	《最新笔算教科书》内容结构探析	课程·教材·教法	2014，34（11）
6	常红梅 代钦	清末小学算术教科书个案分析——以《初等小学用最新笔算教科书》为例	内蒙古师范大学学报（教育科学版）	2016，29（4）
7	常红梅 代钦	中国初中算术教科书中分数概念表述演变考（1902—1949）	数学通报	2019，58（8）
8	常红梅 代钦	民国初期初中算术教科书发展及其特点	内蒙古师范大学学报（教育科学版）	2019，32（12）

由表1-4可知：有关算术的研究起步较晚，且数量不多；主要从清末民国时期算术教科书的总体概况或选取个案进行研究。

对于清末小学算术教科书的研究，魏佳做了很多工作，并取得一系列成果。在《清末小学数学教科书编写：史实与借鉴》❶一文中，魏佳对清末小学数学教科书的编写进行了概要性研究，论述了小学数学教科书诞生于中西文化碰撞交汇、从封建社会向近代社会转型的大背景中，在此基础上讨论了清末小学数学教科书的编写概况，指出清末是小学数学教科书自编的萌芽期，自编小学数学教科书主要来源有三种，即学堂自编、书坊自编和中央编书机构参与编纂。随后以学堂自编的《吴编算术教科书》为例分析了这一时期小学数学教科书的特点。最后阐明了该研究对于如今的小学数学教科书编写、实验和使用带来的启示，包括教科书内容应反映时代气息；教科书改革受制于社会政治、经济、文化的变革；应处理好西学与本土化的关系；应鼓励教科书多样化政策。

在《清末小学笔算教科书的艰难蜕变》一文中，魏佳主要论述了清末小学笔算教科书的历史发展。从古代讲起，我国古代数学成就辉煌，然而从16世纪末以后，像《算经十书》那样重大的成就便不多见了。之后随着西方初等数学的传入，我国数学从中西融合慢慢进入了以学习西方数学为主

---

❶ 魏佳.清末小学数学教科书编写：史实与借鉴[J].课程·教材·教法，2009，29（11）:85-88.

的时期。清末民初笔算进入中国，对中国传统数学教育形成很大震动。笔算曾在唐、元、明末试图传入中国，但都未被采用。直到清末，受社会大环境的影响，"这一时期，小学笔算教科书的发展表现出明显的阶段性：以清政府'新政'为标志，从翻译西洋教科书过渡到翻译日本教科书。在引进外国教科书的过程中，中国人渐渐认识到，必须有自己的教科书教育方为中国教育，国家才有希望。这种认识推动了中国人自编教科书的兴起。"❶ 文章以《最新笔算教科书》（高等小学用）（商务印书馆，1904年）为例进行了考察。

魏佳、肖萍还专门撰文《〈最新笔算教科书〉内容结构探析》进行详细论述。指出该书编排体系呈螺旋式，编写体例呈叙述式，内容主要由数与计算、量与计量、几何、比与比例、应用题五大分支组成，这五大分支奠定了最初小学数学课程的基本内容。最后阐明："在这套意义深远的教育书卷上，既有反映时代特色、适合小学生学习规律、至今仍有生命力的内容结构，也有不利于学生阅读、不适应现代教育需求的内容。……追求实用，社会性鲜明；以算为主，计算繁难；明法隐理，寓算于理；编写形式新旧杂糅，中西兼用。"❷

付云菲、代钦在《清末民国时期初中算术教科书研究》一文中简要介绍了清末民国时期的初中算术教科书，谈到："1902年我国颁布了新学制，为算术教科书的编写提供了依据和保障，虽然有了制度，但是当时编写中学算术教科书的条件和时机还不成熟，所以清末初中算术教科书大多是翻译日本教科书而来。民国时期初中算术教科书无论从数量还是质量上都较清末有所提高，国人自行编撰的教科书和翻译的中学数学教科书出现百花齐放、百家争鸣的局面，较为符合中国国情，具有自己的特色。"❸ 并分别以陈文的《算

---

❶ 魏佳．清末小学笔算教科书的艰难蜕变[N]．中华读书报，2013-03-13：14版．

❷ 魏佳，肖萍．《最新笔算教科书》内容结构探析[J]．课程·教材·教法，2014，34（11）：110-114．

❸ 付云菲，代钦．清末民国时期初中算术教科书研究[J]．内蒙古师范大学学报（教育科学版），2012，25（6）：112-114．

术教科书》（上海科学会编译，1905年初版）和陆子芬、孙振惠、石濂水编的《初中算术》（余介石校，上海中华书局，1933年）举例分析了各自特点。

　　李江南和付云菲合作的《清末民国时期初中算术教科书中分数概念内容编排特点》，在概述清末民国时期是我国初中数学教科书从翻译、编译到自编的重要发展阶段的基础上，详细分析了各个阶段有代表性的初中算术教科书中的分数内容的编排。以张修爵编《算术教科书》、寿孝天的《共和国教科书算术》、吴在渊的《中国初中教科书算术》、崔朝庆翻译的《中等算术教科书》、陈文的《算术教科书》、刘秉哲的《初级中学算术》、严济慈的《现代初中算术》等典型教科书为例，阐述了清末民国时期初中算术教科书中分数概念的特点，主要有："分数概念的定义方式和引入方法各有千秋；能系统明确地说明分数与除法、小数、比之间的异同点，但对不同之处却很少有教科书能一语道破；在内容与实际联系方面更体现中国特色。"❶

　　综上所述，相关领域的著作、硕博士学位论文、期刊论文等为本书提供了有益的参考，但均没有立足于初中算术教科书进行探究，因而对1902—1949年中国初中算术教科书的发展史进行系统而深入的研究是有价值的。

1.4.2　国外相关研究现状

　　国外学者对中国数学教育史的研究主要以日本的松宫哲夫为代表。松宫哲夫教授对中国近代数学教育的专门研究主要有：战前的中日数学教育学术交流；中日数学教育研究交流的展开——近150年的交流之三阶段；《中国数学教育史概观（1862—1987年）——分期与各时期的特征》（《数学教育研究》第17号，1987年）；对中国的初中数学中的混合教授法的历史性考察与现代性；中日数学教科书中的函数图象的历史等，这些研究成果都不同程度对中国数学教科书进行了一定的概括，属于宏观上的研究。

---

❶ 李江南,付云菲.清末民国时期初中算术教科书中分数概念内容编排特点[J].内蒙古师范大学学报（教育科学版）,2013,26（4）:95—96.

1.5 研究方法与思路

1.5.1 研究方法

本书主要采用了历史研究法、文献研究法、比较研究法、个案研究法等研究方法。

（1）历史研究法。首先，本书尽可能完整收集有关初中算术教科书的历史文献，通过系统客观地整理分析，揭示其内在的发展特点。其次，对清末民国时期初中算术教科书编写出版所处的时代背景、社会政治、经济、文化发展状况、教育制度、学校课程制度及数学教育家的教育思想等大环境进行历史研究，总结不同时期初中算术教科书的发展特点。

（2）文献研究法。首先，集中查阅中国数学教育史领域，有关清末民国时期的教科书总目录、中学数学教科书、教育制度、课程标准等文献资料；其次，查阅清末民国时期的报纸、杂志上有关教科书的编写经验、评论性论文，以及该时期一些重要教育家、数学家及数学教育家的教育论著等；最后，查阅现代学者有关清末民国时期数学教育、数学教科书方面的相关研究成果等。

（3）比较研究法。采用比较研究法的情况主要有以下四个方面：第一，对同一版本的初中算术教科书的不同译本采用同类比较研究；第二，对初中算术教科书在不同时期的发展变化采用纵向比较研究；第三，对同一时期编写的初中算术教科书采用横向比较研究；第四，对初中算术教科书核心内容采用定性分析法。

（4）个案研究法。通过对比分析，选取清末民国时期各阶段最具代表性的初中算术教科书进行具体个案分析，主要从初中算术教科书编写理念、编排形式、主要内容、名词术语、具体例题、编写特点等方面进行仔细分析与研究，从而总结该阶段初中算术教科书的整体发展特点。

1.5.2 研究思路

首先，在有关中国数学教育史、数学教科书方面的史料收集整理的基础上，分别对清末和民国时期的初中算术教科书发展历程进行整体梳理。宏观上，分别对清末和民国时期学制、数学课程制度、教科书审定制度、初中算术教科书种类、使用情况等进行分析；微观上，选取各时期不同阶段具有代表性的初中算术教科书进行个案分析，具体从教科书作者群、编写理念、编排形式、内容体系、名词术语、编写特点等方面分析，进而总结当时所处阶段初中算术教科书的发展特点。

其次，在横向分析各个时期初中算术教科书的基础上，选取分数内容即从纵向考察初中算术教科书中内容的演变。

最后，分析总结清末民国时期初中算术教科书发展演变的影响因素、宏观微观特点，以及对当代中小学数学教科书编写出版的启示与借鉴。

整体研究思路如图 1-1 所示。

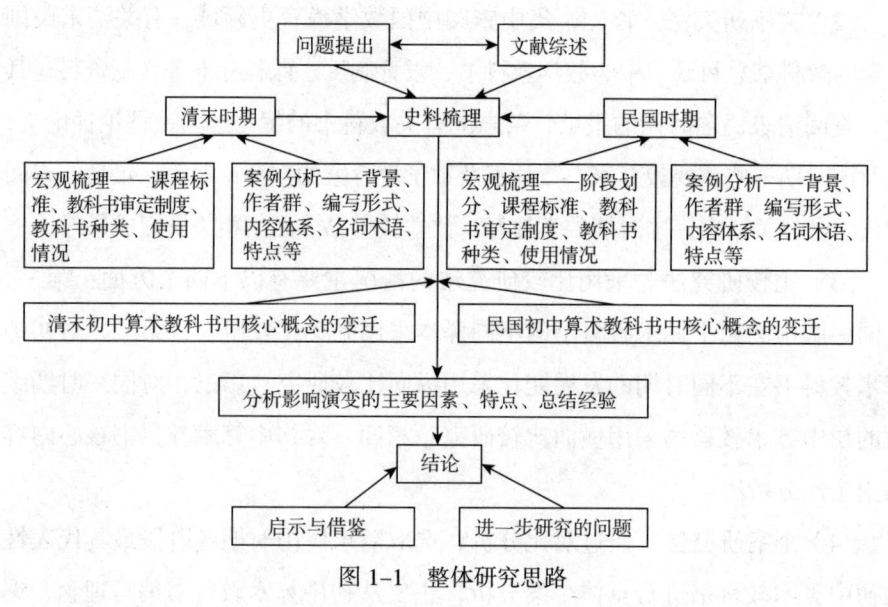

图 1-1 整体研究思路

第2章 1902—1911年中国初中算术教科书

2.1 清末时期历史背景

清末，清政府贪污腐败，整个朝政混沌无节，中国民众处于困苦无助之中。有识之士救国呼声高涨，实业救国、教育救国并驾齐驱。洋务运动、戊戌变法的接连失败，证明了在保持清王朝掌权基础上的变革，最终不能改变中国落后受欺的面貌，辛亥革命呼之欲出。八股取士之道培养了一批迂腐保守的朝臣，不能顺应时事变换，最终被开放的西学之潮所淹没。废科举、兴学堂、开民智、举科学成为清末十年发展之趋势。实业救国趋于失败后，教育救国日渐高涨。中国之邻国日本，虽是蕞尔小国，但是教育兴国举措成绩卓著，各项规章制度行之有效，吾爱国、变法人士皆惊叹之。于是纷纷上奏，派官员、教员、学生等赴日本考察、学习，逐渐形成留日高潮。学习他邦兴国之策，复我邦中华盛业。

新学堂的兴起，留学教育的发展，助推新学制的建立。1902年，清政府制定《钦定学堂章程》，标志着中国近代新学制的开端。1904年清政府又颁布并实施了《奏定学堂章程》，标志着中国近代学制的正式建立与实施，促进了新学堂的发展。1905年，清政府废除了科举制，中央随之设立学部，在地方设

提学使司和劝学所等，建立起从中央到地方较完整的教育行政管理体制。❶

1902年正月，管学大臣张百熙在《奏筹办京师大学堂情形疏》中明确强调："故学堂又以编辑课本为第一要事。"于是，近代历史重大的变革关头，全社会寄希望于教育，教育寄希望于全新的教科书，编写出版教科书成为当时表达危机思想的一个方式，教科书被赋予了救亡图存、复兴民族的刻不容缓的神圣伟大使命。❷

这一时期中国初中算术教科书的编写以翻译、编译日本教科书为主。此时的中国通过日本学习西方数学知识，并把学习与借鉴日本作为实现数学和科学近代化的一条捷径。❸本章在概述清末数学教育制度中的学制及教科书审定制度演变的基础上，对1902—1911年初中算术教科书的发展历程进行梳理。分别选取具有代表性的杜亚泉、王兆枏编撰的《高等小学用最新笔算教科书》和日本藤泽利喜太郎编著、赵秉良译的《中学算术新教科书》进行案例分析，从而凸显这一时期初中算术教科书的编写与发展状况。

2.2 数学教育制度

2.2.1 数学课程标准的演变

1902年，吴汝纶东渡日本，请教学制事宜，见闻伊泽修二所著《日本学制大纲》，其借鉴欧美之优势，尤其是德国，受到国际国内的赞誉，对于日

---

❶ 金林祥.中国教育通史·清代卷（下）[M].北京：北京师范大学出版社，2013:246.
❷ 金林祥.中国教育通史·清代卷（下）[M].北京：北京师范大学出版社，2013:5-7.
❸ 刘冰楠.中国中学三角学教科书发展史研究（1902—1949）[D].呼和浩特：内蒙古师范大学，2015：21.

本的教育发展具有极好的指导作用，中国尽可学习之。❶ 于是罗振玉在《日本教育大旨》一文中这样描述：

> 日本之教科用书，初系翻译欧美书以充用，今则改良进步，相其政体惯习及国民程度而编辑成之。无论官撰民撰，悉须受文部省图书鉴定官之鉴定，然后许其刊行。又无论官撰民撰，数年必加修改，因国民之知识程度既增，而课书之程度亦必增进故也。❷

罗振玉通过他主办的中国最早的教育杂志——《教育世界》，传播日本教育行政制度、学校教育制度、教科书编纂和德国赫尔巴特教授法等的新动态，收集、传播日本学制章程及各种教科书，这对清末中国学制的制定极具价值。

明治二十三年（1890年）十月，日本颁布《小学校令》，敕令第二百十五号规定："小学分为寻常小学校及高等小学校。高等小学校之修业年限定为二年或三年四年。专修科、补习科、徒弟学校及实业补习学校之教科目及修业年限，由文部大臣定之。（以明治二十四年文部省令第八第九号，又二十七年省令第二十六号公布关于专修科、补习科内教科目及修业年限之规定。）……"❸

明治三十二年（1899年）二月，日本颁布《中学校令》，敕令第二十八号规定："中学校之修业年限为五年，但得置一年以内之补习科。得入中学校者，须年龄十二岁以上卒高等小学校第二年之课程者，或与此有同等之学力者。关于中学校之学科及程度规则，文部大臣定之。中学校之教科书，就已经文部大臣之检定者，而得地方长官之认可，由学校长定之。但非经文部大臣检定之教科书，而有时必须使用者，则地方长官可经文部大臣之认可，

---

❶ 璩鑫圭，唐良炎. 中国近代教育史资料汇编学制演变[M]. 上海：上海教育出版社，1991：132.

❷ 璩鑫圭，唐良炎. 中国近代教育史资料汇编学制演变[M]. 上海：上海教育出版社，1991：226.

❸ 璩鑫圭，唐良炎. 中国近代教育史资料汇编学制演变[M]. 上海：上海教育出版社，1991：198.

暂时许其使用。……既设之公私立寻常中学校，自本令施行之日改称中学校。他法令中有寻常中学校者，自本令施行之日后，以正当之中学校论。"❶ 该令自1899年4月1日在日本施行。

以上日本《小学校令》《中学校令》是中国制定近代学制的主要参考资料。

1902年8月15日，经过张百熙、吴汝纶、沈兆祉等人的努力，张百熙主持拟订的《钦定学堂章程》（亦称"壬寅学制"）由清政府颁布，这是中国近代教育史上第一个由政府公布的法定学制系统，也是中国新式学校体系诞生的标志。

《钦定学堂章程》分为三段七级，其中《钦定小学堂章程》中规定："高等小学设修身、读经、读古文词、作文、习字、算学、本国史学、本国舆地、理科、图画、体操11门课程。修业年限为三年。"❷ 其中，算学的授课时间如表2-1所示：

表2-1 《钦定小学堂章程》中算学授课程度及每周授课时数 ❸

学年	学科	程度	每周钟点（十二日）
第一年	算学	算术（度量衡及时刻之计算）	8／12
第二年	算学	算术（分数、小数）	10／12
第三年	算学	算术（比例）	10／12

高等小学堂三年后升入中学堂。按照《钦定中学堂章程》有关规定，"中学堂旨在使高小毕业生加深程度，增添科目。开设修身、读经、算学、词章、中外史学、中外舆地、外国文、图画、博物、物理、化学、体操12门

---

❶ 璩鑫圭，唐良炎.中国近代教育史资料汇编学制演变[M].上海：上海教育出版社，1991：217-218.

❷ 璩鑫圭，唐良炎.中国近代教育史资料汇编学制演变[M].上海：上海教育出版社，1991：270-273.

❸ 璩鑫圭，唐良炎.中国近代教育史资料汇编学制演变[M].上海：上海教育出版社，1991：274-275.

课程。修业年限四年。"❶ 其中，算学的授课时间如表 2-2 所示：

表 2-2 《钦定中学堂章程》中算学授课程度及每周授课时数

学年	程度	每周课时
第一年	平面几何直线	6
第二年	平面几何、面积、比例	6
第三年	立体几何、代数、加减乘除、分数	6
第四年	代数方程	6

虽然公布了《钦定学堂章程》，但由于朝廷内部的各种矛盾未能实行，然而它凝聚了学制制定者开创中国新式教育的信念与理想，展现了近代以来中国学习西方学制的首次成果，为以后学制的制定提供了宝贵的经验。

1904 年，清政府颁布的《奏定学堂章程》（亦称"癸卯学制"）是中国近代第一个公开颁布并在全国实行的学制。实际上，《奏定学堂章程》是以《钦定学堂章程》为蓝本写成的，因而《钦定学堂章程》的制定具有重要意义。

《奏定高等小学堂章程》中规定："高等小学堂学习年数以四年为限，教授修身、读经讲经、中国文学、算术、中国历史、地理、格致、图画、体操共 9 门科目。算术的要义在使习四民皆所必需之算法，为将来自谋生计之基本。教授之时，宜稍加以复杂之算术，兼使习熟运算之法。"❷ 其中，算术的授课时间如表 2-3 所示：

表 2-3 《奏定高等小学堂章程》中算术授课程度及每周授课时数

学年	程度	每周课时
第一年	加减乘除，度量衡货币及时刻之计算，简易之小数	3
第二年	分数，比例，百分数，珠算之加减乘除	3
第三年	小数，分数，简易之比例，珠算之加减乘除	3
第四年	比例，百分数，求积，日常簿记，珠算之加减乘除	3

《奏定中学堂章程》中规定："中学堂学习年数以五年为限（10~14 岁），

---

❶ 璩鑫圭，唐良炎. 中国近代教育史资料汇编学制演变[M]. 上海：上海教育出版社，1991：263-265.

❷ 课程教材研究所. 20世纪中国中小学课程标准·教学大纲汇编数学卷[M]. 北京：人民教育出版社，1999：204.

不分初中和高中，中华民国成立后将'学堂'改为'学校'。"科目共分十二门，其中包括算学。中学堂学习年数以五年为限。在"中学堂各学科分科教法"中对"算学"作出如下的规定：先讲算术（外国以数学为各种算法总称，亦犹中国《御制数理精蕴》定名为数之意，而其中以实数计算者为算术），其笔算讲加减乘除、分数、小数、比例、百分算，至开平方、开立方而止。各科程度及每周授课时数如表2-4❶所示：

表2-4 《奏定中学堂章程》中算学授课程度及每周授课时数

学年	程度	每周课时
第一年	算术	4
第二年	算术、代数、几何、簿记	4
第三年	代数、几何	4
第四年	代数、几何	4
第五年	几何、三角	4

1905年，清政府废除科举制度，模仿日本建立了学部，使近代教育体制得以实施。同时，政府鼓励开设学校，近代学校教育开始普及。

1909年5月15日，中等教育方面《学部奏变通中学堂课程分为文科实科折》基于以下各原因，将中学堂进行文实分科："窃维治民之道不外教养，故学术因之有文学与实业之异。特是教养两端，分之则各专一门以致精，合之则循环相济以为用。……至中学堂之宗旨，年齿已长，趣向已分；或令其博通古今，以储治国安民之用；或令其研精艺术，以收厚生利用之功，于是文科与实科分焉。……伏查从前奏定中学堂课程，凡分……算学……十二门，五年毕业，普通学科大略皆备。果使教者善教，学者善学，五年毕业之后，其不再升学之学生，于普通知识、道德当足应用；惟学生毕业有志升学者，其所志既有殊异，而所升之学堂亦有文科实科之不同。……学文科者当求文学之精深，学实科者尤期科学之纯熟。中国文学既难，加以科学又极繁重，果能于五年之内二者兼通，岂非甚善？无如近日体察各省情形，学生资性既

---

❶ 课程教材研究所.20世纪中国中小学课程标准·教学大纲汇编数学卷[M].北京：人民教育出版社，1999：206.

殊，志趣亦异，沉潜者于实科课程为宜，高明者于文科学问为近，此关于天授者也。"❶ 该章程参照德国已成之法，结合中国学堂实际情形，拟采用文实分科为便。主课授课时间较多，通习较少，皆以五年毕业。对于算术，文科是第一学年和第二学年第一学期学习，每周3课时；实科是第一学年学习，每周6课时。文科、实科应习算学科程度与课时如表2-5和表2-6所示。

表2-5　中学堂文科一类应习算学科程度与每周授课时数 ❷

学年	程度	每周课时
第一年	算术	3
第二年	算术、代数	3
第三年	代数、几何	3
第四年	代数、几何	3
第五年	代数、几何、三角	3

表2-6　中学堂实科一类应习算学科程度与每周授课时数

学年	程度	每周课时
第一年	算术	6
第二年	代数、几何	6
第三年	代数、几何	6
第四年	三角、解析几何	6
第五年	解析几何、微积分初步	6

数学教育在中国的制度化是清末教育改革的重要成果之一。具体表现在：全面模仿日本的学制，把数学课程纳入各类学校的课程体系中。《钦定学堂章程》和《奏定学堂章程》在制度上确定了数学教育在中国的法定地位。

---

❶ 课程教材研究所.20世纪中国中小学课程标准·教学大纲汇编数学卷[M].北京：人民教育出版社，1999：208.

❷ 课程教材研究所.20世纪中国中小学课程标准·教学大纲汇编数学卷[M].北京：人民教育出版社，1999：208.

2.2.2 初中（高等小学）❶算术教科书的审定

数学课程、数学教科书和数学教学法是数学教育中最基本的组成部分。清末废科举、兴学堂，把自然科学、数学列入学校课程。随着各类学校数量的剧增，教科书的编译与审查成为紧迫的问题。"癸卯学制"颁布后，则以国人自行编译教科书为主，其中多数底本取自日本原著或日译西著。❷1902—1912年，中国有二十余家出版企业，出版中学数学教科书的就有十余家，而仅商务印书馆便出版数学教学用书69种。因而，规范图书的出版发行，设立专门审定、管理、编译教科书的机构势在必行。

作为新旧交替的过渡形态，京师大学堂可视为学部的最早雏形，成为中国近代中央教育行政机关的发轫。内设编译图书局。在中央教育行政机关建立、完善的同时，地方教育行政管理体制也开始逐步建立。内设图书科，负责编译教科书、参考书，审查本省各学堂教科书籍，翻译本属往来公文书牍，集录讲义，经理印刷，并管理图书馆、博物馆等事务。

光绪三十二年（1906年），学部设图书局，编译教科书，并颁布《教科书审定办法》，其要点有：①为一学制，正宗旨，在学部所编教科书未出以前，采各家的著述先行审定，以备学堂之用。②图书皆需有著者名、初版年月、价值、印刷发行所，方加审定。③审定的图书，属于初小者准通用五年，属于高小者准通用四年，通用满期后再加改良，仍可呈部再加审定。④审定的图书，准标明学部审定字样，未经审定伪托者，应行查办。⑤纸质需坚韧，字形需清朗。⑥以书精价廉者为合格，学生用书合计五年，多者以五六元，少者以四元为准，以求普及。❸此举被看作近代中国有计划地编辑成套教科书的开端。

---

❶ 注：自1904年至1922年，中国中学不分初中和高中，小学分初等小学和高等小学，高等小学相当于后来的初中。

❷ 李兆华.中国近代数学教育史稿[M].济南：山东教育出版社，2005：184.

❸ 史春风.商务印书馆与中国近代文化[M].北京：北京大学出版社，2006：266.

2.3 初中算术教科书概述

清末初中算术教科书以翻译和编译教科书为主，其多数参考日本或日译西著而编著。结合商务印书馆编《商务印书馆图书目录（1897—1949）》、吴艳兰编《北京师范大学图书馆馆藏师范学校及中小学教科书书目（清末至1949年）》、王有朋主编《中国近代中小学教科书总目》等所列初中算术教科书目录的情况来看，1902—1911年出版的初中算术教科书有27种（表2-7）。

表2-7 清末部分初中算术教科书概览

序号	书名	著者	翻译/编译者	出版者	年份	备注
1	算术教科书	[日]藤泽利喜太郎	[日]西师意	太原：山西大学译书院	1904	1904年9月初版
2	中学适用算术教科书		陈文	上海：科学会编译部	1905	1905年11月初版
3	高等小学用最新笔算教科书	杜亚泉 王兆枬		上海：商务印书馆	1905	1905年7月初版，1908年6月六版
4	新译算术教科书	[日]桦正董	赵缭 余焕东	东京：中国留学生会馆	1905	1905年5月初版，1906年11月改正二版
5	中等算术教科书		陈榥	上海：教科书编辑社	1905	1905年10月初版，1906年6月订正五版
6	日清对译算术教科书	[日]寺尾寿，藤森温和		东京：富山房	1906	1906年
7	最新算术教科书	[日]东野十治郎	[日]西师意	东京：日本东亚公司	1906	1906年9月初版
8	高等小学算术教本	寿孝天		上海：商务印书馆	1906	1906年11月初版
9	订正算术教本：笔算	寿孝天		上海：商务印书馆	1906	1906年7月四版
10	中学数学教科书		曾钧	上海：文明书局	1907	1907年11月初版
11	新式中等算术教科书	[日]三轮桓一郎	谌兴凡	上海：文盛编译书局	1907	1907年6月初版

续表

序号	书名	著者	翻译/编译者	出版者	年份	备注
12	中学算术教科书		徐光连	上海：商务印书馆	1907	1907年7月初版
13	最新中学用算术教科书	石承宣		上海：中国图书公司	1907	1907年初版
14	高等小学算术教科书		陈文 何崇礼	上海：科学会编译部	1907	1907年初版 1912年三版
15	中等算术教科书	[日]田中矢德	崔朝庆	上海：文明书局	1908	1908年2月初版
16	算术新教科书		陆费逵	上海：文明书局	1908	1908年4月初版
17	中学校数学教科书·算术之部	[日]桦正董	赵缭 易应崐	上海：群益书社	1908	1908年4月二版
18	算术教科书	[日]桦正董	周京	上海：科学编辑书局	1908	1908年5月初版
19	女子算术教科书	[日]小林盈，稻垣作太郎	昭桃三 黄邦柱	上海：群益书社	1908	1908年7月初版
20	中学数学教科书	沈王钰		上海：商务印书馆	1908	1908年9月初版 1913年4月八版
21	算术		胡嘉诏 廖国仁	东京：中国留学生会馆	1909	1909年4月初版
22	高等小学算术书		王家荄 骆师曾	上海：商务印书馆	1909	1909年5月初版
23	算术新教科书		万声扬	汉口：凸版印刷公司	1908	1908年9月初版
24	算术		曾钧	上海：中国图书公司	1909	1909年10月初版
25	高等小学用吴编算术教科书	吴廷璜		上海：苏新书社	1910	1910年1月初版
26	学部第一次编纂高等小学算术教科书		学部图书编译局	北京：京华印书局	1910	1910年12月初版
27	中学算术新教科书	[日]藤泽利喜太郎	赵秉良	上海：商务印书馆	1911	1911年5月初版

由表2-7中所列教科书可知：

（1）教科书的来源方面，译自日本的初中算术教科书有9种，编译初中算术教科书12种，自编初中算术教科书6种。国人自编的教科书大部分也是参考日本算术教科书编纂，例如，杜亚泉、王兆柟编著的《高等小学用最新笔算教科书》参考日本小学校算术教科书，此外寿孝天的《高等小学算术教本》、石承宣的《最新中学用算术教科书》等都是参考了日本学者的著作。

（2）教科书的出版企业方面，当时发展势头最强的商务印书馆出版了7种初中算术教科书，文明书局紧随其后出版了3种，中国图书公司、中国留学生会馆、科学会编译部、群益书社出版2种，山西大学译书院、教科书编辑社、文盛编译书局、科学编译书局、凸版印刷公司、苏新书社等各出版1种，其余4种由日本东京的出版社出版。

（3）翻译日本教科书方面，翻译藤泽利喜太郎的初中算术教科书2种，翻译桦正董的算术教科书2种，译自寺尾寿、东野十治郎、三轮桓一郎、田中矢德、小林盈等所著算术教科书各1种。

（4）初中算术教科书作者群方面，寿孝天、陈文、曾钧编译或自编初中算术教科书2种，杜亚泉、石承宣、陈榥、徐光连、陆费逵、万声扬、胡嘉诏、吴廷璜、沈王钰等各编译或自编初中算术教科书1种。这些学者或留学日本，或深受日本教育思想的影响，这为他们选择翻译、参考日本算术教科书编撰中国自己的教科书奠定了基础。

总之，清末十年，随着新式学堂的兴办，留学生的派遣，新学制的颁布，教科书的编译工作越来越体现其重要性。商务印书馆、文明书局等十多家出版企业，杜亚泉等十余位数学教育家以及数学教科书编辑者编译、自编出版了18种初中算术教科书，翻译日本教科书9种。这种繁荣景象令人振奋，为之后的数学教育发展、教科书的编译树立了典范。

2.4 高等小学用算术教科书个案分析——以《高等小学用最新笔算教科书》为例

清末十年，发展最为迅速的是初等教育。《奏定学堂章程》中明确指出：

"开通国民知识，普施教育，以小学堂为最要。"❶ 因而，小学堂教科书作为推动初等教育发展的重要工具，也迅速发展起来。1904年，由知名学者与新文化代表人物如张元济、蔡元培、杜亚泉、高梦旦等组成的高水平编写队伍，以商务印书馆为代表的出版机构积极运作，编写、出版了一套内容与形式俱佳的教科书——"最新教科书"。张人凤❷ 称之为"我国近代教育史上第一套成功的教科书"❸。这套教科书是中日双方团结协助的佳作❹，是商务编印的第一套教科书，此书一出，其他书局编印的教科书"大率皆模仿此书之体裁"。

"最新教科书"系列包括仅初小、高小就有11门32种156册。❺ 徐寯编写的《初等小学用最新笔算教科书》（共五册）和杜亚泉、王兆枏编纂的《高等小学用最新笔算教科书》（共四册）（以下简称《高小最新笔算教科书》）作为贯通初、高等小学堂的一套完整的数学教科书，适应了我国当时的国情，其编写形式、内容、特色等对此后教科书的编写起到了重要的借鉴作用。

2.4.1 编译者简介

杜亚泉（1873—1933，图2-1❻），生于浙江绍兴之伧塘。原名炜孙，号秋帆，亚泉为其别号，后以别号行。先生语："亚泉者氩线之省写，氩为空

---

❶ 李兆华.中国近代数学教育史稿[M].济南：山东教育出版社，2005：360.

❷ 张人凤：张元济的孙子，上海文史研究馆官员，致力于张元济先生生平、事业、思想的研究，以及商务印书馆馆史、中国近代出版史的研究。

❸ 张昭军，孙燕京.中国近代文化史[M].北京：中华书局，2012：150.

❹ 张元济、高凤谦、蔡元培、庄俞、蒋维乔，以及日本资深教科书编辑者小古重、长尾槙太郎等都参加了编辑工作。

❺ 牛瑞雪.从口耳相传到云课程：课程形态视域下的课程演变史[J].课程·教材·教法，2013(12)：18.

❻ 许纪霖，田建业.一溪集：杜亚泉的生平与思想[M].北京：生活·读书·新知三联书店，1999：附页.

气中最冷淡之原素，线则在几何学上为无面无体之形式，我以此自名，表示我为冷淡而不体面之人而已"❶。这是先生自谦的说法了。他幼年专攻数理化学博物，后自学日文。光绪二十三年（1897）起任绍兴中西学堂教职，1900年秋天，去上海创"亚泉学馆"，编辑《亚泉杂志》《中外算报》，由商务印书馆代印。每半月刊行一册，内容多为数理化学的论文，为中国最早的科学杂志之一，但很快因经费短缺而停刊。1901年，在上海开设"普通学书室"，编译科学、史地、政治等书，兼主编发行《普通学报》。后因经营亏损而告终。1903年，返绍兴，创立越郡公学。1904年秋冬，应张菊生（元济）之招，进入商务印书馆编译所，担任商务理化部主任，潜心著述，先后历时28年。至1932年，"一·二八事变"后离开商务印书馆。1910年，他"兼主《东方杂志》笔政，长达九年，始扩大篇幅，多载政治、经济、哲学、科学论著，一新面目，销行激增。"❷他除专心著述外，对于教育及社会事业建树颇多。晚年在上海斥资创立新中华公学。1908年，与汤蛰仙❸先生等创立浙江旅沪学会，继复任绍兴七邑旅沪同乡会议长，筹设绍兴旅沪同乡公会。他主张"中西调和论"，认为既要继承中国传统文化之精髓，也要吸收西方文化中有用的知识。因而他撰写的著作或教科书中既有传统文化知识的发扬，也有西方文化知识的渗透。"商务印书馆初期所出

图 2-1　杜亚泉

---

❶　许纪霖，田建业.一溪集：杜亚泉的生平与思想[M].北京：生活·读书·新知三联书店，1999：6.

❷　许纪霖，田建业.一溪集：杜亚泉的生平与思想[M].北京：生活·读书·新知三联书店，1999：17.

❸　汤蛰仙：原名汤寿潜（1856—1917），字蛰先（仙），浙江绍兴山阴天乐乡（今浙江萧山区进化镇）大汤坞村人，清末民初实业家和政治活动家，是晚清立宪派的领袖人物。

理科教科书及书籍，大半出于先生手笔，其中如《动物学大辞典》《植物学大辞典》尤为科学界空前巨著。"❶"这对于我国二十世纪前期的科学发展起了相当大的推动作用。"❷"先生还曾费年余心力，著《人生哲学》一书，搜集各家之说而参以己意，颇为士林所推重。"❸

王兆枏曾经是杭州日文学堂学生，于1902—1903年作为杭州译林社编译人员赴日留学，学习深造。在回国后《译林》的编译经历对这批译者也依然有影响。

1905年由商务印书馆出版发行的《高等小学用最新笔算教科书》即是由杜亚泉与王兆枏共同编纂的，而1904年由商务印书馆出版发行的《（初等小学用）最新笔算教科书》是由徐寯编纂，杜亚泉、张元济校订的。这些教科书都长期被各学校采用。

2.4.2 编写理念与编排形式

基于中西文化的碰撞以及有识之士对于新式教育的渴望，"笔算"作为一种不同于中国传统"筹算"与"珠算"的计算形式，在近代数学教育中慢慢普及、发展，而"笔算教科书"作为教育传播有力的工具，本应发挥其积极的作用。《高小最新笔算教科书》的编写理念通过编写者的编辑大意，可观其意。

这套书共四册供高等小学四年之用，每册设有40课，每周讲授一课。四册之材料分别为第一册"整数、十进以外诸名数及小数"、第二册"分数、小数及比例"、第三册"分数、比例、分厘法、利息"、第四册"比例、利息续前、繁利息诸题、复习及求积"，可见书中学习材料的安排是循环、交叉

---

❶ 许纪霖，田建业.一溪集：杜亚泉的生平与思想[M].北京：生活·读书·新知三联书店，1999：10.

❷ 许纪霖，田建业.一溪集：杜亚泉的生平与思想[M].北京：生活·读书·新知三联书店，1999：25.

❸ 许纪霖，田建业.一溪集：杜亚泉的生平与思想[M].北京：生活·读书·新知三联书店，1999：20.

的，这样更有利于各知识点之间的互相联系、渗透，知识学习的铺垫承接、由浅入深、循序渐进。

其中，第一册虽继初等小学教科书之后，但仍自命数计数及加减乘除入手，"全书自成首末，与初等小学相复者，乃是依循环教授之公例，惟繁简深浅不同，而程度逐异于复习之中予以进步，此教授之良法也"。❶这体现了一直以来中国教育中注重的"温故而知新"原则，初等小学学过的知识需要在高等小学进一步温习，而后踏入更高的台阶。此外，初等小学与高等小学的体例应是一致的，这样有利于学生学习知识的连贯与衔接。温故知新、精讲多练、循序渐进的数学教学思想，自古是中国数学家、数学教育家所坚持的，在中国传统的数学著作中有突出体现，如南宋数学家、数学教育家杨辉在《乘除通变本末》的"习算纲目"中就提倡"循序渐进、循循善诱"等教学思想。❷在清末的初中算术教科书中，许多编译者、编辑者都注意到了初等小学与高等小学的衔接性，在教学之初始编排对初等小学已学知识的复习，并在复习基础之上提升，遵循由浅入深、循序渐进的原则，如日本田中矢德编、崔朝庆译的《中等算术教科书》等。

第二册中突出了"先设例题或公式者，令学者依此以解各题，盖由归纳教授而渐及演绎教授也"❸。注重培养学生的归纳推理能力及规范意识。初中阶段，学生的思维与心理发展更适合采用归纳法学习算术，通过具体的例题分析、计算，得出一般性的规律，之后应用到其他同类习题中。这样可以发挥学生学习的主动性，训练推理能力。

第三册中有"各题注意于应用者居多，如用钱及钱粮南米、关税、保险、公债、股票诸课皆参酌近时情形设题，其各处有情形不同（钱粮南米各

---

❶ 杜亚泉，王兆枬.高等小学用最新笔算教科书（第一册）[M].上海：商务印书馆，1908：编辑大意.

❷ 代钦.中国数学教育史[M].北京：北京师范大学出版社，2018：120.

❸ 杜亚泉，王兆枬.高等小学用最新笔算教科书（第二册）[M].上海：商务印书馆，1908：编辑大意.

处皆有向用成例尤多参差）者，望教师随时地而斟酌之"❶。书中注重教科书内容编排的实用性，应用题选材多取自现实生活中，但有时可能各地情形略有不同，需要教师灵活掌握。其实，这已是难能可贵，算术作为一门实用性很强的学科，本就需要取之于生活，用之于生活。在应用题中，例习题取材于中国南北方不同的地方区域、生活领域，体现了中国本土化、多样性的特点。当然也设置了西方度量衡、货币的一些转换、计算，渗透了文化的多元化。

第四册中有"其按年存银及分年还银二法尤足以开儿童经济之思想"，可见在当时的社会环境中，儿童便需要培养一些经济思想，为将来的择业、国家的强盛贡献自己的力量。因为在清末一些高等小学生毕业后就需要找工作，而且工作中涉及许多利息、折扣、汇率等计算方法。此外，中外货币的换算标准要求有确切的依据，是与当时实际情况相符的。这也是该书编排理念的极好之处。

在编排方面，由于这套书成于清末，又是第一套，在编排形式上必然兼具中西文化的影子。例如，书中以自右向左的竖排为主，但是一些笔算式却是横排的，呈现横竖混排的版式（图2-2）；阿拉伯数字与中国传统数字有时混用（图2-3）；图形中还没有用符号表示；等等。书中编排总体美观大方、字符大小适宜，适合阅读。

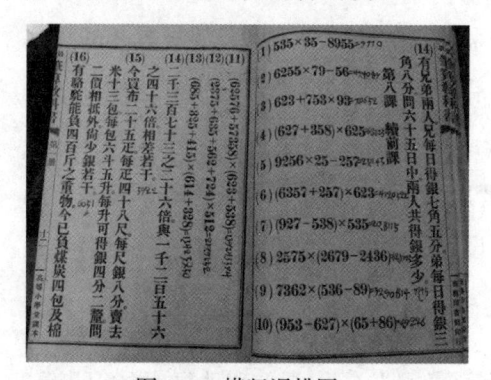

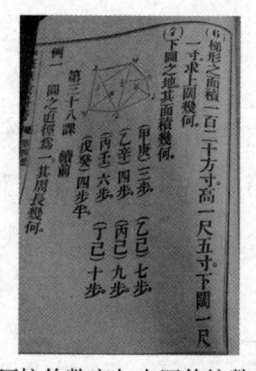

图2-2　横竖混排图　　　　图2-3　阿拉伯数字与中国传统数字混用

---

❶ 杜亚泉，王兆枏.高等小学用最新笔算教科书（第三册）[M].上海：商务印书馆，1908：编辑大意.

2.4.3 内容简介

《高等小学用最新笔算教科书》主要围绕"整数、十进以外诸名数及小数、分数、比例、分厘法、利息、繁利息诸题及求积"等内容展开,每一部分内容在各册所占比重不同,侧重点也不同,但是这几部分内容是遵循螺旋上升的原则呈现在书中的,如表2-8所示:

表2-8 《高等小学用最新笔算教科书》主要内容量化分析表

册数	章节	目录	定义/定理数	例题数	习题数	应用题选材
第一册	第一~十六课	命数法及计数法、加法减法、十进诸名数、乘法、加减乘杂题、除法杂题	4	18	189	数字和差、田亩买卖、学校人数、世界各大洲人数、大米买卖、人数计算、度量衡换算、重量计算、金钱、价格计算、田地产米、种树、工资、田地买卖、年龄计算、路程计算、雉兔头足数量、衣物、瓷器折损后价格计算,买卖碳、灯、羊、田地价格起伏不定计算,买卖豆、纸、笔、书
	第十七~三十一课	十进以外诸名数、诸名数杂题	6(单位换算率)	19	160	里、丈、步、尺长度单位换算,火车、船只行程,复名数倍数计算,引斤两换算,糖、茶买卖,斤两倍数计算,地积单位转换,买卖田亩、人、牛耕地、分田计算,年月计算、日、小时、刻、分换算,脉搏计算,工时、行路、法国度与中国度换算、中外长度、地积应用计算
	第三十二~四十课	小数加减法、小数乘法、小数除法、杂题	—	5	99	读数、计数、长度、面积单位转换,尺寸计算,中外长度单位换算,水雷驱逐舰、巡洋舰行使速度计算,重量、中外货币计算,路程、田亩、白糖、生丝、丝绸、酱油、布、煤炭价格计算
第二册	第一~二十六课	分数记法及加减、分数乘除、混分数及带分数、整数之性质、大公生、约分、小公倍、通分之预备、通分、续分数加法及减法、续分数乘法及除法、分数乘整数、分数乘分数、分数除整数、分数除分数	31	43	330	长度单位转换、分绳、分橘、买茶买糖、分梨、工作效率、抄书、织布、船行速度、行程问题、米价、耕地效率、毛笔价格、中外单位换算、装箱、分田、分米、步数、时钟速度、物品置换、工资、白面价格、利息、田亩、薪资、慈善、运煤、写字速度、牛羊数量

49

续表

册数	章节	目录	定义/定理数	例题数	习题数	应用题选材
第二册	第二十七~三十一课	续小数乘法、续小数除法、分厘法之初探	4	7	60	买卖布、绢、铅粉、修路、银两换算、分钱、卖房、买卖舂米
第二册	第三十二~四十课	简比例第一、简比例第二、比例杂题	2	5	69	笔、糖、碳、米价格、耕田效率、人、马行路、行船、距离、行程、分米、工时、工资、换米、还钱、耕地、修路
第三册	第一~九课	叠分数、叠分数之用法、差分法第一、差分法第二、差分法第三、差分法第四、差分法第五、差分法第六	1	9		记数、算数、分米、斤两、工作效率、资本、步数、物品置换问题、本金、分钱、银两、倍数、种茶、村子面积、甲乙合工、利息
第三册	第十~十七课	合比例第一、合比例第二、合比例第三、合比例第四	—	5	54	步数、耕地、时长、买布、种茶、雇工、卖货、工作效率、售价、工时、卖茶、银两、重量
第三册	第十八~二十四课	分厘法第二、分厘法第三、分厘法第四、分厘法第五、分厘法第六	5	7	42	售货、亩产量、工时、路程、距离、工作效率、薪水、分大米
第三册	第二十五~四十课	用钱、粮数、南米、关税、公债票、股票、保险、简利法第一、简利法第二、简利法第三、简利法第四、简利杂题	6	24	88	步数问题、修路问题、工作效率问题、还款问题、保险问题、利息问题、征税问题、贷款问题、保险理赔问题、本金利息问题、借贷问题、分钱问题、工资问题
第四册	第一~十一课	均中比例第一、均中比例第二、均中比例第三、比例杂题	—	4	66	白糖斤两、金银铜混合换算、分大米、买茶、买物品、金钱换算、工作效率、年利率、工钱、米重及米价、工时、工资、米重与金钱换算
第四册	第十二~十六课	利息、期票、利息杂题	2	2	22	田亩、利息利率、工资、年利率、期票
第四册	第十七~二十八课	繁利法第一、繁利法第二、繁利法第三、繁利法第四、繁利法第五、按年存银法、分年还银法	2	9	71	利息本金、年利率、本金利息、银两、工资、利息、存款、还钱
第四册	第二十九~四十课	复习、银两、金价、外国货币、立体	1	14	105	贷存款、还钱问题、利息、行程距离、利率计算、银两、兑换、亩数、金价、货币兑换、步数、尺寸、面积、盛米、价格、立体面积、周长

由表2-8可知，首先是该书在学习分数计算时，涉及的概念最多，例题

和练习题也最多,可见分数学习的重要性,且难度不小,需要仔细解析,反复练习。其次是整数和复名数的加减乘除法,涉及的概念不多,但是例题和练习题很多。因为这部分是算术计算的基础。接下来就是小数的例题、习题较多,除了整数,小数和分数作为两种非整数的运算法则及规律的学习也是非常重要的。其他如比例、利息、简利法、繁利法等实用性极强的概念的学习,当然是建立在整数、分数、小数、复名数学习基础之上的。此外,从表中的应用题选材中可以清晰地获知,题中选材都是贴近当时生活的真实、确切事情,没有虚构编造的情况。

值得注意的是,表中例习题的选材涉及物理、化学、生物、地理等多学科知识。算术是学习这些学科的基础,因为它们不同程度涉及数与式的计算、几何图形分析等算术知识。只有算术知识扎实了,其他学科的学习才会顺利。正如徐光连编译的《中学算术教科书》(1907年初版)绪言中所述"然则算术者,非仅为国民生活所需,亦学问上一切声光化电之初阶也"❶,体现了算术在学科发展中的基础性。另外,算术知识中蕴含其他多学科知识,也起到了科学普及的作用。

2.4.4 名词术语

中国传统算术教育向近现代转型的过程中,名词术语成为一个重要的研究对象。名词术语随着中西交流和文化教育的发展而产生变化。通过分析名词术语的变化,可以了解中国传统算术的发展演变及西方数学对中国数学发展的影响。该书的名词术语多采用传统表述方式及语言。具体呈现如表2-9所示:

表2-9 《高等小学用最新笔算教科书》中名词术语与现行名词术语的比较

序号	本书名词术语	现行名词术语	序号	本书名词术语	现行名词术语
1	目次	目录	3	杂题	混合题
2	几何、若干	多少	4	生数	因数

---

❶ 徐光连.中学算术教科书[M].上海:商务印书馆,1907年初版:绪言.

续表

序号	本书名词术语	现行名词术语	序号	本书名词术语	现行名词术语
5	质生数	质因数	14	实	被除数
6	公生	公因数	15	较	差
7	大公生	最大公因数	16	瓩	千瓦
8	公倍	公倍数	17	分厘法	百分法
9	小公倍	最小公倍数	18	阔	宽
10	正分数	真分数	19	长斜方形	平行四边形
11	混分数	假分数	20	上阔	上底
12	叠分数	繁分数	21	下阔	下底
13	法	除数	22	旁面积	侧面积

由表 2-9 可知，目次、若干、杂题、阔、实、法、较、分厘法等是中国传统算术中的叫法，而正分数、混分数等是翻译日本教科书中的叫法。叠分数是比较形象的叫法，一层层叠在一起，比繁分数更具形象性，这与中国人更容易理解象形字有关。那么"瓩"表示千瓦更容易理解了，是清末算术教科书编著者依据西方的叫法自己创造的形声字。在中国传统算术中，除法计算称作"实如法而一"，意思是"以法量实"，"实"中有等于"法"的量，所得是一，"实"中有几个"法"，所得就是"几"。因而，"实"即为被除数，"法"即为除数。至于"较"在现代汉语词典中即有一解释为：差，不等。

2.4.5 具体例析

例1：书中很多知识的引入，先是给出概念，而后举例，熟习思路及过程后进行练习题运算，练习题有直接的列式计算题，也有应用题，书中结构脉络清晰明了，知识由浅入深，符合儿童接受知识的能力。典型例题如图 2-4 所示。

例2：分数概念：分而取其一分，曰几分之一。例如，均分之为二分而取其一分，即为二分之一。又将此几分之一之若干个并之，即为几分之几。凡成为几分之几者，皆为分数。分数有分母与分子，分母即均分某数之数，分子则均分后所取之几分也。记分数宜先引一横线，下书分母，上书分子。这个概念的描述，展现了从几分之一到几分之几，从单分数到普通分数的一个推理过程。

另外，如图 2-5 所示，书中强调笔算的同时也注重心算。其实，在现实生活中，心算的作用更大，因为不是随处都可以找到纸和笔来计算，有时在时间上也不允许使用笔算，心算反而更便捷高效。

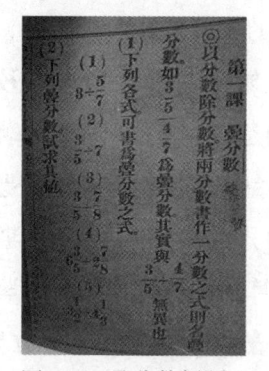

图 2-4　叠分数例题　　　图 2-5　心算例题

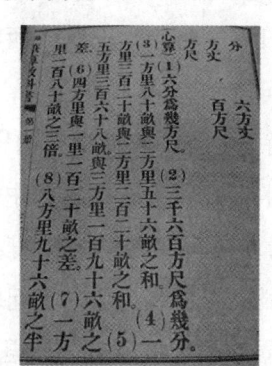

例 3：雉兔同居一笼，其头共百个，足共二百八十只，问雉兔各若干？

这是典型的"鸡兔同笼"问题，是中国传统算术问题。此问题最早在《孙子算经》中有记录，叙述为："今有雉兔同笼，上有三十五头，下有九十四足。问雉兔各几何？"❶《孙子算经》中对算法描述为："上置三十五头，下置九十四足；半其足得四十七；上三除下三，上五除下五；下有一除上一，下有二除上二即得。"书中把这一过程概括为："上置头，下置足，半其足，以头除足，以足除头即得。"❷这可以看作"半足法"。其后在明代程大位的《算法统宗》第八卷"少广章"❸中也出现了鸡兔同笼问题，此时不再描述成"雉兔同笼"，而是"鸡兔同笼"。其解法可概括为"倍头法"，顾名思

---

❶ 王云五. 丛书集成初编孙子算经及其他三种[M]. 上海：商务印书馆，1939：24.

❷ 意思是，每只鸡的头数和足数都是1，每只兔的头数是1，足数是2，所以用足的一半47减去总头数35，就得到兔的只数是12。而后用总头数35减去12就得到鸡的只数是23。

❸ 王云五. 丛书集成初编孙子算经及其他三种[M]. 北京：商务印书馆，1939：23.

义，将头扩大2倍或4倍，使其与足数相同。这两种传统的解法体现了一种异同转化的辩证思维。1815年在日本出版的《算法点窜指南录》中记载的"鹤龟算"问题，其实是鸡兔同笼问题的变式："某处有鹤龟百头，只云足数和为二百七十二，问鹤龟各几何？"❶算法与《算法统宗》中的倍头法是一样的。迄今在日本的一些数学教科书中仍保留着鹤龟算问题。❷清末，除《高等小学用最新笔算教科书》中有鸡兔同笼问题外，其他初中算术教科书中也有，例如，日本东野十治郎著，西师意译的《最新算术教科书》讲除法时例题中有鹤龟问题❸，日本桦正董著，赵缪、易应崐同译的《中学校数学教科书算术之部》除法杂题中有鹤龟问题❹，特别是日本藤泽利喜太郎著，赵秉良译的《中学算术新教科书》例习题中既有雉兔同笼，也有鹤龟问题，共出现4处❺。在对清末民国时期初中算术教科书的分析中发现，这一时期每个阶段的几乎所有教科书中都有鸡兔同笼问题的计算题，就是当代的小学算术教科书中也有鸡兔同笼问题或其变式问题，它一般出现在整数、分数与小数乘法、除法、整数性质等运算中。可见，鸡兔同笼问题作为中国传统算术的经典问题流传之广、影响之深。

2.4.6 特点分析

依据上述描述，概括《高等小学用最新笔算教科书》的特点如下：

第一，编写内容体系具有新颖性。从该书的编写理念、编排方式、具体内容等方面可以体现出"新"的特点，如编辑大意渗透了较多先进的教育思想；编排方式呈现横竖混排的形式；内容中有体现中西交融思想的习题，如

---

❶ 平山谛. 东西数学物语 [M]. 代钦, 译. 上海：上海教育出版社，2005：49.

❷ 李淑文. 日本新编中学数学教材的特点评析 [J]. 数学教育学报，2003，12（4）：20–23.

❸ 东野十治郎. 最新算术教科书 [M]. 西师意, 译. 东京：日本东亚公司，1906：45.

❹ 桦正董. 中学校数学教科书算术之部 [M]. 赵缪, 易应崐, 译. 上海：群益书社，1908：56.

❺ 藤泽利喜太郎. 中学算术新教科书 [M]. 赵秉良, 译. 上海：商务印书馆，1911：84,85,88,234.

中国度量衡与外国度量衡之间的换算。该书第四册第二十九课讲到"英国一码（即一依亚）约合中国二尺九寸六分。今有布四十五码。问合中国若干尺"❶。这样的习题体现了当时中西文化交融的现状，使儿童可以接触到中国文化以外其他文化的简单知识，对时代背景有所感知。

第二，在模仿借鉴日本初中算术教科书的基础上追求本土化。"清末，中国数学教育虽然学习模仿日本，但在编写数学教科书方面不完全是这样的。"❷该书承接于《初等小学用最新笔算教科书》，虽然是依据日本小学教科书编写的，但也是经过多次阅读修改后编辑而成，不是完全照搬。书中的例题、习题大多来源于中国当时的实际生活，体现了清末国人自编教科书，在借鉴西方外来文化的基础上追求本土化的信念。

第三，内容设置适合儿童水平，选材生活化。全书以儿童日常生活中习见之问题为范围，适合儿童需要，文字亦适合儿童认知程度，浅显而易于领会。习题切合实际情形，事实题的内容都经相当的调查，数据确切，无向壁虚造者。例如，第三册第二十七课讲到钱粮南米时，都给出当时北方和南方征收不同税收的标准。

第四，知识呈现由浅入深、循序渐进。该书内容编排一个很大的特点是知识点的学习遵循螺旋上升的原则，难度由浅入深，引导学生逐步深入理解，踏实掌握知识。

第五，坚持学习内容的多元化。开设笔算课程的同时也开设珠算，可见在引入西方科学知识的同时还保留着传统的知识体系。这与当时的国情、社会状况以及人们看待中西文化的态度有很大关系。

第六，习题分配适宜。全书练习题，按照练习教学原则，分配适宜，使儿童于每一方法皆有充分练习的机会。

---

❶ 杜亚泉，王兆枏. 高等小学用最新笔算教科书[M]. 上海：商务印书馆，1908：第二十九课.

❷ 代钦. 清末中学数学教科书发展及其特点[J]. 课程·教材·教法，2015（1）：117.

2.5 初中算术教科书译作个案分析——《中学算术新教科书》

1901年5月,罗振玉于上海创办了《教育世界》杂志。初刊为旬刊,分文篇、译篇两栏,偏重译述。实际上,文篇的文章并不多。译文多来自日本,含各学科规则、学校法令、学校管理、教授法、教育学和教科书6类,译自藤泽利喜太郎所著的《中学算术新教科书》(图2-6)在当时具有典型性。

2.5.1 编译者简介

藤泽利喜太郎(Fujisawa Rikitaro,1861—1933,图2-7)是日本著名数学教育家,也是日本近现代数学教育的奠基人。1882年,在德国学习研究纯粹数学四年,先是入柏林大学师从于世界著名数学家克罗内克(Leopold Kronecker,1823—1891)。1884年10月,从柏林大学来到斯特拉斯堡大学学习分析学和函数论。1886年7月,通过博士考试,再次来到柏林。他致力于数学和数学教育研究,与菊池大麓一道积极地开展日本的数学教育改革,提出了"数学教育研究是一门学问"的观点。

图2-6 《中学算术新教科书》　　图2-7 藤泽利喜太郎

在藤泽利喜太郎所编写的数学著作、教科书中,被翻译成汉语的有《算术条目及教授法》(1895,图 2-8;1901—1902,王国维译本,图 2-9)、《算术教科书》(日本西师意译,山西大学译书院,1904)、《中学算术新教科书》(赵秉良译,商务印书馆,1911)、《续初等代数学教科书》(黄际遇,商务印书馆,1917)等。20 世纪初,日本的数学研究能得以迅速发展,并接近世界先进水平,藤泽利喜太郎对此起到了极其重大的作用。

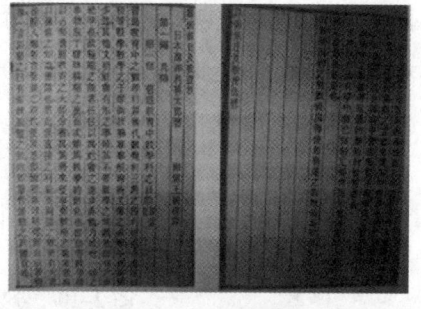

图 2-8 《算术条目及教授法》　　图 2-9 王国维译《算术条目及教授法》

赵秉良,清末民国时期数学教科书编译者,曾翻译《算术条目及教授法》(南洋官书局,1908)、《平面三角》(南洋官书局,1908)、《中学算术新教科书》(商务印书馆,1911),自编《中华高等小学算术教授书》(中华书局,1912)、《中华中学算术教科书》(中华书局,1913)、《中华中学代数教科书》(中华书局,1913)、《中华中学几何教科书》(中华书局,1914)、《中华中学三角教科书》(中华书局,1914)等,为清末民国时期数学教科书的编辑与发行作出了积极的贡献。

2.5.2　编写理念与主要内容

藤泽利喜太郎认为数学是锻炼思维的体操;算术与代数、几何是有根本区别的,算术是培养国民最基本素质的知识,进行算术教育的目的就是让学生掌握日常计算技术。藤泽利喜太郎也给出了算术的含义:算术只是计算之术。算术中没有理论,除了算术以外的其他数学学科都有理论应用。他认为,"解答算术杂题时,用到各种图形的方法是不好的……解答问题的时候用到思考能力，尽可能地不借助外物是最好的。"事实上，这种片面的思想是他主张数学分科主义的具体表现。因此，在他编写的这本《中学算术新教科书》中，除了专门讲几何图形时画有图形，讲解其他内容时并没有图形帮助。例如，介绍分数概念时直接用除法来描述，即"凡除法除至实数小于法数时，则将剩余记于上，法数记于下，而于其中画一横线以表示其商者，作为分数形，称之曰分数"。没有用线段图表示分数包含的部分与整体的关系。而同一时期，桦正董著，赵缭、易应崐翻译的《中学校数学教科书算术之部》（或《算术新教科书》，上海群益书社，1908）在介绍分数概念时，便用到了图形（图 2-10）表示分数整体与部分的关系，体现了编著者数形结合的思想。

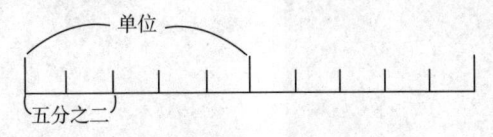

图 2-10　分数概念介绍图

为了更加清晰地分析该书的主要内容及特点，将《中学算术新教科书》与《中学校数学教科书算术之部》对比解析。具体内容量化分析比较如表 2-10 所示。

表 2-10　《中学算术新教科书》与《中学校数学教科书算术之部》
内容及例题、习题量化表

		中学算术新教科书	中学校数学教科书算术之部	例	例题[1]	问题	杂题	合计
上卷	第一编	绪论：命数法、记数法、罗马数字记数法、小数、名数	第一编	90	201	104	0	395
	第二编	四则：加法、减法、乘法、除法、四则余论、四则杂题	整数及小数：命数法及记数法、加法、减法、乘法、除法	54	49	56	43	202
	第三编	诸等数：诸等数绪论、米突法度量衡、度量衡及货币、时间、诸通法、诸等命法、诸等数之加法减法、诸等乘法、诸等除法、外国度量衡、外国货币、弧度、角度、温度、经度与时间	第二编	10	79	161	0	250
			诸等四则：诸等单位、诸等化法、诸等加法、诸等减法、诸等乘法、诸等除法	9	32	52	22	115

[1] 注：在这两本书中，例题是简单的习题，问题、杂题是难度更大一些的习题，一般认为的"例题"写作"例"，有解答过程。

续表

		中学算术新教科书		中学校数学教科书算术之部	例	例题	问题	杂题	合计
上卷	第四编	整数之性质：倍数及约数、九去法、十一去法、质数及质因数、最大公约数、最小公倍数、整数之性质杂题	第三编	整数之性质：约数及倍数、素数及素因数、最大公约数及最小公倍数	26	23	35	0	84
					25	50	24	0	99
	第五编	分数：分数之绪论、约分、通分、化分数为小数、化小数为分数、分数之加法减法、分数之乘法除法、繁分数、循环小数之加减乘除、分数杂题、复习杂题、问题之答	第四编	分数：分数之性质、分数加减法、分数乘除法（小数乘除法）、外国度量衡	58	220	98	38	414
					27	132	34	61	254
下卷	第六编	比及比例：比、比例、复比例、连锁法、按分比例、混合法、比及比例杂题	第五编	比及比例：比、单比例、复比例、连锁法、比例配分法、混合法	71	85	158	0	314
					14	23	110	0	147
	第七编	百分算及利息算：百分算、折扣算、租税、保险、利息、折扣及汇兑、公债票及股票、支付平均日期、复利法、折扣算及利息之杂题	第六编	百分法：绪论、利息算、利息算之续、日用诸算	24	105	93	0	222
					13	52	68	0	133
	第八编	开方：开平方、开立方、不尽根数	第七编	开方法：开平方法、开立方法、简单之求积法	9	44	69	15	137
	第十一编	求积：平面形、立体、求积杂题、复习用杂题、问题之答			14	74	41	0	129
	第九编	省略算：省略算之绪论、省略算之加减法、省略乘法、省略除法、省略开方、省略算问题	附录	省略计算、诸表	9	39	25	0	73
					4	12	0	0	16
	第十编	级数：等差级数、等比级数、年金、级数杂题	第八编	循环小数	8	39	16	0	63
					7	15	10	0	32
		总计			305	835	759	53	1952
					126	1127	395	126	1127

注：①相同一章中统计数据上排来自《中学算术新教科书》，下排来自《中学校数学教科书算术之部》；为展现数据对比效果，将《中学算术新教科书》中第一编与第二编数据合并，第八编与第十一编数据合并；

②《中学算术新教科书》上下卷共494页，《中学校数学教科书算术之部》上下卷共311页；

③《中学校数学教科书算术之部》中问题也有给出解答过程的。

由图 2-11、图 2-12 可知，首先，《中学算术新教科书》（简称 A 书）将命数法、记数法与整数四则分设两编学习，而且设立的例、例题、问题都多于《中学校数学教科书算术之部》（简称 B 书）一倍及以上；其次，A 书同样将开方与求积分开两编学习，而 B 书是将其合在一编当中学习，但是 B 书中设立的例、例题要多于 A 书，问题略少于 A 书；再次，A 书中分数、命数法及整数四则、比及比例、诸等数设立习题最多，而 B 书中分数、整数与小数、比及比例、百分法设立习题最多；最后，B 书中整数之性质例习题设置多于 A 书。从这些统计数据的比较可以得出，A 书例习题设置远远高于 B 书，A 书更注重对计算熟练程度的训练，而开方、求积等初步的代数、几何知识不是重点内容，B 书虽然也注重计算能力的培养，但是例习题特别是习题设置不是很多，开方、求积方面内容较为重视。两书中习题设置最多的就是分数、整数四则、比及比例的计算，可见当时这三部分知识是初中算术学习的重点。B 书对整数性质的重视程度要高于 A 书，另外 B 书中杂题比 A 书多一倍，体现了 B 书更注重综合题的运算，A 书更重视与例相似的例题和稍难点的问题的计算。

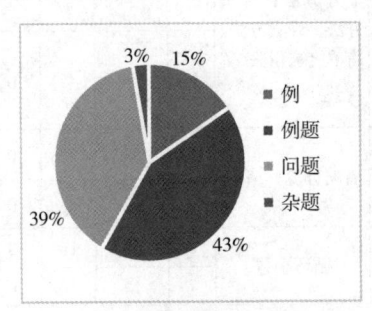

图 2-11 《中学算术新教科书》例习题分布比例图

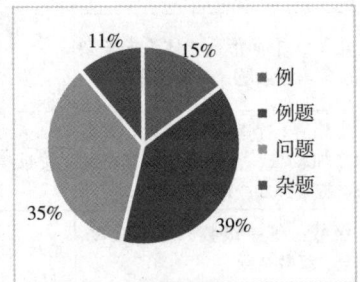

图 2-12 《中学校数学教科书算术之部》例习题分布比例图

该书的特点之一是讲解详细，例如，在讲除法时，首先，以"乙数除甲数，求于甲数中含有乙数之几倍"引入，然后给出了详细的讲解过程，即从甲数减去乙数几次而除尽了，或者剩余小于乙数。其次，举例"求 7 除 23"，并讲解运算过程：以 7 除 23 是求 23 之中含有几个 7，从 23 中减 7 三次，得余数 2，即可知 23 之中含有 3 个 7，尚余 2。之后，给出除法中各要素的命名："以上之甲数称曰实，或曰被除数，乙数称曰法，或曰被除数，实之中含有法之几倍者，称曰商，其所余者，称曰剩余。"接着讲到"实际上，将同数叠减几次，用简便法以求其商及剩余之计算，称曰除算或除法"。❶ 这样，通过减法的推理和包含的关系，归纳出除法的定义，过程详尽，易于学生理解。但是没有数形结合的思想，只一味强调计算能力的培养。不过，虽然藤泽利喜太郎主张算术与代数、几何的分离，但是在书中还是安排了简单的开方、级数、求积等代数、几何的内容。

2.5.3 具体例析

图形的面积和体积的计算，是清末初中算术教科书的重要内容之一。虽然清末有多种不同的初中算术教科书，但是这些教科书中的图形面积、体积内容的设置、具体编排有共同的特点。因此，在这里以藤泽利喜太郎原著，赵秉良译述，上海商务印书馆出版的《中学算术新教科书》为例，详细论述此书特点及其对算术教学的影响。在该教科书的诸等数一编中，第三章"度量衡与货币"中介绍了矩形、三角形、四角形（四边形）、梯形、多角形（多边形）、圆等几何图形面积的计算。首先介绍了矩形的两边，一边为横，另一边为纵，或长之一边为长，短之一边为阔，并直接给出矩形之面积为纵横相乘之积：

矩形面积 = 纵 × 横

如图 2-13 所示，在矩形中一个小格表示边长是一尺的小正方形（即单位长度），所以纵是四尺，横是五尺，面积为二十平方尺。用具体例子给出了矩形的面积公式。

其次，给出三角形的面积为底边与高相乘之积，而以 2 除之（图 2-14）。

---

❶ 藤泽利喜太郎. 中学算术新教科书 [M]. 赵秉良，译. 上海：商务印书馆，1911：53.

$$三角形面积=（底边×高）÷2$$

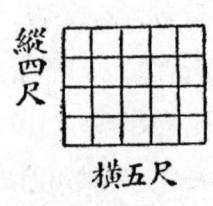

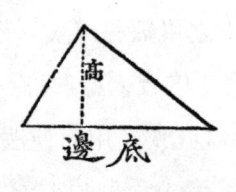

图 2-13　矩形面积　　　　图 2-14　三角形面积

再次，介绍四角形的面积计算需要先作对角线，把原图形分为两个三角形，所求之面积等于两个三角形之高之半和与对角线相乘之积〔四角形面积＝（高$_{三角形1}$＋高$_{三角形2}$）÷2× 对角线〕（图 2-15）。

最后，介绍圆周之长等于以其直径乘圆周率之数（圆周长＝直径 × 圆周率），所谓圆周率为 3.1416。

$$圆面积=圆周率×半径^2$$

圆之面积等于半径之二乘（平方）与圆周率相乘之积（图 2-16）。圆周率概略计算可用 3.14。圆周率到小数第十位之值为 3.1415926536。

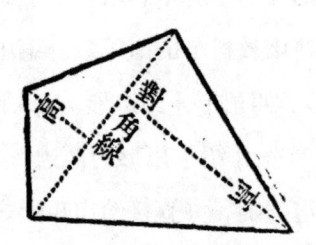

图 2-15　四角形面积　　　　图 2-16　圆面积

如上述，在教科书中占用很小的篇幅，直接给出了矩形、三角形、四角形和圆的面积公式。一方面，这导致学生不易掌握计算公式的来龙去脉，要求学生死记硬背，使学生学习起来感到乏味无趣。另一方面，这种只给出公式而没有交代如何得出公式的做法，给教师也提出了很高的要求。如果教师的专业素养较好，那么可以将面积公式的推导过程直观地展示给学生。如果教师的专业素养一般，那么只能和学生一起死记硬背公式，师生一起在雾里盲目地行走。这里要特别指出的是，对矩形和三角形面积公式直接给出，学

习好的学生也许能够慢慢领会，但是对圆面积公式的直接给出，学生们就很难理解的，只能是死记硬背了。由此可见，平面图形面积内容的设置与同一时期数与数的计算内容相比是很拙劣的。

在第十一编求积中具体介绍平面形、立体面积、体积的求法。这一章虽然是专门讲几何图形的面积、体积的，但是也是直接给出公式，并没有详细的推导过程或说明。平行四边形、梯形、三角形、多角形（多边形）、菱形面积求法学习如图 2-17、图 2-18 所示。图中虽然可以看出有中国传统数学中的割补法痕迹，但是并没有详细讲解。

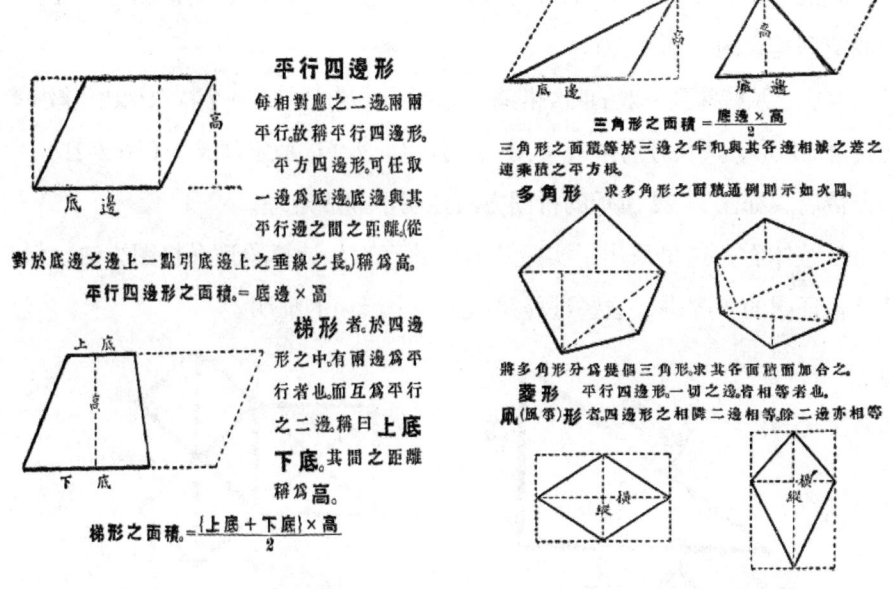

图 2-17 平行四边形、梯形面积求法学习　　图 2-18 三角形、多角形、菱形面积求法学习

其实，图 2-17 中分别给出了平行四边形和梯形的推导过程。首先从平行四边形底边一顶点向对边作高，分割出一个三角形，再将这个三角形的斜边与平行四边形的另一侧斜边重合补成一个矩形，通过面积相等原则，推导出平行四边形的面积等于矩形的面积，从而得到：矩形的面积 = 底边 × 高。梯形的面积也是一样的道理，将梯形割补成平行四边形，从而得到：梯形之

面积 = $\dfrac{(上底 + 下底) \times 高}{2}$。

同理，图 2-18 中三角形利用割补法拼成平行四边形，然后得到三角形面积是与其同底等高平行四边形面积的一半。多角形面积是将其沿对角线分成几个三角形，然后把三角形面积相加。菱形面积求法也是同样的道理。

清末算术教科书中平面图形面积内容中设置了勾股定理。教科书中勾股定理的证明是中国传统几何中经典的证明方法，藤泽利喜太郎的《中学算术新教科书》中也有概括的介绍。

首先，在交代直角三角形的高（两直角边）和斜边概念的基础上，直接给出了勾股定理（图 2-19）。

其次，给出了一个特例，即等腰直角三角形的情况，用拼图方法证实了勾股定理是真的（图 2-20）。

再次，从特殊到一般的归纳推理，选择了特殊但和第一个特殊相比稍微一般的直角三角形，边长分别为 3、4、5，于是也证实了勾股定理成立（图 2-21）。

最后，如图 2-22 所示的拼图方法证明了勾股定理。

从整体看，这里采用了实验几何中的直观、计算验证和拼图方法。但是从严格证明的角度讲，这些过程并不是一个严谨的证明。

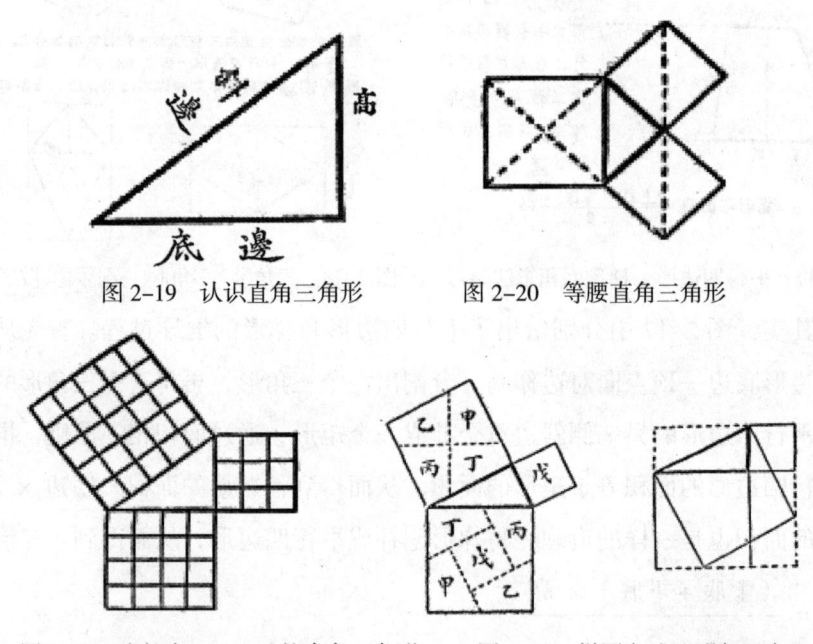

图 2-19　认识直角三角形　　　图 2-20　等腰直角三角形

图 2-21　边长为 3、4、5 的直角三角形　　图 2-22　拼图方法证明勾股定理

2.6 小结

（1）学校教育制度、数学课程标准的制定以学习日本为主。清末，新式学堂的建立与留日高潮的兴起，推动新学制的诞生。留日学生及传播日本教育思想的杂志等将日本学制思想、教育理念传入中国，于是清政府以日本学制为模板，于1902年制定了中国第一个学制《钦定学堂章程》，但是由于政府内部纠葛而没有颁布实施。在此基础上，1904年，清政府制定、颁布了《奏定学堂章程》，并在全国施行。该学制中的数学教育制度是严格模仿日本1902年的"中学校数学科教授要目"而确定的。而"中学校数学科教授要目"又是根据藤泽利喜太郎的《算术条目及教授法》中的根本思想制定的，因而《奏定学堂章程》中数学教育课程标准设置和教学法等均受到藤泽利喜太郎教育思想局限性的影响，落后于当时西方，但是比起旧的封建教育制度已经有跨越时代性的进步。

（2）初中算术教科书的编写以翻译、编译日本教科书为主。1902—1904年，中国颁布了新学制，为初中算术教科书的编写提供了依据和保障，但是当时编写初中算术教科书的条件和时机还不成熟，所以清末初中算术教科书大多是翻译、编译日本算术教科书。受到日本藤泽利喜太郎算术教育思想的影响，初中算术教科书的日本或中国的编写者基本坚持"算术无理论"的主张，注重学生日用计算能力的培养及专业知识的获取，这对高等小学毕业后便从业的学生非常有益。但是初中算术教科书中大量繁难习题的设置，计算烦琐，对学生学习造成困难，一部分学生甚至对数学失去学习兴趣。此外，在算术中不采用几何、代数图形或公式进行算理解释或习题演算的思想，对学生通过数形结合思想理解掌握数学知识造成障碍，不利于学生形象思维、推理能力的培养。

（3）初中算术教科书的编写者以留日人员为主。清末，新式学堂、学校的广泛开设，急需大量数学教科书。缺乏编写经验的中国数学家、数学教育家、中小学教师等纷纷赴日学习取经。留日人员作为教科书翻译、编译的主力军，解决了中国新式学校初中算术教科书短缺的问题。他们根据紧急程度，有时将教科书在日本直接印刷后运回中国销售，如赵缭、余焕东翻译日本桦正董的《新译算术教科书》便是在东京的中国留学生会馆出版的。

（4）初中算术教科书编写、出版呈现多元化趋势。首先，教科书审定制度的逐步确立，推动了民营出版企业的多元化发展。在初中算术教科书的出版企业中，较早成立的商务印书馆一直雄踞前列，而文明书局、中国图书公司、群益书社、山西大学译书院、科学会编译部、教科书编辑社、文盛编译书局、科学编译书局、凸版印刷公司、苏新书社等出版企业由于规模、资金或人员问题一直处于尾随状态，初中算术教科书的质量与销量一般。但是，民营出版企业之间的竞争一定程度上促进了初中算术教科书的编写、出版多样化。其次，初中算术教科书编写者多元化。不同背景、不同编写经验的教科书编辑者参与到初中算术教科书的编写中，促成了百花齐放的局面，但是教科书水平的参差不齐，也给初中算术教科书教授者选择适合的教科书造成了困扰。

（5）初中算术教科书编写的本土化探索。清末，数学教科书的编辑者已经意识到自编教科书在数学教育中的重要性，编译、自编的初中算术教科书虽然是依据日本初中算术教科书编写的，但也参阅了多本其他初中算术教科书，修改后编辑而成，不是完全照搬。书中的度量衡、利息等知识以及例题、习题大多来源于中国当时的实际生活。体现了清末国人自编教科书的探索，以及在借鉴西方外来文化的基础上追求本土化的信念。

（6）初中算术教科书编写呈现新颖性。清末，随着新学制的颁布，新式学堂取代旧式官学、私塾成为培养人才的新兴根据地，"配套的教科书成为奇缺之物，教科书的编译、印刷和发行，成为社会新兴的一个产业。"❶ 商

---

❶ 代钦.清末中学数学教科书发展及其特点[J].课程·教材·教法，2015（1）:116.

务印书馆抓住这个机遇,出版了"最新教科书",体现了当时的一种"新颖性"。❶ 具体从《最新笔算教科书》的编写理念、编排方式、具体内容等方面可以体现出"新"的特点,例如,编辑大意渗透了较多先进的教育思想;编排方式呈现横竖混排的形式;内容中有体现中西交融思想的习题,如中国度量衡与外国度量衡之间的换算。

---

❶ 代钦.清末中学数学教科书发展及其特点[J].课程·教材·教法,2015(1):118.

第3章　1912—1922年中国初中算术教科书

3.1 民国初期历史背景

中华民国成立之后，对两千多年来的封建传统教育进行了全面的改革。1912年1月19日，教育部颁布了第一个改造封建教育的法令《普通教育暂行办法》，规定：

从前各项学堂，均改称为学校。监督，堂长，应一律通称校长。各州、县小学校，应于元年三月初五日一律开学；中学校、初级师范学校，视地方财力，亦以能开学为主。……凡各种教科书，务合乎共和民国宗旨，清学部颁行之教科书，一律禁用。凡民间通行之教科书，其中如有尊崇满清朝廷，及旧时官制、军制等课，并避讳抬头字样，应由各该书局自行修改，呈送样本于本部及本省民政司、教育总会存查。如学校教员遇有教科书中不合共和宗旨者，可随时删改，亦可指出呈请民政司或教育部通知该书局改正。……中学校为普通教育，文、实不必分科。中学校、初级师范学校，均改为四年毕业；惟现在修业已逾一年以上，骤难照改者，得照旧办理。❶

这些规定从教学内容上排除了教育为封建专制政治服务，保证了教育为

---

❶ 朱有瓛.中国近代学制史料（第三辑上册）[M].上海：华东师范大学出版社，1990：1–2.

民主共和政治服务的方向。

在 1912 年 7 月 10 日教育部召开的临时教育会议上议决重订学制，9 月 3 日，教育部公布《学校系统令》。规定：

初小 4 年，为义务教育，毕业后入高小或实业学校；高小 3 年，毕业后入中学或师范学校或实业学校；中学 4 年，毕业后入大学或专门学校或高等师范学校，大学本科 3 年或 4 年毕业，预科 3 年；师范学校本科 4 年，预科 1 年；高等师范学校本科 3 年，预科 1 年；实业学校分甲、乙两种，各 3 年 1 专门学校本科 3 年或 4 年，预科 1 年。❶

此学校系统亦称《壬子学制》。次年又陆续颁布各种有关法令对《壬子学制》有所补充，并于 1913 年公布，全称《壬子癸丑学制》。《壬子癸丑学制》是我国近代教育史上继清末《癸卯学制》之后的又一部重要学制。这个学制大致实行到 1922 年《壬戌学制》诞生，为时近 10 年。

《壬子癸丑学制》对清末学制有所继承，对日本学制也有所借鉴，但性质不同，与民国初年国情较为吻合。但是制定时间仓促，有沿袭《癸卯学制》的痕迹，小学教育年限较长，中等教育仍为分级，整个学制缺乏灵活性等。❷ 在这种背景下，适应民国教育革新需求的教科书迅速推出，其中以新成立的中华书局教科书为最先。

3.2 数学教育制度

3.2.1 学制与课程标准的演进

教育部在发布《普通教育暂行办法》的同时，还颁布了《普通教育暂行

---

❶ 田正平.中国教育通史·中华民国卷（上）[M].北京：北京师范大学出版社，2014：35.

❷ 田正平.中国教育通史·中华民国卷（上）[M].北京：北京师范大学出版社，2014：37.

课程标准》和功课表，其中规定：

高等小学校之学科目为修身、国文、算术、中华历史、地理、博物、理化、图画、手工、体操（兼游戏）。高等小学校，各学年每周各科教授时数如下：……算术每周4课时，共授四学年。中学校之学科目为修身、国文、外国语、历史、地理、数学、博物、理化、图画、手工、法制、经济、音乐、体操。中学校各学年每周各科教授时数如下：……数学每周授课4课时。❶

1912年12月，依据"中学校令"制定了《中学校令实行规则》，该令规定中学校修业年限定为四年，有关数学的实施规则为：

数学要旨，在于明确数量关系，熟习计算，并使其思虑精确。数学宜授以算术、代数、几何及三角法，而女子中学不授三角法。……每周至少需满三十二小时，至多不得过三十六小时。❷

民国成立初期，由于时间仓促，没有制定具体细化的初中算术课时安排表，只有中学校数学科每周授课时数如表3-1所示。

表3-1 中学校数学科每周授课时数表

学科课时	第一学年	第二学年	第三学年	第四学年
数学	5	5	5	4

注：女子中学校课时略减，第一年4课时，第二年4课时，第三年3课时，第四年3课时。

1913年3月制定《中学校课程标准》，其中数学科每周授课时数如表3-2❸所示。

---

❶ 璩鑫圭，唐良炎.中国近代教育史资料汇编学制演变[M].上海：上海教育出版社，1991：599–600.

❷ 课程教材研究所.20世纪中国中小学课程标准·教学大纲汇编数学卷[M].北京：人民教育出版社，1999：210.

❸ 课程教材研究所.20世纪中国中小学课程标准·教学大纲汇编数学卷[M].北京：人民教育出版社，1999：211.

表 3-2　中学校课程标准数学科每周授课时数表

学科目	第一学年		第二学年		第三学年		第四学年	
	每周时数	教学内容	每周时数	教学内容	每周时数	教学内容	每周时数	教学内容
数学	男5 女4	算术、代数	男5 女4	代数、平面几何	男5 女3	代数、平面几何	男5 女3	平面几何 立体几何 平三角大要

这时的课程制度不但模仿日本，也开始学习参考欧美的一些做法。

3.2.2　初中算术教科书的审定

1912 年 5 月，北京教育部总务厅下附设编纂、审查两处，以后合并为编审处，其重心不在编纂教科书，而在审查教科用图书。例如，5 月 9 日，教育部通饬各书局，将出版的各种教科书送部审查，9 月 3 日，教育部嘱各书局，按章编定春、秋两季入学儿童教科书，送部审查。编辑教科图书，依据《小学令》，须合乎部定学科程度之旨趣，审定有效期限为 5 年。凡审定认为合用之图书，须在书面载明"经教育部审定"字样，并将在《政府公报》分批刊登发布。各省图书审查会就教育部审定图书内择定适宜之本，通告各校采用。❶

这时，承担教科书主要编纂任务的是商务印书馆、中华书局等民营出版机构。商务印书馆为了满足学校教学的急需，遵照教育部通令将馆内旧有凡与清廷有关的内容，悉数按照《暂行办法》14 条中的有关规定加以修订，"民国成立，整体共和，教育方针，随之变动。今根据共和国教育宗旨，先将小学用各种教科书分别修订，以养成完全共和国民"，因又特别"于封面上特加中华民国字样，先行出版"。❷ 同时，组织有经验的编写人员，编辑共和国新教科书。

另一个以编辑出版教科书起家的出版机构中华书局于 1912 年 1 月创办，其宗旨为：养成中华共和国国民；并采人道主义、政治主义、军国主义；注

---

❶ 审定教科用图书规程 [J]. 教育杂志，1913（7）.
❷ 商务印书馆发行共和适用之教科书 [J]. 教育杂志，1913（1）.

意实际教育；融和国粹欧化。最早出版的教科书称《中华教科书》计42册，主要特点是紧跟时代背景变化并反映到教科书中。

3.3 初中算术教科书概述

在中华民国成立的时代感召下，初中算术教科书实现了由以编译外国教科书为主到以国人自编为主的转变，而且逐渐呈现了本土化的特色，对于资产阶级共和国教育的发展起到了极大的推动作用。据笔者尽力搜集，这一时期初中算术教科书有18种（表3-3）。

表3-3　1912—1922年部分初中算术教科书概览

序号	书名	著者	出版者	年份	备注
1	高等小学算术课本	石承宣	上海：中国图书公司	1912	1912年6月再版
2	中华中学算术教科书	赵秉良	上海：中华书局	1913	1913年10月初版
3	民国新教科书算术	徐善祥 秦汾	上海：商务印书馆	1913	1913年10月初版，1927年5月二一版
4	普通教育算术教科书[改正本]	张修爵	上海：普及书局	1913	1913年3月第五版
5	中学数学教科书	沈王钰	上海：商务印书馆	1913	1913年4月八版
6	中学校用共和国教科书算术	寿孝天	上海：商务印书馆	1913	1913年9月初版，1919年6月二四版
7	高等小学校共和国教科书新算术	骆师曾 寿孝天	上海：商务印书馆	1913	1913年4月二八版
8	算术教科书	顾树森	上海：中华书局	1914	1914年3月初版
9	高等小学校用新编中华算术教科书	顾树森	上海：中华书局	1915	1915年6月五版
10	中等算术教科书	黄际遇	上海：商务印书馆	1915	1915年2月初版
11	高等小学实用算术教科书	北京教育图书社	上海：商务印书馆	1915	1915年12月八版
12	中学算术新教科书	[日]藤泽利喜太郎著，赵秉良译	上海：商务印书馆	1915	1911年5月初版，1915年

续表

序号	书名	著者	出版者	年份	备注
13	新制算术教本	王永炅 胡树楷	上海：中华书局	1916	1916年8月初版
14	近世算术	徐念慈	上海：商务印书馆	1917	1906年5月初版，1917年订正三版
15	实用主义中学新算术	陈文	上海：科学会编辑部	1917	1916年11月初版，1917年第三版
16	高等小学用新法算术教科书	寿孝天 骆师曾	上海：商务印书馆	1920	1920年7月初版
17	新中学教科书算术	吴在渊 胡敦复	上海：中华书局	1922	1922年6月初版
18	新制算术教本	王炯灵	上海：中华书局	1922	1922年6月初版

由表3-3中所列18种初中算术教科书可知：

（1）教科书编辑背景方面，有17种初中算术教科书均为国人自编，在清末翻译、编译外国初中算术教科书经验的基础上，按照教育部颁布的数学课程标准要求编纂，符合中华民国新时代的教育宗旨，但这一时期算术教科书的编写思想仍是来源于日本教科书。

（2）教科书出版企业方面，商务印书馆出版9种，中华书局出版6种，普及书局、科学会编辑部、中国图书公司出版各1种，可见，初中算术教科书的出版高地由一直以来的领军企业"商务印书馆"与后起之秀"中华书局"抢占，且并驾齐驱，而清末出版势头较猛的文明书局并未见到出版初中算术教科书。

（3）国人自编教科书类型方面，在中华民国成立的同日中华书局宣告成立，顺应时代潮流，迅速推出《中华教科书》系列，成为民国第一套教科书，如赵秉良编写的《中华中学算术教科书》；由于新的教育方针在《中华教科书》之后逐渐确立，所以需要根据新的要求加以修订和完善，这样1912年9月教育部公布新学制之后，中华书局又推出了《新制中华教科书》系列，如王永炅、胡树楷编写的《新制算术教本》及王炯灵编写的《新制算术教本》；在中华民国新的教育方针确立之时，出版界巨擘"商务印书馆"也推出了与新政府教育宗旨非常吻合的《共和国教科书》系列，如寿孝天编写的《中学校用共和国教科书算术》及骆师曾与寿孝天编写的《高等小学校共和国教科书新算术》。此外，还有商务印书馆推出的《实用教科书》系列、《民国新教科书》系列及《普通教科书》系列，中华书局的《新编中华教科书》系列，科学会编译部的《实用主义教科书》系列等。各出版企业都推出了多样化的初中算术教科书。

（4）教科书作者群体方面，寿孝天编辑初中算术教科书3种，赵秉良、骆师曾、顾树森编辑2种，徐善祥、秦汾、张修爵、沈王钰、黄际遇、王永炅、胡树楷、徐念慈、陈文、吴在渊、胡敦复、王炯灵等编辑各1种。他们是具有新教育思想的知识分子，其中大部分有着大中小学教学实践经验，如寿孝天、骆师曾、吴在渊、胡敦复等；也有一部分是留学归国人员，如顾树森、徐善祥、秦汾、王永炅等。

总之，1912—1922年，优秀的作者群与出版企业积极配合，推出了适合民国初年教育宗旨的初中算术教科书，为数学教育的发展、国民素质的提高作出了卓越贡献。其中，寿孝天在初中算术教科书及配套教授法的编写方面，无论从教科书的内容设计、编排体系，还是从教科书所表达的数学教育思想理念、教授方法，到对学生心理的把握，在当时都体现了很高的水平。

3.4 个案分析——以《中学校用共和国教科书算术》为例

在清末向民国初年教育改制之时，蒋维乔与高梦旦、庄俞等人适应"时势之需要"，又利用十余年来"编辑上之经验及教授上之心得"，编写了《共和国新教科书》，其并非仅满足于名目翻新，表面应付，而是立足于"实际上之革新""以求适合于政体"。❶ 这是商务印书馆出版的第一套适合民主共

---

❶ 蒋维乔.编辑共和国小学教科书缘起[J].教育杂志，1912(1)：14-15.

和政体的教科书。教科书种类分为初小、高小、中学、女子师范及半日制学校用书五类共计 50 余种。其中，适用于初等小学 11 种，适用于高等小学 6 种，初等、高等小学教员用书 16 种；适用于中学 23 种，中学教员用书 9 种。❶ 其中由寿孝天编写的《中学校用共和国教科书算术》（笔算）（高等小学校用）受到学校与教师的欢迎，六年间再版 24 次。

3.4.1 编者简介

寿孝天（1868—1941，图 3-1❷），原名辅青，字孝天，谱名祖凇，绍兴城内都昌坊人，我国著名数学家、教育家、翻译家，商务印书馆编辑。幼年在三味书屋读书，考中秀才后，在三味书屋北侧的小书房以教书为业。1903 年他与杜亚泉、王子余、宗能述、徐锡麟等人创办越郡公学。后经杜亚泉介绍进商务印书馆编译所任编辑。当时同在理化部任职的有杜亚泉、杜就田、骆师曾、凌文之等编辑。民国早中期他参与编撰了大量教科书，如《高等小学校共和国教科书新算术》《高等小学用 新法算术教科书》《共和国教科书立体几何》《共和国教科书代数学》（上、下卷）、《汉译温德华士三角法》等，他是《中学校用共和国教科书算术》的主要作者，为我国教科书特别是数学教科书的发展作出了重要贡献。

3.4.2 编写理念与编排形式

1912 年 4 月《教育杂志》第四卷第一期刊登了《编辑共和国小学教科书的缘起》一文，阐述了《共和国教科书》的编辑要点，要求在民主共和的政体下，共和国教科书应秉持"五育并举"的原则，教科书编写应统一，配套教授法，但要在教学中灵活运用。

依据以上共同的编辑要求，寿孝天编著了《中学校用共和国教科书算

---

❶ 商务印书馆. 商务印书馆志略 [M]. 上海：商务印书馆，1929：30.
❷ 寿永明，裘士雄. 三味书屋与寿氏家族 [M]. 杭州：浙江大学出版社，2010：130.

术》（图 3-2），此书由寿孝天编纂，骆师曾校订，上海商务印书馆出版，1913 年 9 月初版，1917 年 11 月二十版，全一册。

图 3-1 寿孝天　　图 3-2 《中学校用共和国教科书算术》

其编排顺序为：编辑大意、目次和正文内容。有页眉，按奇偶页分别标有"页码、篇章标题及具体内容"，这说明教科书编写、排版形式已经进入现代阶段。该书的中文名词都是黑体加粗，重要的定义、规则均用下画线标记，使人一目了然。字符大小适宜，排版有致，适合阅读。卷末附有习题答案，以便学生自主练习。

该教科书"编辑大意"编写理念如下[1]：

（1）本书备中学校算术教科之用。

（2）按中学校课程标准，教授算术。在第一学年，同年并授者，又有代数，全年授课约计二百小时，本书即以供一百小时之用。

（3）算术为小学已习之学科，与代数、几何等之中学始习者不同，温故知新，诵习较易。故本书之篇幅，按时分配，较之数学科他种教科书之篇幅为多。

（4）中学与小学，学科虽同，程度自异，本书共分十二篇。如级数开方省略算等。固为小学所未习。即其他各法为小学所已习者。亦多探溯原理，

---

[1] 寿孝天. 共和国教科书算术[M]. 上海：商务印书馆，1919 年 6 月二四版：编辑大意.

更进一解。彼与中学之程度相应。

（5）世俗习惯之名称，有不容不矫正者，如年利月利，概称几分是也。本书所用，一以小数定位为准。十分之一称分，百分之一称厘。庶就一贯免其混。

（6）中外度量衡之比较，向分为两种。一种以1密达等于3.24尺为基础。一种以1密达等于3.125尺为基础。前者准据学理，后者为现行制所采用。本书特两列之。

（7）本书于名词初见处，附注英文原名，于词句紧要处，特别标以黑线，于篇幅转叶处，必令文字终止。无非为披阅者图其便利也。所虑酬校未精，讹误不免。倘蒙方家指正，跂予望之。

在编辑大意中，编者首先指出该书的使用范围及授课时间。此书供中学校使用，按照中学校课程标准教授算术，全年授课约为二百小时，该书供一百小时之用。

第一，强调温故知新的学习方法。"算术为小学已习之学科，与代数、几何等之中学始习者不同，温故知新，诵习较易。"指出，算术是小学已经学过的学科，初中算术是在复习小学算术的基础上进一步提高，因而相对于代数、几何学习起来较容易。"温故知新"是我国优秀的传统教学方法，在《论语·为政》中就有"温故而知新，可以为师矣"。这是符合儿童的学习心理的，在复习旧的知识点的基础上，学习新的知识，有助于新旧知识的联系，促进知识的迁移，进而使新知识更加牢固地存储在大脑里。书中也提示教授者应依据教授内容的重要程度合理安排时间，算术作为主体知识自然要比几何、代数的初步知识用时多。

第二，第4条强调小学算术与初中算术知识的衔接性，以及初中算术与初中代数、几何知识的衔接性。小学算术与初中算术学科虽然相同，但是学习程度要求不同。在小学算术中已经学习的知识，到初中算术更多的是探求追溯原理性的知识，如分数、小数、整数之性质等，主要学习其概念之意义、转换及复杂的计算等；而没有学过的知识，如"级数、开方、省略算"等中学程度之知识，需要在已有数学知识的基础上，新进掌握的，有一定难度。然而级数、开方还有书中的求积等内容又是初中算术教科书中学习的一些简单的代数、几何的内容，是算术与几何、代数的衔接性知识，为之后的代数、几何课程的学习打基础。

第三，明确称谓之统一，说明中外度量衡比较的标准。第5条提到，中国传统提法的沿用，如在利息算中，年利月利统称为几分。书中以小数定位为准，十分之一称为分，百分之一称作厘，书中整个相关内容都这么称谓，一以贯之避免混淆，因而书中将百分法写作分厘法。中外度量衡比较的标准有两种，一种是1密达等于3.24尺，这是依据于学理；另一种是1密达等于3.125尺，这是现行制采用的，书中依据两个标准对中外度量衡进行区分比较，可见编辑者对内容编辑的细致、合理。

第四，注重教科书编辑形式的全面、专业。第7条介绍，书中名词第一次出现时，附注英文原名，以求中英文对照，更加准确地理解名词之含义，也为将来中西文对照深入研究数学知识做铺垫。书中重要的概念、规则等字下标以黑线，以示醒目，容易引起学生注意。篇幅转页处即停止编辑文字，重新在下一页编辑，便于学生翻阅。可见，编辑者为学生学习提供便利，考虑周到，用心良苦。

3.4.3 内容简介

《中学校用共和国教科书算术》共十二篇五十九章，正文内容191页，并附有答案。相关知识采用直接给出的方式，之前并没有什么铺垫，知识的后面，大多会设计几个例题。该书设置问题50个，分布在各章的后面，每个问题中又包含了2~30个不等的小题，习题的难度适宜。该书主要内容量化分析表如表3-4所示：

表3-4 《中学校用共和国教科书算术》主要内容量化分析表

篇章	目录	例题	练习题	应用题素材
第一篇	绪论：定义、命数法及记数法 问题一、小数命数法及记法 问题二	14	5	年岁、面积、世界电线之延长、金币、银两

续表

篇章	目录	例题	练习题	应用题素材
第二篇	四则：定义及符号、加法 问题三、减法 问题四、乘法 问题五 问题六、除法 问题七 问题八、四则难题理解 难题一	74	115	水果数量、乘车、距离、圆周直径、生日计算、动物追击、大米数量计算、分银两、玻璃水银重量计算、工资、船航行、年岁、商品价格、利息、栽树、买牛马数量
第三篇	复名数：复名数绪论、本国度量衡币、时间及角度 问题九、通法及命法 问题十、复名数四则 问题十一、密运制及他国度量衡、中外度量衡之比较 问题十二、外国货币及比较 问题十三、时差经差之计算 问题十四、温度表之计算 问题十五 难题二	22	105	太阳转速问题、阳历阴历计算、闰年计算、角度计算、光速、时间计算、昆仑山高度、长城程度计算、时间转化、月球运动、时钟、角度、行路、经纬度、摄氏度计算、酒精沸点、温度计算、尺寸问题、行路距离、箱子内容量计算、三角形角度计算、人体呼吸容量计算、分田、建筑高度、碳酸水重量、国外公里数计算、物重计算
第四篇	整数之性质：约数倍数 问题十六、去九法 去十一法 问题十七、素数，复数求诸约数 问题十八、最大公约数 问题十九、最小公倍数 问题二十 难题三	14	55	三角形、追击距离、轮子尺寸、板子个数、日期
第五篇	分数：分数总论 问题二十一、分数化法 问题二十二、分数四则 问题二十三、最大公约数，最小公倍数 问题二十四、分数难题例解 难题四	26	64	考试人数计算、学生人数计算、跨时区时间计算、种田耕地、分配金币、卖布、男女生人数、工作效率计算、财产分配、注水、工作效率、鹤龟足数、时钟、金银重量比较、航行
第六篇	循环小数：循环小数总论 问题二十五、循环小数化法 问题二十六、循环小数四则 难题五	15	35	银元倍数
第七篇	比及比例：比 问题二十八、比例 问题二十九、单比例 问题三十、复比例 问题三十一、连锁法 问题三十二、配分法 问题三十三、混合法 问题三十四 难题六	20	77	茶叶重量计算、兔狗步数、利息、铁罐浸水、汽车速度、粮食、工作效率、时钟、车轮转数、地面长度计算、行路、工资、铁杆重量、齿轮计算、粮食、孔径、动物数量变换、硬币互换、货物钱币互换、金钱比例、分金、利润、酒、米、茶、酱油斤两数及价格比例、火酒浓度、耕田、容量、商品价格、鸡兔同笼
第八篇	分厘法：分厘总论 问题三十五、应用难术问题三十六、利息问题三十七、关于利息之难术问题三十八 难题七	30	56	内耗、分金、买马、亏本、折扣、股票、保险费、利率、本金、利润问题、保险金
第九篇	开方：开方总论、开平方、开立方 问题四十、高次方 问题四十一 难题八	13	35	利率问题、边长问题

续表

篇章	目录	例题	练习题	应用题素材
第十篇	省略算：省略算总论、省略算加法 问题四十二、省略算减法 问题四十三、省略算乘法 问题四十四、省略算除法 问题四十五、省略算开方 问题四十六 难题九	16	41	—
第十一篇	级数：级数总论、等差级数 问题四十七、等比级数 问题四十八 难题十	13	35	本利、物体坠落、行路、投篮个数、读书效率、存钱、存款
第十二篇	求积：求积总论、求平面积 问题四十九、求立体积 问题五十 难题十一	1	42	—
合计	—	258	665	—

由表3-4可知，首先，该书作为民国初期的教科书，内容上较清末自编教科书更具现代化特点。书中增设了开方、省略算、级数等章节，而且中外度量衡的对照篇幅增多，作为几何初步知识的"求积"内容比《高等小学用最新笔算教科书》中"立体"的内容充实许多，包括各种图形的平面与立体的求积，但是通过比较该书与藤泽利喜太郎的《中学算术新教科书》(简称《中学算术》)中求积的内容，发现相似度达95%以上，可见该书编写时参考了《中学算术》。于是进一步比较两书其他内容，发现：①两书目录设置基本一样，该书多了一章循环小数，但是全书只有205页，而《中学算术》上卷248页，下卷230页，共478页，是该书的2倍多；②《中学算术》中例题为305道，习题为1647道，而该书例题258道，习题665道，可见两书例题相差不多，而习题相差甚远，《中学算术》是该书的2倍多；③两书除求积内容基本一样外，其他部分也有相似的地方，例习题题型基本一样，但是数据、细节有所不同❶，同样的内容该书表述更精炼，这也是该书比较薄的

---

❶ 如在比及比例一篇，连锁法一章中的一个习题，《中学算术》中是"鹅六只之价，相当于鸡10只之价，鸡20只之价，相当于鸭30只之价，鸭16只之价，相当于鸭2头之价。问羊5头，可换鹅若干只？"，而该书表述是"鹅8只，换鸡20只，鸡30只，换鸭90只，鸭60只，换羊2只，问羊5只，换鹅几只？"。

原因之一。因而，该书虽然借鉴了《中学算术》，但是还是有自己的特点的。当时中华民国成立，要求在很短的时间内编辑出版符合民主共和思想、新的学制、数学课程标准的初中算术教科书，对于商务印书馆是个挑战，对寿孝天来说也是十分困难的，所以参考、借鉴其他初中算术教科书的内容体系也是可以理解的，当然也可以作为民国初期初中算术教科书编辑出版的一个弊病。

其次，书中例题与习题还是多集中在四则运算、复名数、比例及分数方面，可见这几部分内容的重要程度及强调计算能力训练的侧重部分。

再次，书中的知识呈阶梯形上升，不同于《高等小学用最新笔算教科书》中内容的"螺旋式"上升。知识的编排与学习遵循循序渐进的原则。

最后，例题与习题中应用题的内容选择上除了经典的传统题目，如鸡兔同笼、兔狗步数、龟鹤足数、种田耕地、买卖大米、茶叶、牛马等以外，联系当时社会实际选取了新的题目，如经纬度、摄氏度、酒精沸点、物体坠落、玻璃水银重量计算等。题材的选取符合当时社会实际情况，没有随意编造题目之事。因为算术是解决实际问题，所以利用实际确切的素材更有助于学生对知识的学习。

值得注意的是，应用题素材类型丰富，除取自生活实际外，在应用题的素材中也融入了一些其他学科的知识或科普知识，如碳酸水重量、太阳转速、月球运动等，这不仅丰富了应用题素材，而且开阔了当时学生的视界，向他们普及科普知识，通过数学认识到数学以外的世界，也促使学生认识到数学与其他学科的密切关系，以及算术作为科学之基础的作用。

3.4.4 名词术语介绍

民国初期，国人自编初中算术教科书中名词术语基本仿照西方的表示法，但因编辑者自身受传统数学文化的影响，也有一部分保留了中国传统的用语。《中学校用共和国教科书算术》中部分名词术语与现行名词术语的对照详见表3-5。

表 3-5 《中学校用共和国教科书算术》中部分名词术语与现行名词术语对照表

序号	本书名词术语	现行名词术语	序号	本书名词术语	现行名词术语
1	目次	目录	16	带分	带分数
2	若干	多少	17	单分数	简单分数
3	杂题	混合题	18	素因数/生数	质因数
4	残数	余数	19	完数	完全数
5	分厘法	百分法	20	不完数	不完全数
6	分厘率	百分率	21	赢数	过剩数
7	法（自动之数）	加数/减数/乘数/除数	22	输数	不足数
8	实（被动之数）	被加数/被减数/被乘数/被除数	23	比例中率	比例内项
9	较	差	24	角台	棱台
10	自乘积/二乘幂	平方	25	角锥	棱锥
11	三乘积/立方积/三乘幂	立方	26	无法多边形	任意多边形
12	乘幂	次幂	27	有法多边形	正多边形
13	杂循环小数	混循环小数	28	无法四边形	任意四边形
14	正分	真分数	29	阔	宽
15	假分	假分数	30	答数	答案

由表 3-5 可知，首先，"实、法、较"作为传统四则运算的名词保留了下来，但是将"法"称为"自动之数"、将"实"称为"被动之数"却是其他书中没有的。第二章中《高等小学用最新笔算教科书》名词术语部分已经讲过中国传统算术中"法、实、较"的来源及解释，此不赘述。至于延伸到"法为自动之数，实为被动之数"，也是与"法"为一个量度"实"的标准，是可以变化的，而"实"是随着"法"的变化而变化的，所以"法"称为"自动之数"，"实"称为"被动之数"。其次，"杂题"和"杂循环小数"是中国传统表述，现行的"混合题""混循环小数"则是来源于日本初中算术教科书中的表述，一直沿用至今。再次，"生数""素数""自乘积/二乘幂""三乘积/立方积/三乘幂"都是中国传统算术的叫法，而"因数""质数""平方""立方"是西方笔算中的叫法，可见初中算术教科书中名词术语

逐渐由中国传统向西方笔算中统一的名词术语转变。"分厘法"是沿用中国传统表述，在本章《中学校用共和国教科书算术》编辑大意解析中已经明确，此不赘述。最后，"赢数""输数""角台""角锥"非常形象地表达了其中蕴含的意思，而现行的"过剩数""不足数""棱台""棱锥"显然是沿用西方的叫法，没有了中国传统的特色。此外，"完数、不完数、输数、赢数"的概念在之后的初中算术教科书及现在小学算术中已没有了。

3.4.5 具体例析

例1：（1）除法算式表示。书中对除法算式的表示，采取如图3-3、图3-4所示"长除法"和"短除法"两种表示法。这与现行的表示法有所不同，长除法式中将商写在右侧而不是上面，短除法式中又将商写在了下面，余数写在右侧。

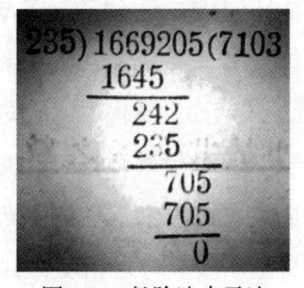

图3-3 长除法表示法　　图3-4 短除法表示法

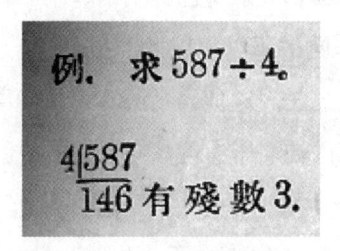

（2）残数之处置（图3-5）。

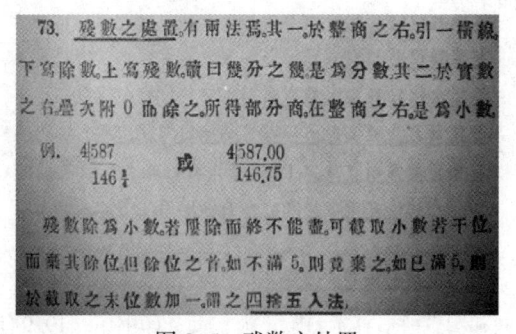

图3-5 残数之处置

如图3-5所示，说明了该书对于余数的写法有两种，一种是写作分数，余数作为分子，除数作为分母；另一种是写作小数，在被除数右侧补 0 后继续除，如果余数即小数点后首位不足 5 则弃之，满 5 则向上进 1，称作“四舍五入法”。

例 2：分数概念的表述。分数：除法遇有残数时，曾记以分数 Fraction。分数者，写数字于横线之上下，读为若干分之几者也。其若干即除数，写于线之下，曰分母 Denominator。其几即被除数，写于线之上，曰分子 Numerator。分母除 1 所得之数，为分数之单位 Fraction Unit。分母除分子所得之数，为分数之值 Value of fraction。[1]

指出除法遇有余数时，可记以分数，并解释了分子、分母与被除数、除数的关系，说明了分数单位与分数之值。

例 3：小数的表示法。如二又五分记以 2.5，三又六厘记以 3.06，一分二厘记以 .12，三毫七丝记以 .0037。[2]

该书编辑大意里已经明确，书中以小数定位为准，十分之一称为分，百分之一称作厘，所以，以此类推，千分之一称为毫，万分之一称为丝，于是有了上述表述法。这种表示法体现了中国传统表述与西方现代表示法的结合，也反映了民国初期作为近代向现代的过渡特征，以及数学教育的逐步西化过程。

此外，图 3–6 中〔注意〕[3] 所讲，中国传统之“算术”是一个统称，包括数学中的各个分科，而“数学”是一个分科的叫法。与之相反，日本的“算术”是一个分科的叫法，而“数学”是一个总称。我国现行的数学各科称谓即采用了日本的命名法。

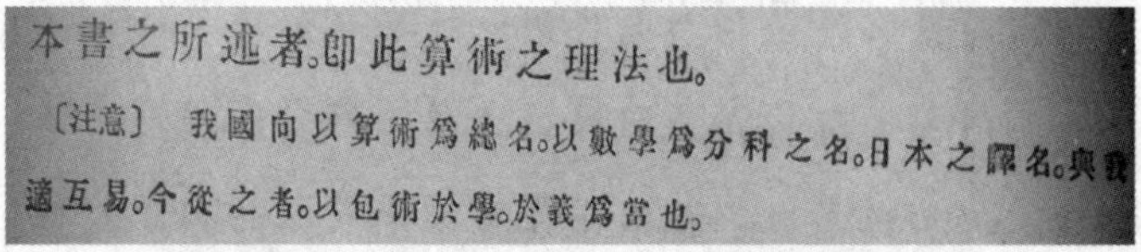
本書之所述者。卽此算術之理法也。

〔注意〕 我國向以算術爲總名。以數學爲分科之名。日本之譯名。與我適互易。今從之者。以包術於學。於義爲當也。

图 3–6 书中标注“注意”的知识点

---

❶ 寿孝天 . 共和国教科书算术 [M]. 上海：商务印书馆，1919 年 6 月二四版：84.

❷ 寿孝天 . 共和国教科书算术 [M]. 上海：商务印书馆，1919 年 6 月二四版：5.

❸ 寿孝天 . 共和国教科书算术 [M]. 上海：商务印书馆，1919 年 6 月二四版：2.

例 4 : "素数"的分析与表述。书中第四篇整数之性质第三章素数复数求诸约数讲了素数的概念为"凡数,唯 1 与本身能整除之者,曰素数,或质数,或数根 Primenumber"。以此定义推理,"1"是素数,书中 1000 以内的素数表如图 3-7 所示。

在本研究范围内的清末民国初中算术教科书中,"1"均为质数(素数),从定义出发推理,也是这个结论。但是现行的小学算术教科书中,规定"1"既不是质数,也不是合数,图 3-8❶给出了原因。总之,现行小学算术教科书中规定"1"既不是质数也不是合数,学生只要记住这个结论就可以。

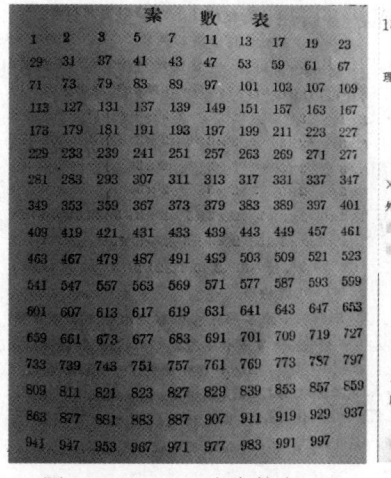

图 3-7　1000 以内素数表　　图 3-8　"1"不是质数的原因

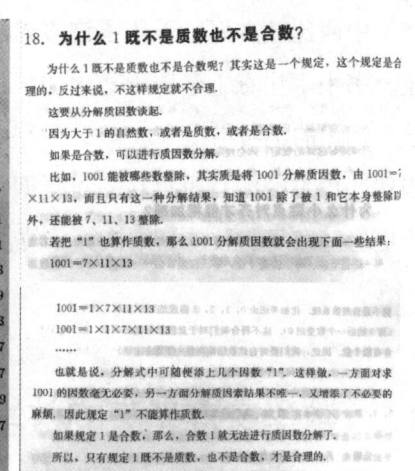

3.4.6　特点分析

《中学校用共和国教科书算术》特点如下:

(1)在编排形式上,完全采用横排编写,节约了纸张,美观、适合阅读。重点内容采用加下画线的形式强调,重点突出。在名词后加上英文原名,不致概念混淆。

(2)在思想内涵上,突出教育的普及化,符合儿童的心理接受能力。在

---

❶ 李祎. 中小学数学中的为什么 [M]. 福州:福建教育出版社,2012:24-25.

《中学校用共和国教科书算术》的编写中，贯穿分类思想，概念表述力求简明扼要，又可激发儿童学习兴趣。

（3）内容上，摒弃了清末教科书中忠君崇满的思想。书中习题大幅减少，与西方传入的教科书大为不同。例题、习题的设置简单，内容适度，根据不同内容的难易程度安排例题与习题的数量，答数部分尚属全面。这套教科书较之《最新中学教科书》文字表述简洁，易于学生理解。

（4）概念中，将"实"解释为"被动之数"，将"法"解释为自动之数。可以体现出传统向现代算术名称的发展与联系，是一个逐渐过渡的过程。

（5）中西比较方面，采用了许多先进的思想与内容。如数学与算术之名的确定。书中〔注意〕事项为文中注解，清晰易懂，中西文对照，有助于学生对数学知识的学习与提升。

当然，该书的编写也存在缺点，即复名数可以放在度量衡后学习，这样有利于更好地在复名数计算中换算单位。

3.5 数学家寿孝天的数学教育观

寿孝天作为1912—1922年数学家、数学教育家的代表性人物，身处教育变革的时代，创办新式学堂，积极参加"教育救国"实践活动，翻译、自编大量中小学数学教科书，为数学教育乃至中国现代教育事业的发展作出了卓越贡献。通过他编写的大量教科书可知，他对数学教育的潜心研究，对数学教科书编辑的严谨态度及专业探究，体现出他深刻的数学教育观。

3.5.1 寿孝天与杜亚泉、蔡元培

关于介绍寿孝天的文章屈指可数，一本由寿永明、裘士雄编写的著作《三味书屋与寿氏家族》（浙江大学出版社，2010），其中介绍了寿孝天的生平、族谱及与其关系密切的亲人、友人，并叙述了他对数学教育的重要贡

献。从中看到对寿孝天影响很大的两位重要人物，一位是杜亚泉，另一位是蔡元培。他们三人祖籍同为浙江绍兴一带，寿孝天与杜亚泉都是自学成才，自幼聪颖，勤奋好学，努力钻研数学、理化等科学知识。在绍郡中西学堂、越郡公学和上海商务印书馆，杜亚泉与寿孝天共事数十年，志趣和专业相同，又合作译著了《植物学大辞典》《盖氏对数表》等书。笔飞弄蔡氏与覆盆桥寿氏是绍兴城里的两个书香门第、文化世家，互有往来，蔡元培任绍郡中西学堂监督时，聘请寿孝天到该校担任教职。此外，1902年由蔡元培等人发起成立的"中国教育会"开办了爱国学社，也邀请寿孝天教授几何学。蔡元培十分欣赏寿孝天的为人与治学态度，对其家人也提供了许多帮助。其他相关介绍寿孝天的文章基本是通过数学教科书的编写出版记述的。因而系统介绍寿孝天数学教育思想的文章至今还未看到。

3.5.2 寿孝天对我国近代数学教育的贡献

寿孝天所处的时代，中国教育事业处于变革时期，由最初的通过日本学习欧洲的先进文化知识，模仿日本的学制，编译日本的数学著作、数学教科书，到逐渐结合中国传统与当时社会实际，自主编写数学教育著作与数学教科书。寿孝天就是其中一个在当时教育变革时代中不断探索、勇于实践、创新的数学教育家，为数学教育乃至中国现代教育事业的发展作出了卓越贡献。他的后人筹集了一部分资金在浙江绍兴的嵇山中学建立了寿孝天奖学金，为国家培养人才作出了长期的努力。

3.5.2.1 创办新式学堂，积极参加"教育救国"实践活动

清末，清政府腐朽的统治与传统文化的缓慢发展受到西方先进科技文化的冲击，一批怀揣救国、兴国梦想的仁人志士主张积极向西方学习，引进先进的科学文化知识，兴办新式学堂，将国富民强的矢志寄托于对青年一代的培养与教育上，代表人物有蔡元培、杜亚泉、寿孝天等人。虽然已收集到的资料提到寿孝天受聘的新式学堂或参加的一些教育救国组织均是由蔡元培、杜亚泉等人介绍参与的，但是说明了他本身学识渊博，又有极高的爱国救亡

图存的热情。他为我国现代数学教育的发展作出了积极的贡献。

1898年，蔡元培任绍兴中西学堂监督（校长），邀请杜亚泉、寿孝天任算学教员。"中国教育会"成立于清光绪壬寅年（1902年），为蔡元培、汪允宗、黄宗仰、林少泉、叶浩吾、王季同、蔡观云等集议发起的，借教育之名宣传革命。中国教育会还开办了爱国学社及爱国女学，经费由黄宗仰介绍哈同夫人罗迦陵负担，教职员均尽义务。爱国学社可以自行决定授课内容，以新学、科学等建立主干课程。爱国学社高级班开设有伦理、算学、历史、国文、心理、日文、英文、体操、化学、社会、国家、经济、政治、法理等课。自《苏报》案兴起大狱，爱国学社社员星散，但爱国女学仍继续办理，推钟观光为校长，蒋维乔为副。时中国教育会名义尚存，开办通学所系补习性质，早晚上课，供有职业者前来肄业，任课的都是一时名士，如马相伯教拉丁文及名学、钟衡章教博物、龚紫英教代数、寿孝天教几何、钟观光教高级理化、蒋维乔教初级理化。❶

1903年寿孝天与杜亚泉、王子余、宗能述、徐锡麟等人创办越郡公学于能仁寺。寿孝天也曾受聘于东湖通艺学堂，同时受聘的还有周作人。东湖通艺学堂是陶浚宣在东湖修建完工后独资创办的，他认为"国兴于治，治端于学，非自强不足为国，非育才不足自强"，于是聘请寿孝天、陶成章等越中名士为师，最多时拥有学生114名，其中气象学家竺可桢就曾就读于此。❷

寿孝天热心于社会公益事业，曾与蔡元培、宋汉章、王晓籁诸先生发起成立"绍兴七邑旅沪同乡会"。该会以帮助绍属七邑旅沪同乡解决困难为宗旨。成立前，寿孝天参与筹办，做了不少具体工作。主持日常工作的会长是章鼎丞先生，是章太炎先生的侄子。该会救助的同乡，有的是亏了本的商贩，有的是贫病交加无钱求医治病的劳工，有的是请求介绍工作的失业人员，有的是流落街头、要求资助返乡的人，也有的是死了亲人无钱盛殓求助棺木的人。寿孝天为了援助这些穷困的同乡，竭尽心力，默默奉献。

---

❶ 郑逸梅.老教育家蒋维乔[J].民主，1992（10）：39-40.
❷ 伍振.天下盆景"东湖"收[J].生命世界，2006（9）：100.

此外,寿孝天还创办了"鹦鸣数学函授学校",登报招收有志自学数学的同志,为学生自学数学开辟了途径。

3.5.2.2 编著、校订数学教科书及教授法

寿孝天于1904年经杜亚泉介绍进商务印书馆编译所任编辑。当时同在理化部任职的有杜亚泉、杜就田、骆师曾、凌文之等,这几人大多来自浙江绍兴,因而理化部又被称为"绍兴帮"。这样一个实力很强的编辑团队,为商务印书馆教科书的编辑出版立下了汗马功劳。寿孝天曾参与大型工具书《辞海》的编纂。他读书勤奋,对中国古代算法和现代数学都有研究,他曾编著、校订大量中小学数学教科书,笔者收集到的有39种之多,如表3-6所示。

表3-6 寿孝天编著、校订的中小学数学教科书及教授法

序号	书名	出版社	出版日期	备注
1	最新高等小学笔算教科书教授法	上海:商务印书馆	1905年7月初版	编著
2	订正算术教本:笔算	上海:商务印书馆	1906年7月四版	编著
3	简易数学课本	上海:商务印书馆	1906年3月初版	编著
4	高等小学算术教本	上海:商务印书馆	1906年11月初版	编著
5	订正高等小学算术教本:珠算	上海:商务印书馆	1907年版	编著
6	简明笔算教科书	上海:商务印书馆	1911年正月初版	编著
7	中学校用共和国教科书算术	上海:商务印书馆	1912年9月初版	编著
8	初等小学用共和国教科书新算术	上海:商务印书馆	1912年6月初版	编著
9	初等小学用共和国教科书新算术教授法	上海:商务印书馆	1912年6月初版	编著
10	数学讲义	上海:商务印书馆	1913年6月初版	编著
11	幼稚识数教授法	上海:商务印书馆	1914年1月初版	编著
12	查理斯密初等代数学	上海:商务印书馆	1906年6月初版	校订
13	盖氏对数表	上海:商务印书馆	1909年4月初版	翻译
14	汉译温德华士三角法	上海:商务印书馆	1911年11月初版	校订
15	汉译何鲁陶三氏高中代数学	上海:商务印书馆	1920年1月初版	校订
16	汉译温氏高中代数学	上海:商务印书馆	1925年初版	校订
17	汉译温德华士代数学	北平:华北科学社	1936年初版	校订
18	形学备旨全草(10卷)	上海:会文学社版	1905年初版	校订
19	中学算术教科书	上海:商务印书馆	1907年7月初版	校订

续表

序号	书名	出版社	出版日期	备注
20	平面几何学新教科书	上海：商务印书馆	1908年3月初版	校订
21	中学用器画教科书 透视画	上海：商务印书馆	1908年7月初版	校订
22	球面三角法讲义	上海：商务印书馆	1908年12月初版	校订
23	近世平面几何学	上海：商务印书馆	1911年初版	校订
24	微分积分学	上海：商务印书馆	1911年4月初版	校订
25	中学几何学初步教科书	上海：商务印书馆	1912年12月初版	校订
26	共和国教科书中学用器画图式	上海：商务印书馆	1913年11月初版	校订
27	共和国教科书 代数学	上海：商务印书馆	1913年9月初版	校订
28	共和国教科书 平三角大要	上海：商务印书馆	1913年12月初版	校订
29	共和国教科书 立体几何	上海：商务印书馆	1915年12月初版	校订
30	民国新教科书 几何学问题详解	上海：商务印书馆	1918年9月初版	校订
31	几何学问题详解	上海：商务印书馆	1918年9月初版	校订
32	解析几何学讲义	上海：商务印书馆	1918年1月初版	校订
33	微积分学讲义	上海：商务印书馆	1919年7月初版	校订
34	平面三角法讲义	上海：商务印书馆	1919年1月初版	校订
35	国民学校 新法算术教科书	上海：商务印书馆	1920年7月初版	校订
36	高等小学教员用 新法算术教授书	上海：商务印书馆	1920年7月初版	校订
37	国民学校 新法算术教授案	上海：商务印书馆	1920年12月初版	校订
38	布利氏新式算学教科书	上海：商务印书馆	1922年5月初版	校订
39	幻方	上海：商务印书馆	1922年6月初版	校订

由表3-6可知，首先，在以上39种教科书中11种为寿孝天编著的数学教科书，主要是算术教科书，清末冠名以"数学教科书"的也是以算术知识为主。而校订的教科书种类丰富，有代数、几何、三角、用器画、微积分等数学中所有分科教科书。此外还有《幻方》。其次，寿孝天与杜亚泉合作翻译了《盖氏对数表》，此书原译者为日本宫本藤吉，1909年4月初版，到1928年9月已印二十二版，可见大受国人欢迎。最后，寿孝天及其校订的算术教科书编辑者，为适应这一时期民主、平等的教育，编撰了与教科书相应的教授书配套发行，如商务印书馆的《中学校用共和国教科书算术教授法》《高等小学校共和国教科书新算术教授法》等，与教学用书协调互补、搭配联系，发挥其有效教学的功能。总之，寿孝天编辑、校订的数学教科书助推

了中国数学教育的蓬勃发展。

此外,寿孝天曾著有《改良算盘说》,他精研珠算,把我国传统的算盘中的算珠,从上档的二粒算珠增加一粒,下档的五粒算珠减少一粒,可以对多位数的乘、除、开方等进行运算。这一发明,在计算机尚未出现的年代,无疑是一大改革。他把这种算盘定名为"寿式算盘",后来也将这一发明专利权转让给了商务印书馆。1920年左右上海商务印书馆曾出售过"寿孝天式算盘",算珠是上三下五。❶

3.5.3 数学教科书及教授法编写中体现的数学教育观

清代和民国小学数学教科书的编写人员大多具有较高的专业背景与学术造诣。如寿孝天、骆师曾都是著名教育家、数学家、翻译家,他们不仅能编写小学数学教科书,也同时编写中学、大学数学教科书。他们编写的某些数学教科书质量很高,甚至超过同一时期引进的国外专家的教科书。在魏庚人的著作《中学数学教科书史》中就讲道:"寿孝天的算术较之美国温德华氏的算术,理论严谨、方法巧妙(如分数的最大公约数与最小公倍数)。"❷

寿孝天进学以后,就在三味书屋北侧小书房开办私塾,坐馆教书,也曾在绍郡中西学堂、爱国女学、越郡公学、东湖通艺学堂、鹦鸣数学函授学校等中小学任教,具有丰富的教学经验。为了指导大多数教师开展课堂教学,尤其是理科的教授,在当时出现了教育专家参与编写教案的情形,如寿孝天、骆师曾编写《新法算术教授案》。寿孝天既谙熟数学领域的专业知识,译介了大量国外的数学著作,又掌握了教育教学的理论,并参加过算术教科书的编写。因此,由他们编制的教案,虽不能完全满足教师的个性化教学需求,但却为教师编制教案起到了示范作用。虽然没有系统介绍寿孝天的教育教学方法、成就的专门书籍,但是可以通过他编写的大量教科书看到,他对

---

❶ 厉晋元.学习珠算(盘)历史论述的心得体会(中)[J].齐鲁珠坛,1997(8):12.

❷ 魏庚人,李俊秀,高希尧.中国中学数学教育史[M].北京:人民教育出版社,1987:179.

数学教育的潜心研究与一片丹心，体现出他深刻的数学教育观。

3.5.3.1 教学态度严谨，教科书编辑规范、清晰

教学态度关乎教师的教学主动性及教师所持的教育理念等，寿孝天编写的《中学校用共和国教科书算术》"编辑大意"❶中提到"世俗习惯之名称，有不容不矫正者，如年利月利，概称几分是也。本书所用，一以小数定位为准。十分之一称分，百分之一称厘。庶就一贯免其混"。这指出书中编辑以清晰为先，不以世俗习惯混之，确定一个统一的标准，一以贯之就不会混乱了。由此可以看出，寿孝天严谨的教学态度，对教科书编辑规范的高要求，力求达到清晰易懂。同时也体现出他做事认真，非常有责任心，而且有可贵的爱国情怀。

《初等小学用共和国教科书新算术教授法》的"编辑大意"❷中也有类似描述："教授法有五段三段之别，在算术科，授定义规则，宜用五段法，授练习问题，宜用三段法，本书因谋形式之画一，每课皆只分预备、提示、练习三段，其宜用五段法者，即将比较、总括两段消纳于提示、练习之中。"指出教科书的编辑有科学的、规范的结构，定义的学习利用五段法：预备、提示、练习、比较、总括，而练习则用三段法。此外这套书中还讲到："各课中，有教法须特别注意者，则列注意一项，有教材须别加考证者，则列参考一项。"细致的编排结构，专门列出"特别注意"的项目和仍需考证的"参考"项目。可见编著者治学态度十分严谨，以对学习者负责任为出发点编辑教科书。

另有《幼稚识数教授法》和《初等小学用共和国教科书新算术》等书中分别在"编辑大意"中阐释了寿孝天作为编辑者的治学态度与教学理念，具体为："本书每段首揭'教材'，叙明幼稚书中所载之图画，次列'教授要

---

❶ 寿孝天.中学校用共和国教科书算术[M].上海：商务印书馆，1919：编辑大意.

❷ 寿孝天.初等小学用共和国教科书新算术教授法[M].上海：商务印书馆，1913：编辑大意.

项'，分为'目的''教法''练习'三项，略定程序"❶，"本书各册，或附有习字帖，或附有网格纸，以备临写数码及画面积图之需"❷，"本书每册，均另编教授法及教案，以供教员之用"❸。这体现了教材编辑规范，极具指导性，书中每段编有教授要项，要点分为"目的""教法""练习"，程序性突出，有助于儿童规范、高效地掌握知识，同时为儿童提供便利，也为教员提供便利。

3.5.3.2 主张突出重点，探究原理，指导学生深入掌握知识

教科书作为学生学习的指导用书，如果知识的选择、编辑重点突出，其指导性、引导性更加突出，但如果缺乏对重点的提示或标注，学生学习起来可能更盲目、费时。另外，知识的学习需要反复琢磨，钻研其中的深刻道理，从而深入地掌握知识、运用知识。在《中学校用共和国教科书算术》的"编辑大意"❹中寿孝天讲到："中学与小学，学科虽同，程度自异，本书共分十二篇。如级数开方省略算等。固为小学所未习。即其他各法为小学所已习者。亦多探溯原理，更进一解。彼与中学之程度相应。""本书于名词初见处，附注英文原名，于词句紧要处，特别标以黑线，于篇幅转叶处，必令文字终止。无非为披阅者图其便利也。"这强调了该书的使用范围及授课时间。按照当时中学数学课程标准要求，对算术内容进行了合理的编排，其中也涉及了几何、代数的初步知识，提示教授者依据内容的重要程度合理安排时间。注重知识的衔接，初中算术是小学算术的加深与提升，既回顾小学算术也进一步学习初中算术，也强调对已经学过的知识进一步学习的同时，应多探究其原理，更深入地理解知识并解题，求得多种解法。作者还提到教科书的编辑以学生便利为主，突出知识重点，规范文字编辑，对古今、中外不一

---

❶ 寿孝天.幼稚识数教授法[M].上海：商务印书馆，1914：编辑大意.

❷ 寿孝天.幼稚识数教授法[M].上海：商务印书馆，1914：编辑大意.

❸ 寿孝天.初等小学用共和国教科书新算术[M].上海：商务印书馆，1926：编辑大意.

❹ 寿孝天.中学校用共和国教科书算术[M].上海：商务印书馆，1919：编辑大意.

致的名词术语及换算的编写采用中英文对照方式，为深入研究奠定了基础。

此外，寿孝天在《初等小学用共和国教科书新算术教授法》"编辑大意"❶中讲道："算术为最有秩序之学科，教授之范围，宜有所归宿。本书于每课之首，各标明宗旨，名曰要旨。"指出遵循算术学科的秩序，明晰教授的范围与重点，每课特编辑教授要旨。指导学生依据要点学习主要内容，对于学生掌握知识更便捷、有效。

3.5.3.3 尊重儿童身心发展规律，合理安排授课时间

儿童在不同的年龄阶段对知识的接受程度是不一样的，所以在每一学年根据儿童身心发展的成熟程度，合理安排授课的时间段及授课内容，使儿童在既定的时间内学到更多的知识，而且身心不会感到疲惫。寿孝天编写的《中学校用共和国教科书算术》"编辑大意"❷中提到："按中学校课程标准，教授算术。在第一学年，同年并授者，又有代数，全年授课约计二百小时，本书即以供一百小时之用。"可见，寿孝天严格按课程标准编辑算术教科书，学时安排依据知识量学习的多少，做到合理、适宜。

在《幼稚识数教授法》"编辑大意"❸中他同样讲道："第教授幼稚，以活泼为主，各科界限，不必强为规定。"这强调了尊重儿童身心发展规律，采用活泼的形式，不必有明显的界限。另有"教授识数，所重在数而不在物，凡遇不便实备之物，则即以图代物，令其就图指数可也"。这体现了寿孝天依据幼儿接受程度设置题目，图文结合，以图代物的思想。

此外，在寿孝天编写的《初等小学用共和国教科书新算术》"编辑大意"❹中这样描述："本书以增进国民计算之智力为目的，用适宜方法，顺儿童心意发达之序"，"予以生活必需之常识"，"生徒个性，于习算尤为不齐，

---

❶ 寿孝天.初等小学用共和国教科书新算术教授法[M].上海：商务印书馆，1913：编辑大意.

❷ 寿孝天.中学校用共和国教科书算术[M].上海：商务印书馆，1919：编辑大意.

❸ 寿孝天.幼稚识数教授法[M].上海：商务印书馆，1914：编辑大意.

❹ 寿孝天.初等小学用共和国教科书新算术[M].上海：商务印书馆，1926：编辑大意.

教育本旨，在于普。与使鲁钝者仰企而莫及，宁使聪明者熟练其已知，故本书程度，取渐进，不取骤进"。由此可知，编者出于尊重儿童发展规律，遵循教育的普及发展，指出教科书编写应尊重儿童个性与发展的不平衡性，针对个体差异，选择渐进方式，争取照顾鲁钝者而不是聪明者。

书中还提到："本书授数，兼采直观主义，数数主义，而初步授数，尤以直观为重，故第一二册，图画独多。""笔算必由心算导入，本书即包括心算在内。""算术科系统，视他学科为严密，教材与学期之支配，须适其宜。"❶ 这体现了教科书的编辑应符合儿童学习、掌握知识的规律，初期学习知识以直观为主，以及学习材料与时间安排都需适宜。

3.5.3.4 强调知识学习的温故知新、日积月累

知识的学习是一点一滴循序渐进的，通过对已学知识的重复、巩固，建立与新学知识的联系，才能更好地掌握新知识，使知识积累得越来越多。寿孝天在《中学校用共和国教科书算术》"编辑大意"❷ 中写道："算术为小学已习之学科，与代数、几何等之中学始习者不同，温故知新，诵习较易。故本书之篇幅，按时分配，较之数学科他种教科书之篇幅为多。"提倡温故知新，以达到知识的牢固掌握。

他在《初等小学用共和国教科书 新算术教授法》"编辑大意"❸ 中也提到："每课应用于一星期，尚须分为数学时，或划分段落，或往复循环，两法不妨互用，盖习算以熟练为要，儿童之知识，必日渐月染而输入，不得以一次教告，即为毕事。故虽能答之问，能演之式，令其重答焉、重演焉，亦无不可也。"体现书中重视儿童学习知识的重复性，特别是算术能力的培养，注重计算的熟练，强调日积月累。

---

❶ 寿孝天.初等小学用共和国教科书新算术[M].上海：商务印书馆，1926：编辑大意.

❷ 寿孝天.中学校用共和国教科书算术[M].上海：商务印书馆，1919：编辑大意.

❸ 寿孝天.初等小学用共和国教科书新算术教授法[M].上海：商务印书馆，1913：编辑大意.

此外，在《幼稚识数教授法》"编辑大意"❶中有"反复演试""与使鲁钝者仰企而莫及，宁使聪明者熟练其已知"这样的叙述，也强调重复性，反复练习，使知识掌握更熟练，知识记忆更牢固。

3.5.3.5 注重联系实际生活，激发儿童学习兴趣

知识的学习需要激发儿童的学习兴趣，只有感兴趣的知识，儿童才能更牢固地掌握。什么样的知识才能使儿童产生兴趣？回答是来源于儿童实际生活的知识。在生活中有所体验，儿童才会觉得这个知识不难，是有趣的。寿孝天在编写教科书时，注意到了这个重要的问题。首先从他编写的《中学校用共和国教科书算术》"编辑大意"❷中"中外度量衡之比较，向分为两种。一种以 1 密达等于 3.24 尺为基础。一种以 1 密达等于 3.125 尺为基础。前者准据学理，后者为现行制所采用。本书特两列之"的叙述可知，此教科书既尊重儿童学理性知识的学习，也注重实践性知识的掌握，分别列出，供学习者参考。同时，在《初等小学用共和国教科书新算术教授法》"编辑大意"❸中提到："习算最苦枯寂，教授时，除输入智识、锻炼心力外，尤宜引起其兴味，大抵就随时切用之事课之，则兴味自生，是在教员因地制宜。本书不能悉举。"强调学习算术是枯燥的，引起学习兴趣非常重要，联系生活实际、有实用价值的知识更容易引起学生的学习兴趣，有助于知识的扎实掌握。

此外，《幼稚识数教授法》"编辑大意"❹中写道："教授之精神，贵乎灵活"，"每授一段，宜各依本段之目的，另就目前适遇之事物，反复演试，为应用之计算，庶幼童易于获益矣"。指出教授虽有指导依据，但是应结合实际情况灵活应用，使学生更有切身的体会，更易掌握学习内容。《初等小学

---

❶ 寿孝天.幼稚识数教授法[M].上海：商务印书馆，1914：编辑大意.
❷ 寿孝天.中学校用共和国教科书算术[M].上海：商务印书馆，1919：编辑大意.
❸ 寿孝天.初等小学用共和国教科书新算术教授法[M].上海：商务印书馆，1913：编辑大意.
❹ 寿孝天.幼稚识数教授法[M].上海：商务印书馆，1914：编辑大意.

用共和国教科书新算术》"编辑大意"❶中描述："予以生活必需之常识""本书问题材料，皆取生徒日常经验之事，或他学科所已授之事，以及将来涉世切于实用之事"，均强调书中素材注重联系儿童生活实际，教授实用的知识。

3.6 小结

（1）新型民主共和体制要求建立新的学制与数学课程标准。1912年中华民国成立，民国政府对封建传统制度进行全面改革，建立新型的民主共和体制。教育事业的发展必然要顺应时代发展的需要，坚持民主共和的新思想，秉持五育并举的教育宗旨。1912—1913年在沿袭《癸卯学制》的基础上，制订并颁布了《壬子癸丑学制》。此学制基本符合民国初期国情，对日本学制有所借鉴，也学习欧美的一些教育思想。制订、颁布了《普通教育暂行课程标准》，其中《中学校课程标准》对数学科课时与内容作出具体规定。

（2）初中算术教科书以自编为主，翻译日本、美国等为辅，体现新时代政治、文化特征。1912—1922年，中国初中算术教科书以自编为主，翻译日本、美国等为辅。虽然自编的数量不多，但使用范围却十分广泛，得到许多中学数学教师及学生的好评。可以说初中算术教科书实现了由翻译、编译到自编的过渡。教科书承载着民国初期有识之士建设民主共和国的美好愿望与情怀，编辑理念与内容体现了新时代肇始的民主共和新思想。《共和国教科书》是商务印书馆在民国成立后出版的第一套最完全的教科书。无论从形式还是内容均符合当时的国情，与南京临时政府的教育方针大致吻合，具有一定的代表性。《中学校用共和国教科书算术》体现了国人自编教科书的实力，展现了近代数学教育家追求科学真理的真诚态度和严谨的学风。由于时代的

---

❶ 寿孝天. 初等小学用共和国教科书新算术 [M]. 上海：商务印书馆，1926：编辑大意.

局限性，以及当时编写仓促等原因，该书也有许多不足之处，但是反映了近代中国学人在数学教科书编写初始阶段的追求及艰难的探索。

（3）初中算术教科书市场有序竞争，教科书编写具有多样化特征。随着《壬子癸丑学制》的建立，数学课程标准的变更与修正，出版机构为适应课程标准与时代的要求，竞相出版新的教科书，以达到与时俱进。自中华民国成立后，商务印书馆与中华书局便依据新的教育制度与课程标准，编写了符合该时期各个时间段的教科书，其他民间出版机构也紧随其后推出适用于民国初期的教科书。清末以来推行的教科书审定制，在教科书出版越来越多、质量参差不齐的情况下，客观上可以保证基本的教科书质量，也促进了民间出版机构的有序竞争。在统一的数学课程标准要求下，不同的编纂者编写了多种数学教科书，其中初中算术教科书就有17种。而且不同的教科书，从编排方式到编写理念、内容、结构等都有不同的特点。民国初期初中算术教科书编写呈现多样化的特征。

（4）初中算术教科书编写者以留学与本土具有新教育思想的知识分子为主。民国初期，编写初中算术教科书的具有新教育思想的知识分子一部分是具有大中小学教学经验的教师，另一部分是留学归国人员，他们依据民国初期新的民主共和思想，编辑出版初中算术教科书17种。其中具有代表性的是寿孝天，他编辑、校订、翻译数学教科书39种，其中约11种为算术教科书，初中算术教科书3种，同时编写了与算术教科书配套的教授法，促进师生教与学。

（5）初中算术教科书注重小学算术与初中算术的衔接性。这一时期，多本初中算术教科书中包含了注重小学算术与初中算术的衔接性。小学算术强调算术基础知识的学习，初中算术是在温习小学算术的基础上，进一步加深算术知识的学习，是范围更广、更深入的原理性探究的学习。此外，初中算术教科书中也注重算术知识与几何、代数知识的内在衔接性，在夯实算术基本的计算应用能力的基础上，初步渗透代数与几何的简单知识。

（6）初中算术教科书内容体现实用性与生活化的特点。民国初期，实用主义教育思想在中小学教育中渗透、传播，教科书的编写和教法的运用倾向以实用为标准。初中算术教科书以其内在的实用性更加凸显实用主义的理念，从文本的编排方式到教科书的思想内涵再到实实在在的内容编辑，都体现着实用性。而初中算术教科书的内容更加注重生活化，不管是整数、分数、小数四则运算，还是诸等数、比及比例、百分数等，都是来源于生活中最常见的计算。当然，初中算术教科书中例题、习题素材生活化很重要，但是存在日常知识分量过重，涉及科学知识的素材不是很准确等问题，这也是处于变化期的必经过程。

第4章 1923—1936年中国初中算术教科书

4.1 民国中期历史背景

新学制的酝酿、改革时期，留美学生扮演了十分重要的角色，如深受杜威思想熏陶的胡适，在新学制的酝酿、形成中居于举足轻重的地位。

1922年新学制颁布后，中国中学实行"三三制"，即将民国初期的中学分成初中与高中各三年。1923—1936年间，由于受美国教育思想影响，中国于1923年开始施行将算术、代数、几何、三角等融合在一起的数学混合教学，但同时一些学校仍坚持采用数学分科教学。于是这一时期初中算术教科书也呈现了两种形态，即混合算学教科书与分科的初中算术教科书，因而初中算术教科书经历了"混合—混合分科"并存的过程。这一时期，国人自编初中算术教科书的发展迅速，为之后初中算术教科书的编写、数学教育的整体发展奠定了基础。

4.2 混合时期（1923—1928）初中算术教科书发展概况

清末民初的数学课程制度以分科为主。"五四"运动后，杜威实用主义教育在中国流行，融合算术、代数、几何、三角为一体的"混合数学"教学法逐渐盛行。

4.2.1 学制与课程标准的演进

新学制颁布后，在学校系统总说明中提出：学制分期大致以儿童身心发达时期为依据，采取纵横活动主义，教育以儿童为中心，顾及学生个性及智能，高等、中等教育之编课采用选科制，初等教育之升级采用弹性制。

从纵向看，规定初等教育6年（初级小学4年，高级小学2年）；中等教育6年（初级和高级中学各3年，师范学校6年，其中后期师范学校3年）；高等教育3~6年（大学4~6年，专门学校3年以上）。初级小学儿童入学年龄为6岁。从横向看，与中学校平行的有师范学校和职业学校。

"壬戌学制"中的教育思想多从美国输入，混合算学就是一例。1923年8月中旬，在中华教育改进社第二届年会上，数学教学组对数学科是否采用混合教学法进行了专门的讨论研究。会上鉴于免除学习困难、易于联络、节省时间、适于实用、增加兴趣等理由，由卫淑祎、程廷熙两人提出了此案，讨论决定认为初级中学宜用混合教学法，并根据各校的实际情况，或是用分科教科书，由教员随时参合教授，或是采用混合教科书。一些学者觉得小学没有混合的必要，而高中宜专门研究，不宜混合。因而决定仅对初级中学数学采用混合教学法。这可谓中国"混合数学"之端。❶

初中混合数学教学是将初中阶段所有数学科目混合进行教学，与数学分科教学截然不同。分科教学侧重各科知识的独立教学，混合教学强调各学科的内部融合。在杜威的实用主义思想影响下，不少学者倾向于教育与生活相结合，认为混合数学教学的效用要超过单科数学教学。实施混合数学教学的呼声日渐高涨。

新学制公布之后，《教育杂志》组织全国著名学者对"学制""课程"进

---

❶ 张奠宙，曾慕莲，戴再平.近代数学教育史话[M].北京：人民教育出版社，1990：65.

行讨论。随后，全国教育联合会组织了"新学制课程标准起草委员会"，负责拟定中小学各科课程标准，着手进行课程改革，于1923年6月确定并颁布了《新学制课程标准纲要》，对小学、初中、高中的课程设置作了规定。

依据1922年《学校系统改革令》，由胡明复起草，委员会修订颁布了1923年《新学制课程标准纲要初级中学算学课程纲要》❶。具体内容如下：

（1）目的：

①使学生能依据数理关系，推求事物当然的结果。

②供给研究自然科学的工具。

③适应社会上生活的需求。

④以数学的方法，发展学生论理的能力。

（2）内容和方法：

初中算学，以初等代数几何为主，算术三角辅之，采用混合方法。最初讲授算术，约占全部分量六分之一，与小学相衔接，加以补充；注重基本原理，并随时输入代数几何观念，藉资联络，然后转入代数几何，比如开方、求积、比例、利息等项，及其他应用问题，可以插入代数几何中相当地位，以节时间而收速效。各科教材以下列各项为标准，编制上应混合贯通。

①算术：四则，质数，因数，约数及倍数，大公约，小公倍，分数，小数，比及比例，乘方，开方，求积，利息。

②代数：符号，式与项，正负数，四则，一次方程，因数，倍数，分数，联立一次式，二次方程，联立二次式，指数，虚数，比例，级数，对数，利息。

③几何：公理，直线，角，垂线，平行线，三角形，平行四边形，多边形，平圆，弦切，作图，面积，比例，相似形。

④三角：角之量法，正负角，弦切割各线，浅近公式，边角相求，三角应用大意。

---

❶ 课程教材研究所.20世纪中国中小学课程标准·教学大纲汇编数学卷[M].北京：人民教育出版社，1999：212.

（3）毕业最低限度的标准：

（子）能熟习算术各项演法，应用于日常生活，不致错误。

（丑）能作代数普通应用问题（不包括高次方程）。

（寅）能证解平面几何普通问题。

（卯）略知平面三角初步。

从以上课程纲要可以看出，首先，初中数学课程更加注重实用知识的学习，尤其是算术课程更加重视适应社会生活需要的计算能力的培养。其次，算术作为混合算学最初讲授的部分，与小学算术相衔接，同样是在温习旧知识的基础上，补充、学习新知识。再次，初中算术的学习，注重基本原理及其与代数几何知识的内在联系，在潜移默化中给予不同学科知识间的联络，然后转入代数几何学科的学习。最后，在代数几何学科知识的学习过程中，在适当位置加入开方、求积、比例、利息等项及其他应用问题，这些综合知识的学习不仅可以节约时间，而且收到良好的效果。

4.2.2 初中算术教科书的审定

1922—1927年教科书的审定因学制的改革，审定编制的内容也有不同。首先，商务印书馆遵照部颁新学制课程大纲，编辑新学制教科书，初中各科用书齐备。其中，初中教科书编制有两种，一种教科书采用混合编制法，为适应当时教育改革的潮流而为；另一种教科书采用分科编制法，但仍注重各科知识内部的联系。这两种教科书使用范围很广，代表了此时教科书编制的精神。其次，中华书局依据新学制精神，编辑《新中学》《新制》等教科书，世界书局也出版发行《新学制教科书》。

受美国教育思潮的影响，教科书内容结构编制尤其注重学生的心理，与之前的教科书编制有所不同。至于编审机构，也不断变更，自1923年12月裁教育部编审处，改设图书审定处，以审定教育图书。1924年10月，全国教育联合会召开第十次年会，审议"改革教科书审定制度"。1925年2月，改图书审定处为编审处，后又改为教育部编译馆。同年9月，国立编译馆成立。10月改教育部编译馆为图书审定委员会。1927年10月，又改图书审定委员会为编审处，并公布编审处规程。教科图书审查条例规定：

一、中小学教科图书、非经大学院审定，不得发行采用。二、中小学现用教科图书，如大学院认为不适当时，得通令修正，或不得再用，并得禁止其发行。……四、审查图书，以不背本党的主义，党纲及精神，并适合教育目的，学科程度及教科体裁者为合格。五、发行或编辑人，应于图书发行前，呈本书五份送审，如用稿本，应送预印纸张印刷款式等样本，各呈二份，其未全者，不予审查。……一一、已经审定者，应在书面上记明"某年某月日经大学院审定"等字样。……一三、审定后，如有不适当处，应于三个月内遵照修正呈核，逾期失效。一四、审定后，如经两年后认为不合时宜者，得取消其审定效力。❶

该条例于1928年9月实行。

4.2.3　初中算术教科书概述

1923—1928年，随着"五四"运动及各种社会思潮的推动，初中算术大多编辑在混合算学教科书中，但也有部分学校因为不愿打破一直以来的分科教学传统，或没有可以胜任混合教学的教师而反对混合教学，仍采用分科教学，继续使用单科初中算术教科书，如《现代初中教科书算术》。据笔者能力所及，搜集这一时期初中算术教科书8种（表4-1）。

表4-1　1923—1928年部分初中算术教科书概览

序号	书名	著者	出版者	年份	备注
1	新学制混合算学教科书	段育华	上海：商务印书馆	1923	1923年3月初版
2	现代初中教科书算术	严济慈	上海：商务印书馆	1923	1923年8月初版，1927年10月九五版
3	新中学教科书初级混合数学	程廷熙 傅种孙	上海：中华书局	1923	1923年初版

---

❶ 郑鹤声.三十年来中央政府对于编审教科图书之检讨[J].教育杂志（夏季特大号），1935，25（7）：27.

续表

序号	书名	著者	出版者	年份	备注
4	布利氏新式算学教科书	乔治·布利氏著，徐自棠译	上海：商务印书馆	1924	1924年
5	初级中学用新中华教科书算学	张鹏飞	上海：中华书局	1924	1923年8月初版 1924年3月三版
6	算术新编	甘源淹	上海：中华书局	1926	1926年2月初版
7	新中华初级中学算术教本	张鹏飞	上海：新国民出版社/中华书局	1928	1928年11月初版
8	中等算术	王德涵	北京：四存学校	1925	1925年6月版

由表4-1中所列8种初中算术教科书及1922年新学制以来编写的初中算术教科书可知：

（1）教科书编辑背景方面，7种初中算术教科书均为国人自编，均按照教育部颁布的数学课程标准要求编纂，符合民国中期新时代的教育方针与新学制主张。

（2）教科书出版企业方面，中华书局出版3种，商务印书馆出版2种，四存学校、新国民出版社各出版1种，可见此时的初中算术教科书出版仍以中华书局、商务印书馆领先。

（3）教科书类型方面，混合算学教科书4套，单独的初中算术教科书3套，可见当时虽然主张开设混合算学课程，但是一部分学校仍坚持分科教学，开设单独的算术。

（4）教科书作者群方面，编纂者有段育华、严济慈、程廷熙、傅种孙、张鹏飞、王德涵、甘源淹。他们中有著名的物理学家，如严济慈，他除了研究物理学外还热衷于数学及物理教科书的编写；有著名的数学家、数学教育家、大学教授傅种孙；也有著名的数学教科书编辑者段育华、程廷熙、张鹏飞，民国中期以来他们编写了大量数学教科书。王德涵、甘源淹有着丰富的中小学教学实践经验，对于教科书的编写理念亦有准确把握。

总之，1923—1928年间，优秀的作者群与出版企业积极配合，推出了适合民国中期数学教育改革的初中算术教科书，为数学教育的发展、国民素质的提高作出了贡献。

4.2.4 个案分析（一）——混合数学中的算术

4.2.4.1 混合数学教科书概述

1922年颁布新学制后开始实行中小学的"六三三制"，小学六年，初中和高中分别为三年。该学制倡导初中数学的混合教学，旨在结束算术、代数、几何的分科编写教科书，从而要求编写混合数学教科书，尽管最后结果并不是想象的那么理想。在这种背景下，1920年代出现四套混合数学教科书（图4-1），一套为翻译的《布利氏新式算学教科书》两种版本，一种为精装版三编，另一种为平装版四编，后者内容比前者多。该套教科书内容繁多、深奥，不适合中国的初中数学教学，只能作为参考。但是该书的影响极大。中国数学教育工作者参考布利氏算学教科书编写出版了三套混合数学教科书：程廷熙、傅种孙编写的《新中学教科书初级混合数学》（6册，中华书局，1924）、段育华编写的《新学制混合算学教科书》（6册，商务印书馆，1923）、张鹏飞编写的《初级中学用新中华教科书算学》（6册，中华书局，1929）。这三套混合数学教科书的第一、二册均为算术内容，但是内容体系和以往初中算术教科书有很大的差别，凸显三个特点：一是出于混合数学教学理念设置的习题比以往教科书多，而且例题和习题着重考量实用性；二是增加了几何基本作图和方程内容；三是增设了数学家传记材料和个别核心概念的历史背景，一般每册介绍5位数学家，6册教科书共介绍30位数学家，但是没有中国数学家。这里以段育华的"混合算学"为主，以其他混合算学为辅，对混合数学教科书的个别内容进行分析，并将总结出其特点。

4.2.4.2 混合数学中算术的特点

混合数学不是简单地将算术、

图4-1 四套混合数学教科书

代数、几何和三角内容交错设置和编排，而是尽可能地找到它们内在联系并将它们融合在一起。如算术中融入几何观念，用几何方法表述算术内容，其他分支之间的融合也如此。正如"编辑大意"中所言："初级中学开始，同高级小学紧紧衔接，不能不略带温习；所以这套书第一册，便以算术为主。小学算术，只讲方法；中学就须注重基本的理论。但是要懂理论，不能不借径于代数几何；故本册时时输入代数几何的观念，以为辅助，使学生同时体会温故知新的益处。"❶ "书中用线段表示数理，本是算学上惯用的方法；在混合教授方面，更有许多利便，分举在下面：（a）用有形的线段，去显示无形的数理，是引导初学到理论上去最好的方法。（b）用线段表示数，用字母来表示线段，可引起算术、代数、几何三科的关系。（c）建立后来高等算学的基本观念。"❷ 从历史的角度看，自毕达哥拉斯学派发现无理数之后，欧几里得在算术几何化思想指导下，将算术问题（数论）用几何学中线段的加减乘除方法来处理。

在这一理念下，初中算术中数的表示、基本四法、整数、分数、小数等内容均与几何和代数融合在一起。从下面的目录便可知具体情况。

《新学制混合算学教科书》第一册目录：

第一章　数的表示（Representation of Numbers）　　　　　1—20

（1）量，（2）单位，（3）数，（4）数量，（5）长度，（6）直线，（7）线段，（8）点，（9）线段的量法，（10）数用线段表示，（11）线段用字母表示，（12）数的代替法，（13）线段表（一套数的），（14）线段表（两套数的），（15）格栏幅，（16）格栏幅的画法，（17）格栏幅的用处。

第二章　基本四法（Fundamental Processes）　　　　　21—44

（1）加法，（2）线段加法，（3）公理，（4）减法，（5）线段减法，（6）乘法，（7）乘法的线段表示，（8）因数，连乘积，（9）指数，（10）系数，（11）除

---

❶ 段育华.新学制混合算学教科书（第2册）[M].上海：商务印书馆，1923：编辑大意.

❷ 段育华.新学制混合算学教科书（第2册）[M].上海：商务印书馆，1923：编辑大意.

法，（12）除法的线段表示，（13）除不尽的数，（14）算术式，（15）代数式，（16）项，（17）独项式，（18）多项式，（19）加减互换的定律，（20）括号，（21）各种括号，（22）括号的去法，（23）括号插入法，（24）相似项，（25）相似项加减，（26）不相似项。

第五章　整数（Integral Numbers）　　　　　　　　85—120

（1）单位线段，（2）整数，（3）整除，（4）倍数同约数，（5）偶数同奇数，（6）因数，（7）质数，（8）质数表，（9）质数表的造法，（10）质因数，（11）质因数检验法，（12）因数分解，（13）一数的诸约数，（14）公约数，（15）没有公约数的数，（16）最大公约数，（17）最大公约数求法，（18）量线公理，（19）约数的原则，（20）辗转相除的理，（21）公倍数，（22）任几数总有公倍数，（23）最小公倍数，（24）最小公倍数求法，（25）用最大公约数求最小公约数的证明。

第六章　分数（Fractional Numbers）　　　　　　　121—156

（1）整数，分数，（2）分数单位，（3）分数，（4）分数的线段，（5）分子，分母，（6）分数与商，（7）分数的分类，（8）分数的原则，（9）分数化法，（10）不等号，（11）分数比较，（12）分数加减，（13）分数线段加减，（14）分数乘法，（15）分数线段乘法，（16）分数除法，（17）分数线段除法，（18）繁分数。

第七章　小数（Decimal Numbers）　　　　　　　　157—176

（1）整数，分数，小数，（2）小数单位，（3）小数点，（4）小数的分类，（5）有尽小数，（6）化有尽小数做分数，（7）化分数做小数，（8）循环节，（9）循环点，（10）循环节的移动与扩展，（11）循环小数的单位，（12）连九分数的单位，（13）化循环小数做分数，（14）循环小数通位法，（15）循环小数最小通位法，（16）循环小数加法，（17）循环小数减法，（18）循环小数乘除，（19）小数的线段，（20）不循环不尽小数，（21）省略算，（22）四舍五入法。

由目录可知，第一章"数的表示"中，用线段表示数，用字母表示线段，在格栏幅表上放置数，融合了数、线段、字母和函数图象，体现了混合数学基本观念。这与以往的初中算术截然不同，对数的认识不仅仅是一个单纯的数，而是在线段、字母和函数图象的联系中去认识数。这里凸显关于数的认识的广泛性和深刻性，对学生关于数的辩证认识具有重要意义。

第二章"基本四法"就是四则运算。在第一章的基础上，把数的加减乘除在线段的加减乘除的操作中进行。这对学生的直观能力、作图能力和操作能力的培养均有促进作用，但是对于从小学刚上初中的学生来说很不适应，学习过程显得过于烦琐，增加了学习负担。

第五章"整数"中对"辗转相除的理"的介绍采用了线段方法（图4–2），具体如下：

两数辗转相除，在线段上就是两线段辗转相量。先用小线段量大线段，再用余下的线段量小线段，若还有余剩，就照这样量来量去，直到量尽时，那末后当作尺量的线段就表最大公约数。

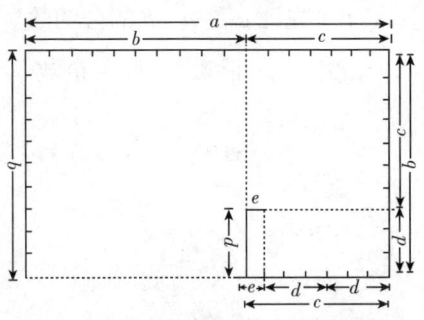

图 4–2 辗转相除线段示意图

如图4–2所示，a，b辗转相量得e为最大公约数。

从图得 $\begin{cases} d = 3e \\ c = 2d + e = 7e \\ b = c + d = 10e \\ a = b + c = 17e \end{cases}$ ∴ $\begin{cases} \dfrac{b}{e} = 10 \\ \dfrac{a}{e} = 17 \end{cases}$

前面末了两等式是指明e是a，b的公约数；又因10同17没有公约，所以e是a，b的最大公约数。但是这种方法，要先知道每次量线的次数，所以运算不得普通的证法。

且看下面普通的证法：

设每次量线的次数是p，q，r，s；那么在代数上，可列成右边的除式。

$b) a (p$

$$\begin{array}{r} pb \\ c)b(q \\ qc \\ d)c(r \\ \underline{rd} \\ e)d(s \\ \underline{se} \end{array}$$

（Ⅰ）先证 e 是 a，b 的公约数。

∵ 被除数 = 除数 × 商 + 余数

∴ $a=pb+c$

　$b=qc+d$

　$c=rd+e$

　$d=se$

从约数原则 B 就得下面的推证：

∵ 能整除 d；∴ 也能整除 $rd+e$，就是 c，

∵ 能整除 c，d；∴ 也能整除 $qc+d$，就是 b。

∵ 能整除 b，c；∴ 也能整除 $qb+c$，就是 a。

所以 e 是 a，b 的公约数。

（Ⅱ）再证 e 是 a，b 的最大公约数。

在上边四等式中，将三等式移项，就得

$$a-pb=c,$$
$$b-qc=d,$$
$$c-rd=e。$$

设有一数 G 是 a，b 的最大公约数；那么从约数原则 B，就有下边的推证：

∵ 能整除 a，b；∴ 也能整除 $a-pb$，就是 c。

∵ 能整除 b，c；∴ 也能整除 $b-qc$，就是 d。

∵ 能整除 c，d；∴ 也能整除 $c-rd$，就是 e。

但是能整除 e 的数，最大的就是 e 自己：所以 G=e，那么 e 就是 a，b 的最大公约数。

通过线段乘除法给出一个特例之后，给出了辗转相除的理之一般证明方法。

4.2.4.3　三角形面积公式

混合数学时期的算术教材中的三角形面积公式内容，和清末民国初期有所不同，出现推导过程，即三角形的加倍法和各种割补法，这是一个明显的进步。如段育华"混合算学"中的三角形面积推导过程如图 4-3❶所示：

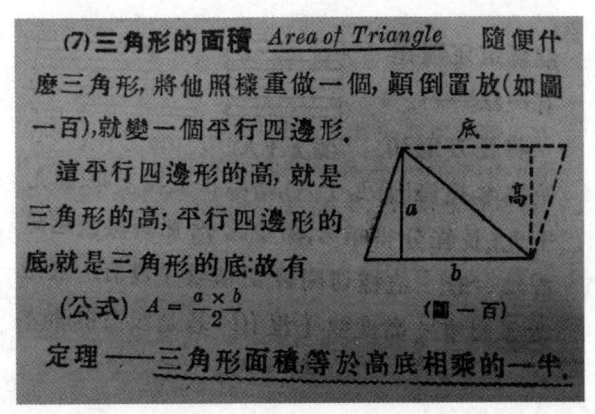

图 4-3　三角形面积推导过程

这里采用三角形的加倍法。实际上，这里进行了初等几何的旋转变换，但是并没有说明，按照直观经验丰富来实现的。这种求法，与《布利氏新式算学教科书》中三角形面积求法的几何图形和表述方式基本相同。❷

程廷熙、傅种孙的"初级混合数学"中三角形面积的推导更为巧妙，即使是对现在的小学算术教学中也颇有参考价值。具体如图 4-4❸所示：

---

❶ 段育华. 新学制混合算学教科书（第 2 册）[M]. 上海：商务印书馆，1923：122.

❷ BRESLICH. 布利氏新式算学教科书（第一编）[M]. 徐自棠，译. 上海：商务印书馆，1920：85.

❸ 程廷熙，傅种孙. 新中学教科书初级混合数学（第 2 册）[M]. 上海：中华书局，1923：122.

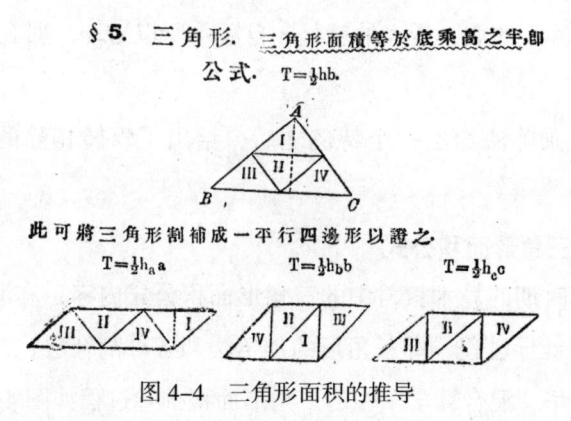

§ 5. 三角形. 三角形面積等於底乘高之半,卽

公式. $T=\frac{1}{2}hb$.

此可將三角形割補成一平行四邊形以證之.

$T=\frac{1}{2}h_a a$ $T=\frac{1}{2}h_b b$ $T=\frac{1}{2}h_c c$

图 4-4 三角形面积的推导

这里直接交代三角形面积公式之后,再介绍三种推导方法,即先连接三角形三边中点作三条中位线,将三角形分割成四个三角形;再用割补法将四个小三角形以不同方式进行拼凑,拼出三种平行四边形,它们的面积均等于原来三角形面积。这样处理三角形面积公式的方法,在其他算术教科书中没有发现。该方法有以下的教育价值:一是通过三种方式推导出三角形面积公式,对学生的一题多解能力的培养具有重要的启示;二是对学生的探究能力的培养具有促进作用。学生可以以此为出发点,探究梯形面积公式的不同推导法。

张鹏飞的《初级中学用新中华教科书算学》中三角形面积求法如图 4-5 所示❶:

19. 三角形面積計算法.

直角三角形

平行四邊形

斜角三角形

斜方

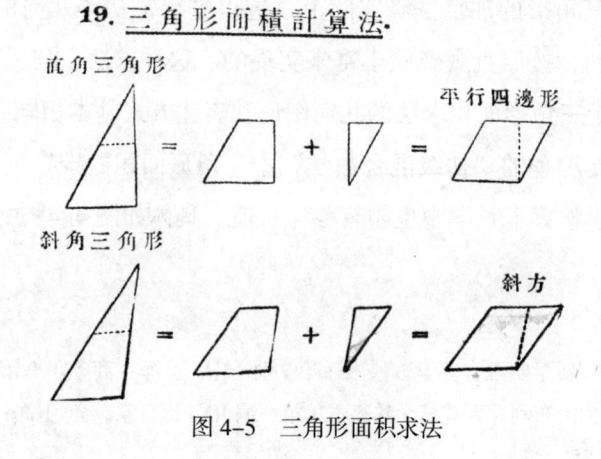

图 4-5 三角形面积求法

---

❶ 张鹏飞. 初级中学用新中华教科书算学(第2册)[M]. 上海:中华书局,1929:70.

这里给出直角三角形和斜三角形面积求法的两种割补法的几何图形。除此之外其他表达式或说明均没有给出。与前两种教科书相比显得过于简单。但是从教学的角度来看，有一定的好处。因为这样给出的目的在于让学生自己根据平行四边形面积求法推导出三角形面积公式。

几种混合数学的算术中，除三角形以外，其他直线形和圆面积的推导过程与以往初中算术教科书中的相关内容没有多大区别，故在这里不一一分析。

4.2.4.4 混合算术中数学史的融入

2001年开始，中国进行的九年制义务教育数学课程改革中的重要特点之一就是数学教科书、教学中融入数学文化（或数学史）。实际上，这一进程在中国早在1920年代已经开始了，特别是在初中混合数学教科书中设置了丰富的数学内容。在段育华编写的《新学制混合算学教科书》中安排了30位数学家小传及肖像，同时也根据内容适当融入了数学史内容："全书共插有畴人肖像三十幅，并附载小传，借此引起学生崇拜学者的观念，立高尚的志向，同时也可知道些算学发达的历史。"❶ 算学家小传依次如下：

第一册：牛顿、欧几里得、亚奇米德（阿基米德）、华里斯（Wallis）、笛卡尔

第二册：忒理斯（泰勒斯）、韦达、柏拉图、梁拿多（里昂纳多·达·芬奇）、毕达哥拉（毕达哥拉斯）

第三册：来本之（莱布尼茨）、巴斯可（帕斯卡）、弗尔马（费尔马）、骆必达（洛必达）、卡华列里（卡瓦列里）

第四册：高斯、达达烈（Tartaglia）、迦但（Cardan）、韩莫敦（哈密尔顿）、巴罗

第五册：徐光启、利玛窦、汤若望、詹姆士·彭禄利（Jomes Bernoulli）、约翰·彭禄利（John Bernoulli）

第六册：李善兰、尤拉（欧拉）、拉果兰诸（拉格朗日）、讷白尔（纳贝

---

❶ 段育华. 新学制混合算学教科书 [M]. 上海：商务印书馆，1923：编辑大意.

尔）、拉普拉斯

混合算术中融入数学史有以下几个特点：

第一，算学家小传，其实在教科书中所占篇幅并不"小"，每一个算学家的介绍占2页，一页为介绍，用五号字，肖像占一页。

第二，数学史的融入有一定的根据，如第一册算术中的笛卡尔，这与第一册的内容有密切关系。第一册的"数的认识"之"线段表（一套数的）"和"线段表（两套数的）"以及"格栏幅"就是引进了直角坐标和函数图象。这是笛卡尔解析几何的基础性内容，因此在该章介绍笛卡尔的生平简介及其创立解析几何的伟大贡献。

第三，在全书30位算学家中，28位为西方算学家，2位为中国数学家，即徐光启和李善兰。这可能是段育华对中国数学史的了解不够而造成的。我们知道，刘徽、祖冲之、赵爽等算学家的数学成就与初中算术有密切关系，但是教科书作者视而不见。

第四，该套教科书中对个别数学名词术语的历史背景做了简要说明。例如，第二册第四章"简易几何作图"之"什么是几何学"中简单介绍几何学的历史背景之后，说明了几何学的中文名词术语，作者认为应该叫作"形学"，但是在中国明代已经有了"几何"这一术语，因此就叫作几何学了。作附注形式说明如下❶：

几何学 Zaire 西文是 Geometry，三百年前明末的时候，徐光启首先译做"几何"二字，大抵是因为这二字，同西文原名的读法，起首两音很相近，同时又含有算学的意义。

从整体上说，教科书融入数学史主要是通过算学家小传来实现的。

段育华《新学制混合算学教科书》的内容体系与以往分科教科书大相径庭，概言之，除上述融入数学史的特点外，还有以下几个特点：

首先，教科书基于混合的观点，将算术、代数、几何和三角的相关内容尽可能地融合在一起编排。

---

❶ 段育华．新学制混合算学教科书（第二册）[M]．上海：商务印书馆，1923：93．

其次，教科书中也设置了不少现代数学内容，初中一年级就有直角坐标系、函数图像；初中二年级有向量，根据物理中力的分解与合力，用平行四边形解释了向量。初中三年级安排了二次曲线内容和三角函数内容。

最后，在习题中也安排一些自相矛盾的问题，如"船长故事"中的"65=64"等，以便让学生探究其原因在何处。

混合数学教学是在充满争议的曲折的道路上蹒跚地行进的。虽然像程廷熙、傅种孙、余介石等数学家力挺混合数学教学的实施，而且他们的主观愿望是很好的，但是混合数学内容本身的难度和广度极大，对教师带来极大的困难等原因，1941年终于走下了历史舞台。有人说，当前的中学各科内容设置是混合型的，这是一种不了解混合数学历史的一种错误认识，因为目前的各科内容交叉而螺旋式编排与民国时期混合数学中各科的"混合"是迥然不同的。

4.2.5 个案分析（二）——以《现代初中教科书算术》为例

1922年新学制课程标准起草委员会拟定了初中课程纲要，有一显著改进，即初中课程采用混合法讲授，如算学以代数、几何为主，算术、三角为辅，合一炉而冶。但因师资难得，不少学校对混合讲授持有异议，坚持分科讲授。为此商务印书馆出版了一套《现代初中教科书》。这套教科书按照新学制编辑，但适合初中分科之用。教科书编撰者将新学制改革中关注生活常识、提升学习兴趣等精神较好融入各科，并注重实践、实用之引导，同时十分强调学科研究的目的，培养学生自己解决问题的能力，受到学校的广泛欢迎，4年间再版95次之多。

4.2.5.1 编者简介

严济慈（1901—1996，图 4-6[1]），浙江东阳人，物理学家。1914 年严济慈考入东阳中学，1923 年从南京高等师范学校数理化部毕业后，赴法国巴黎

---

[1] 严济慈像来源：https://baike.baidu.com/item/ 严济慈 /846602?fr=aladdin.

大学留学，仅用一年时间就获数理科学硕士学位。1949年严济慈参与筹建中国科学院，历任中国科学院应用物理研究所所长、中国科学院副院长、中国科学院主席团执行主席。1958年严济慈参与创建中国科学技术大学，历任副校长、校长、名誉校长。

严济慈不仅是中国光学研究和光学仪器研制工作的重要奠基人，他还是一位热心的科普作者。根据上海教育出版社2000版《严济慈文选》中"未包括科学论文部分"的《严济慈论述目录》，从1923年5月发表在《科学》第7卷第5期上的《电力线与平面位（一）》，到1996年9月9日为《科圣张衡》写的前言，

图4-6 严济慈

70余年间严济慈共发表了近150篇科普性质的文章。这些文章体裁多样，有序跋、书评，有书信、祝词、寄语，有演讲、讲话、报告、开闭幕词等。其中编写教科书也是严济慈科普写作的重要方面，从1923年开始，他编写的教科书主要有：《现代初中教科书算术（上下册）》（商务印书馆，1923）、《几何证题法》（商务印书馆，1928）、《普通物理学（上下册）》（正中书局，1947）、《高中物理学（上下册）》（中国科学图书仪器公司，1948）、《初中物理学（上下册）》（生活·读书·新知三联书店，1949）等多种。此外撰写科普读物，如《青年与科学》（青年出版社，1949）、《居里和居里夫人》（科学技术文献出版社，1989）等。

4.2.5.2 编写理念与编排形式

《现代初中教科书算术》（图4-7），严济慈编辑，段育华校订，上海商务印书馆出版，1923年8月初版，1927年10月九五版，全一册，分为上下两编，正文共100页。该

图4-7 《现代初中教科书算术》

教科书编排顺序为：编辑大意、目次和正文内容。该书采用从左至右横排编写形式，页码均用阿拉伯数字。书中没有名词对照表，字符大小适宜，排版有致，较适合阅读。在该书的最后有商务印书馆出版的其他书目的广告等。

在此引用"编辑大意"中的部分内容，介绍本套教科书的编写理念：

（1）这本书是按照新学制编辑的，最适合现代过渡时之用。

（2）这书每用一法，必详其理；每讲一理，必实以例；发展思索的能力，养成推理的方法，并为学习代数的预备。

（3）这书所设习题所设事件，多属公民常识，日常生活所常遇的，即题中所设的数，也都根据事实，求其确当；庶切实用而富兴趣。

（4）这书于级数不设专章，而于排阵问题附入等差级数，储蓄问题附入等比级数，不但节省时间，且较具体易明。

（5）怎样用数，是算术致用上一个重要问题，本书在末了特设一章，详细讨论。

（6）这书纯用白话讲解，并加新式标点；使读者没有文字的困难才有学算的兴趣。

（7）这书对于名词初见的地方，附注西文，可为读者将来研究西书的帮助。

以上"编辑大意"中，首先介绍了该书是按照1922年新学制编辑，作为现代过渡时之用，因而叫《现代初中教科书算术》，作为"现代初中教科书"系列。其次，该套教科书注重算术与代数等知识的衔接，作为代数学习的一个预备，处处渗透着作者注重培养学生的逻辑推理和独立思考能力。再次，编辑者还特别强调计算原理的学习以及实例对原理的辅助说明。此外，该书十分注重"数"在生活中的应用，对如何"用数"十分重视，单设一章讲解。而级数不设专章，将排阵问题附入等差级数，储蓄问题附入等比级数。最后，强调习题的设置也多为日常生活中的实例，强调以事实为基准编写习题。值得注意的是，此书虽然是单科初中算术教科书，但是编辑者具有很强的将各科知识融合、渗透的思想。可见，编辑者还是受到了混合算学编写思想的影响。

4.2.5.3 内容简介

《现代初中教科书算术》上编的目录：第一章：论数量；第二章：基本四法；第三章：整数；第四章：分数；第五章：小数；第六章：复名数；第七章：比同比例。

下编的目录：第八章：百分法；第九章：利息；第十章：开方；第十一章：求积法；第十二章：用数。

书中正文内容按照定义—定理或方法—举例—习题和章末杂题的形式展开，部分简单的内容则只给出定义便直接进入习题或没有习题。该书作为学习代数的预备篇，在上篇中，重点掌握一些最基本的算术名词，例如，什么是数，什么是运算法则，什么是整数和分数等。下篇与上篇是衔接的，注重了算术与平面几何的关系，例如，在"开方"一章中设置了"勾股弦定理"，在"求积法"章节中设置了如何求三角形、矩形、平行四边形、菱形和圆的面积等。书中例题与习题统计结果如表 4-2 所示。

表 4-2 《现代初中教科书算术》中例题与习题统计表

篇章	章节	例题	习题
上篇	一：论数量	—	10
	二：基本四法	13	125
	三：整数	42	119
	四：分数	27	175
	五：小数	27	63
	六：复名数	15	89
	七：比同比例	28	108
下篇	八：百分法	18	63
	九：利息	13	66
	十：开方	14	95
	十一：求积法		58
	十二：用数	7	12
总计		204	983

由表 4-2 统计结果可知，首先，书中核心内容如基本四法、整数、分

数、比例等设置的例题及习题较多，有利于突出重点，加强练习。其次，值得注意的是，"开方"一章也设置了大量的例题与习题，可见该书对代数基础知识的重视程度之高，凸显了初中算术与代数知识的衔接性。再次，相对于之前的初中算术教科书，该书对复名数、小数、百分法、利息等的知识点阐释、习题设置不是很多，可见混合数学时期，初中算术知识与代数、几何知识的联系与衔接更紧密，作为单科初中算术教科书的内容结构也有所调整。

4.2.5.4 名词术语介绍

民国中期，初中算术教科书中名词术语基本仿照西方的表示法，但仍有一部分保留了中国传统的用语。《现代初中教科书算术》作为此时代表性的算术教科书，其中部分名词术语与现行名词术语的对照详见表 4-3。

表 4-3 《现代初中教科书算术》中部分名词术语与现行名词术语对照表

序号	本书名词术语	现行名词术语	序号	本书名词术语	现行名词术语
1	目次	目录	8	正多角形	正多边形
2	杂题	混合题	9	阔	宽
3	若干	多少	10	直角柱	直棱柱
4	较	差	11	长立方形	长方体
5	简分数	简单分数	12	直角锥	直棱锥
6	全径/圆径	直径	13	用钱	佣金
7	多角形	多边形	14	级数	数列

由表 4-3 可知，首先，四则运算中传统的叫法只有"差"还用"较"表示，乘法与除法中的"实"与"法"已经不用了。其次，仍用传统叫法的大部分是几何图形的称谓，如"直径"称为"全径/圆径"，"长方体"称作"长立方形"等。可见，该书使用的数学符号与现用教科书中的大多相同，但是值得注意的是书中的级数（Progression）二字，与我们今天所说的"级数"并不相同，在该套教科书中实际上指的是数列（Sequence），因为欧美教科书中称它为级数，日本教科书沿用了这样的名称，我国翻译日本教科书，也就沿用了。最后，其他一些名词术语中，有个别与现行教科书的含义不同，例如因式仍称因数、不等号意为大于号或小于号等。

4.2.5.5 具体例析

例1：以线段解释加法交换律与减法交换律（图4-8、图4-9）。

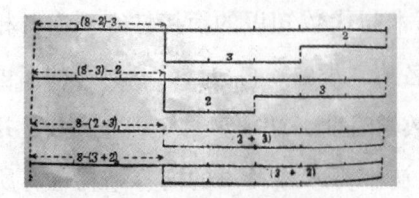

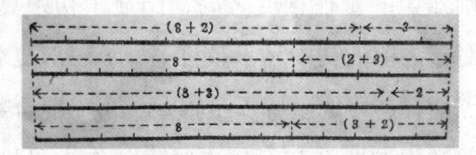

图4-8 减法交换律图解　　图4-9 加法交换律图解

图4-8中，以线段表示数，首先把线段分成8等分，然后再画出表示2个单位长的线段和表示3个单位长的线段，即标出2和3，接着把表示2和3的线段从总线段8中减去，得出：$(8-2)-3=(8-3)-2=8-(3+2)=8-(2+3)$，进而总结出减法交换律。

同样，图4-9中首先把线段分成8等分，然后再延长画出表示2个单位长的线段和表示3个单位长的线段，因为是加法，所以要延长画出；接着比较四种情况发现：在表示8的线段延长线段3或2或（3+2）都是一样的，于是得出：$(8+2)+3=8+(2+3)=(8+3)+2=8+(3+2)$，从而总结出加法交换律。

书中以线段表示数与文字相结合解释"加法交换律"与"减法交换律"，简洁明了，有助于学生更加形象地理解定理所述的知识，体现了数形结合的思想。从中也可以看到，中国初中算术的编写者正在逐渐脱离照搬日本的模式，不再遵循藤泽利喜太郎对于算术的观点，即算术的表述不应借助几何图形、代数公式等，而是学习以美国为代表的西方的混合数学教育思想，用线段表示数，但是还没有发展到以字母表示数，可见是有所取舍地学习，可能是考虑到学生对初中算术的学习毕竟还没有到代数阶段，采取循序渐进的学习方法更稳妥。

此外，书中以线段图形解释算术原理的情况还有很多，如除法中的定理"某数除两数的和或较，等于某数分除两数，求这两个商的和或较"，如图4-10所示，道理相同，此不赘述。

例2：书中对圆的定义的阐释。

圆（如图4-11）开规使一脚尖立在纸上不动，再旋转别脚尖的铅笔，在平面上一画，如下图所成的形叫圆（Circle），圆的中心，叫圆心（Center）；围绕圆的曲线，叫圆周（Circumference）；从圆心到圆周的距离，叫半径（Radius）；从圆周穿过圆心到对面圆周的直线，叫全径或圆径（Diameter）。

画圆时，那规的两脚的开口，是不许改变的，所以同一圆内，所有的半径都相等。全径就是半径的2倍；圆周的长约为全径的3.1416倍。

1 全径 = 2 半径

1 圆周 = 3.1416 × 全径 = 2 × 3.1416 × 半径

可见，《现代初中教科书算术》中圆的概念以圆规画圆引入，此时没有介绍圆周率，只是提到"圆周的长约为全径的3.1416倍"，书中将直径称为全径或圆径。但是书中给出了画圆的图片，这是之前的教科书中没有的，这样更有助于学生对圆这个图形的实际感知，可以观察画圆的过程。

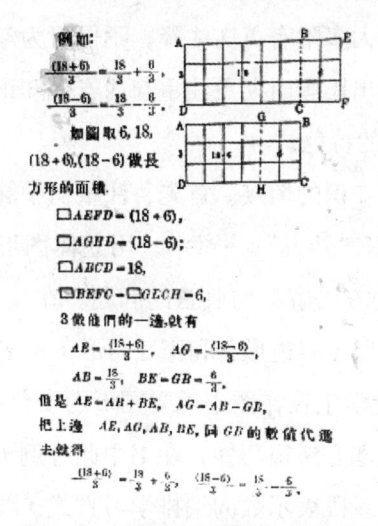

图4-10　借助图形阐释除法定理　　　　图4-11　圆

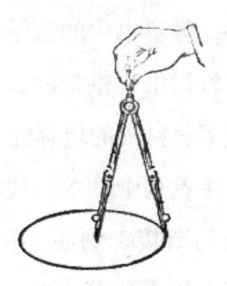

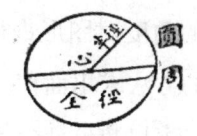

4.2.5.6　特点分析

结合当时时代背景，分析该书特点如下：

（1）初中算术知识系统实用，例习题丰富。首先，民国中期的初中算术教科书大多都是由国人自行编辑出版的，翻译外文教科书的较少。初中算术教科书的编写也不仅仅是参考依照外文教科书，而是根据本国的国情，自行编写的居多，很少直接翻译外文教科书作为我国教科书使用。该套教科书最适合现代过渡时使用，是学习代数的基础。将代数中涉及的名词术语都下定义，进行描述并举例说明，通俗易懂。语言上纯用白话讲解，使学生在学习时更加通俗易懂，没有文字的困难才有学算术的兴趣。其次，这套教科书的另一个突出特点就是习题丰富。在习题的设置中，大都是讲完几个定义或者概念之后就安排习题，让学生在掌握了基本概念之后将其运用于解决具体问题。而且书中习题涉及的知识面很广，中外人物、土地、军事等都有，也有许多传统题目，如童子分桃、龟鹤数量、排兵方阵等。编译者尤其重视应用知识解决实际问题能力的培养，几乎在每一个重要知识点的讲解后都安排各种实际问题。总之，在内容设置方面更偏重实际应用，与实际问题紧密结合。教科书编写者不再使用翻译外文的教科书中的例题习题，而是自行编写了大量符合中国国情的例题习题，更有助于学生将算术知识应用于现实生活中。另外，教科书中的数学名词术语大多附有英文注释，不但可为学生将来研究西方教科书提供帮助，而且凸显出民国时期更注重与西方在知识上的交流，体现了教科书的包容性、国际性的特色。

（2）注重初中算术与代数、几何知识的衔接。首先，注重初中算术与代数、几何的衔接。例如，在代数知识"开方"一章中，用立体图形解释开方的过程，或者用算术中"开方"的方法解释勾股弦的问题。在"求积法"中，设置了四边形、三角形以及多角形（多边形）和正三角形（正多边形），先从几何的角度对图形进行分解，让学生在作图中感受图形的变化与联系，再用算术的方法求出面积。这样的处理方法很巧妙，在书中此种例子比比皆是。其次，突出数形结合的思想。以线段表示数的编排学习方式，体现数形结合的思想，使得算术知识直观形象，易于激发学生学习的兴趣。尤其是在设置"求圆面积"时，其方法是把圆面分成无数的三角形，然后把三角形面积相加求出圆面积。这种方法使学生明晰各个知识点相互的关联，能够在庞杂零碎的数学知识中得到统一。

（3）重视数的应用。如何"用数"，是该教科书重点强调的内容。在"编辑大意"中也提到，怎样用数，是算术致用上一个重要问题。为此，书中单独设置了第十二章"用数"的内容。学过算术，就要明白各种数的意义同算法，在日常生活中，一定能够随处应用。可以看出算术对"数"的运算能力格外重视，例如，加减乘除的运算，扩展到五位及五位数以上的数字，还有多种因数相乘的计算方法等。这些内容为代数的学习夯实基础，又使学生在接受数学方法和思维训练的同时开拓视野，也说明算术在生活中无处不在。

4.3 混合与分科并行时期（1929—1936）初中算术教科书发展概况

4.3.1 课程标准的演进

1923—1929 年，中国强制推行混合数学。但之后由于一部分学者的反对及学校的排斥，改为混合与分科并行的课程制度，因而初中算术教科书编制呈现混合与分科两种形式。1929 年，南京政府大学院根据全国教育会议议决，成立中小学课程标准起草委员会，编订《初级中学算学暂行课程标准》，作为各省暂行试验推行的标准。具体科目及课时安排如表 4-4 所示。

表 4-4 1929 年《初级中学算学暂行课程标准》中算学各部分知识时间分配表

学年	上学期	下学期
一年级	5 小时算术	2 小时算术　3 小时代数
二年级	3 小时代数　2 小时几何	2 小时代数　3 小时几何
三年级	2 小时代数　3 小时几何	2 小时几何　3 小时三角

由表 4-4 可知，算术课程安排在初中一年级上、下学期讲授，每周授课时数为上学期 5 小时，下学期 2 小时。《初级中学算学暂行课程标准》第四项"教法要点"中，要求数学课程用分科教学或混合教学均可，可由各校依自己的方便而施行。但混合教学时，不宜分列分科教学时间，并须注意取

材。其中算术的教学，第一年以算术为教材中心，应和小学算术衔接，加以扩充，并注重指引代数的基本观念。

1932年，教育部组成中小学课程及设备标准编订委员会汇集各方意见，对1929年颁布的《初级中学算学暂行课程标准》进行修订，并颁布《初级中学算学课程标准》。该标准要求："（1）算术中应采浅易之代数，如以字母代数，记述公式（如利息等），以便预先灌输代数观念。（2）运算技能，贵能纯熟敏捷，故应注意：（甲）娴熟近似计算，明了精确度之意义；（乙）练习心算；（丙）尽量应用数表，如方根表、复利表等。（3）注重应用问题，如日用计算、统计图表等。"具体课程时间安排如表4-5所示。

表4-5　1932年《初级中学算学课程标准》中算学各部分知识时间分配表

学程	第一学年		第二学年		第三学年	
	第一学期	第二学期	第一学期	第二学期	第一学期	第二学期
算术（附简易代数）	4	4				
代数			3	3	2	2
几何（附数值三角）			2（实验几何）	2	3	3

1936年，教育部颁布《初级中学算学课程标准》，该标准是教育部根据各地反映"教学总时数过多"，对1932年颁布的课程标准进行修订而成。在1936年《初级中学算学课程标准》中，要求算术："（1）算术中应采浅易之代数，如以字母代数，记述公式（如利息等），以便预先灌输代数观念。（2）运算技能，贵能纯熟敏捷，故应注意：（甲）娴熟近似计算，明了精确度之意义；（乙）练习心算；（丙）尽量应用数表，如方根表、复利表等。（3）注重应用问题，如日用计算各项调查统计图表等。"具体时间支配表与1932年课程标准同。

4.3.2　初中算术教科书的审定

1928年11月11日，国民政府改大学院为教育部，并设立编审处。

1929年1月,编审处公布教科书审查规程十二条。同年2月,将教科书封皮、编辑大意等做了具体规定。从小学至初中都需要经过大学院及教育部审定。1928年5月,全国教育会议议决,由大学院组织中小学课程标准起草委员会,编订中小学课程。自1929年课程暂行标准颁布以来,书局纷纷改编新标准教科图书。自1929年9月至1934年8月审定中学教科图书63种。

1932年6月,教育部编审处裁撤,国立编译馆正式成立,审查关于中小学教科图书事项。11月,令编译馆遵照中小学课程正式标准,审查中小学教科图书,并将尚未审查的教科图书,送到教育部,再由教育部转发各书局,重行编辑,再送审查。1933年2月,令各书局及所属学校知照,规定中小学按年级审查图书,并特准各书局先将初中第一学年用的教科图书送审。8月,通知各省市由教育部审定过的教科书,各校可以自由采用。而地方教育行政机关不可以组织教科图书审查会审查图书。而后自9月15日起,继续送审教科书,必须遵照图书审查规程办法,未完成的、不成套的教科书不可以送审。1934年2月,通知各省市可以发行审查通过的或修改后可以通过的书籍发行。11月,修改完成的需继续送审。自正式课程标准颁布后,教科书审查逐渐趋于稳定。自1932年11月中小学课程正式标准公布至1934年12月底止,共审定中学教科图书53种。

总之,教科书的审查是随着数学课程标准的订立而逐渐规范的,其间教科书需经历多次送审、修改。可见,教科书审定过程对教科书的规范编写具有一定的促进作用。

4.3.3 初中算术教科书概述

1922年新学制颁布后,中国初中开始实行混合数学课程制度。但在实施的过程中,由于师资缺乏,且与中国传统数学教学模式不符,因此大部分学校仍实行分科教学,采用分科初中算术教科书。据笔者尽力搜集,这一时期国人自编初中算术教科书有32种(表4-6)。

表 4-6 1929—1936 年部分初中算术教科书概览

序号	书名	著者	出版者	年份	备注
1	新学制混合算学教科书	段育华	上海：商务印书馆	1923	1923 年 3 月初版
2	算术	童清高	上海：商务印书馆	1930	1930 年版
3	复兴初级中学教科书算术	骆师曾	上海：商务印书馆	1933	1933 年 5 月初版
4	商业算术	褚凤仪	上海：商务印书馆	1933	1933 年 12 月初版，1939 年 12 月十二版
5	初中算术	薛溱舲 龚昂云 杨哲明	上海：世界书局	1930	1930 年 1 月初版
6	王氏初中算术	王刚森	上海：世界书局	1933	1933 年 6 月初版
7	骆氏初中算术	骆师曾	上海：世界书局	1933	1933 年 7 月初版
8	算术课本	陈邦彦 秦启文	上海：世界书局	1933	1933 年 4 月初版，1933 年 6 月三版
9	新中学教科书初级混合数学	程廷熙 傅种孙	上海：中华书局	1923	1923 年初版
10	初级中学用新中华教科书算学	张鹏飞	上海：中华书局	1923	1923 年初版
11	初中算术	陆子芬 孙振宪 石濂水	上海：中华书局	1933	1933 年 6 月初版
12	新中华算术教本	张鹏飞	上海：新国民图书社	1930	1930 年 8 月初版
13	分科教授新中华算术	陆子芬 孙振宪 石濂水	上海：新国民图书社	1932	1932 年 8 月版
14	初中算术教本	张轶庸	上海：大东书局	1930	1930 年 8 月初版
15	新生活教科书算术	薛元鹤 戴昧青	上海：大东书局	1933	1933 年初版
16	新亚教本初中算学算术代数	薛德炯	上海：新亚书店	1933	1933 年版
17	新标准初中算术	杨尔琮	北平：新亚印书局	1935	1935 年 8 月初版
18	开明算学教本算术	周为群 刘薰宇 章克标 仲光然	上海：开明书店	1929	1929 年 7 月初版，1935 年 12 月修正十六版
19	新学制初中教科书算术	中等算学研究会	南京：南京书店	1930	1930 年 8 月初版，1932 年 8 月再版
20	算术书	卫淑祎	北平：华圣公会书堂	1930	1930 年 6 月版
21	初级中学北新算术	甘源淹 余介石	上海：北新书局	1931	1931 年 8 月初版

续表

序号	书名	著者	出版者	年份	备注
22	民智初级中学新算术	薛元龙	上海：民智书局	1932	1932年1月初版
23	中国初中教科书算术	吴在渊	上海：中国科学图书仪器公司	1932	1932年8月初版
24	初中新算术	王鹤清	北平：文化学社/师大附中算学丛刊社	1932	1932年9月版
25	初级中学算术	刘秉哲	北平：著者书店	1932	1932年7月版
26	陈氏标准算术	陈文	上海：科学会编译部	1933	1933年8月初版
27	分类初中算术	郁祖同	常州：常州中学	1933	1933年7月版
28	实验初中算术	张幼虹	上海：建国书局	1934	1934年8月初版
29	初中算术课本	魏怀谦	北平：信记文化社	1934	1934年7月版
30	初中标准算学算术	孙宗堃 胡尔康	上海：中学生书局	1935	1935年1月初版
31	初中算术	汪桂荣 余信符	上海：正中书局	1935	1935年7月初版
32	初中算术	张伯函	北平：北平燕北理科教育研究社	1937	

由表4-6中所列教科书可知：

（1）从教科书出版数量看，1923—1936年仅初中算术教科书就出版了32种，与民国初期相比，呈现较为繁荣的景象。

（2）从教科书种类看，32种初中算术教科书分为两类，一类是混合数学教科书，有3套；另一类是单科初中算术教科书，有29种。这与此时期初中数学实施混合与分科并行的课程制度有关，3套国人自编的混合数学教科书是模仿美国布利氏的《布利氏新式算学教科书》编写的。其他29种初中算术教科书均为国人自编。

（3）教科书的出版企业方面，商务印书馆仍然居于前列，出版了4种初中算术教科书，后来居上的世界书局也出版了4种，中华书局同样实力不减，出版3种，大东书局2种，新国民图书社2种，新亚书店2种，开明书店、华圣公会书堂、南京书店、北新书局、民智书局、著者书店、中国科学图书仪器公司、文化学社/师大附中算学丛刊社、常州中学、科学会编译部、信记文化社、中学生书局、正中书局、北平燕北理科教育研究社等各出版1种。

总之，这一时期初中算术教科书的编写受欧美影响较深，混合数学教科书是在参阅美国混合数学教科书基础上编纂的。初中算术教科书编写队伍逐渐壮大并走向成熟，教科书的编写与出版达到了民国时期的高峰。

4.3.4 个案分析——以《复兴初级中学教科书算术》为例

从这一时期教科书的水平来看，"从许多公正无私的批评归纳起来，小学方面较优者似乎是最初编印的最新教科书和最后编印的复兴教科书两套；中学方面较优者似乎是民国四五年编印的民国教科书及最后编印的复兴教科书两套。"❶ 另外，"民国教科书"和"复兴教科书"水平较高的原因有两个：其一，新课程标准之草拟讨论早已公开，商务印书馆当时力量雄厚，得以及早筹备，并尽量利用旧有经验与采取各套教科书之优点；其二，教科书编撰者皆为国内该科之著名专家，故教科书内容特佳。王云五先生评价这些教科书时说："虽学制迭有变更，该套教科书在理本已失效，而教育界仍多沿用不改，可为证明。"❷ 可见，复兴教科书在当时编撰水平高，具有典型代表意义。因此，本书选取《复兴初级中学教科书算术》作为个案进行分析、探讨。

4.3.4.1 编者与教科书简介

骆师曾，浙江绍兴人，1897—1899年在绍郡中西学堂学习，与蒋梦兰、蒋梦麟等为同学。杜亚泉进入商务印书馆任理化部主任之后，引进杜就田、寿孝天、骆师曾、章锡琛等绍兴籍知识分子，亲自在商务印书馆培育了中国第一个自然科学教科书编辑团队，其中寿孝天、骆师曾负责编辑数学教科书。骆师曾编辑的数学教科书对民国时期的数学教育发展作出了很大贡献。他编写、翻译了60多种数学教科书，如《复兴初级中学教科书算术》（1933）、《高等小学校共和国教科书新算术》（1913）、《高等小学用新法算术教科书》（1920）、《骆氏初中算术》（1933）、《初中几何教本》（1947）、《共和国教科书代数学》（1914）等。

---

❶ 王云五．新教育系谱与商务印书馆[M]．南京：江苏教育出版社，2008:830.
❷ 王云五．新教育系谱与商务印书馆[M]．南京：江苏教育出版社，2008:831.

1933 年起，商务印书馆开始出版"复兴初级中学教科书"和"复兴高级中学教科书"。同时开明书店的"开明算学教本"经修订后继续供应。其他一些出版企业也出版了一些自编的初中数学教科书。"复兴初级中学算学教科书"，包括《算术》上、下册，《代数》上、下册，《几何》上、下册和《三角》共 7 册。《复兴初级中学教科书算术》初版于 1933 年 5 月，同年 8 月即再版 30 次。

4.3.4.2 编写理念与编排形式

《复兴初级中学教科书算术》（图 4-12），其编排顺序为：编辑大意、目次和正文内容。完全采用从左至右横排编写形式，与现在的教科书排版形式相同。页码均用阿拉伯数字表示。定义解释及例题部分比习题大两号字体，醒目、清晰，字符大小适宜，排版有致，适合阅读。

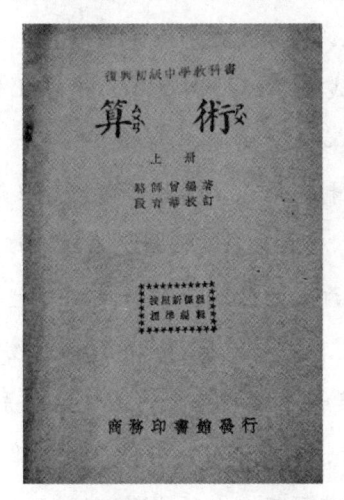

图 4-12 复兴初级中学教科书算术（上、下册）

在此引用书中"编辑大意"说明作者的编写理念❶：

（1）本书依据民国二十一年十一月教育部公布初级中学算学课程标准编纂，专备初中第一学年学习算数之用。

（2）教材不取重复繁重，凡是小学已经学过的，之略述大意，以资温习，没有学过的，就择要详述，并且于社会生活，特别注重，使将来涉世应

---

❶ 骆师曾.复兴初级中学教科书算术（上册）[M].上海：商务印书馆，1933：编辑大意。

用，不致隔膜。

（3）书中习题丰富，每节或数节之后有练习题，每章之后，又有总习题；至题目的选择，力避艰深枯燥，多取实际问题和常态生活问题；并且含蓄爱国材料，以图鼓励，隐示国耻事实，以资警惕。

（4）书中材料崭新，搜集到最近为止，并且都调查社会上的实例编入，和凭空悬疑的，截然不同。

（5）权度一章，依据十八年二月十六日国民政府公布中华民国度量衡法编入，藉资提倡而利推行，并把同旧制营造尺库平的比较，列入附注，以便民间契约上的参考。

（6）关于度量衡币各章，都略述沿革的历史，使读者明了改革精神之所在。

（7）利息开方二章中，常用文字代表数目，以图叙述的便利，而预先灌输代数观念，并附复利表和乘方开方表，使学生便于检查应用。

（8）省略算同小数合并一章，图线表和统计图表等，附在比例一章之中，使学生体达用，在欣赏之中，引起向上搜讨的志趣。

（9）形体求积，初中经验几何的材料，所以本书并不编入，以免侵占。

（10）书中名词初见，都附注英文，使将来研究西籍，有所印证。

（11）本书是汇集二十余年编辑校订上的经验，和历年在学生杂志社同全国学生通讯答问的心得，并参考西文名著十余种，调查社会上教育上的实际情形，编纂成功的，处处以便于教学切合实用为主，不过从着手到脱稿，时间不及三月，又在遭逢国难毁家之后，心绪不宁，匆促下笔，难免有欠妥的地方，尚蒙教育家在实地试验以后，赐匡正，尤所欢迎。

在编辑大意中，作者提到该书编写的依据，按照1921年初中算学课程标准要求，对算术内容进行了合理的编排。其中特别强调实用知识的学习，如习题中"多取实际问题和常态生活问题""书中材料崭新，调查社会上的实例编入"，可见书中所设题目选材真实可靠，便于学生毕业后直接运用所学解决实际问题。作者并没有编写几何方面的内容，认为属于经验几何学习的范畴，这里不予编入，以免侵占。但是在"利息开方二章中，常用文字代表数目，以图叙述的便利，而预先灌输代数观念"，强调代数知识的初步学习。此外，教科书的设计充分考虑了教师的教和学生的学，教学安排有弹性，注重激发学生的兴趣及培养学生的实际操作能力，这在教师水平参差不齐的年代，尤为重要。

4.3.4.3 内容简介

《复兴初级中学教科书算术》共二册十章 133 个知识点，正文内容 225 页，并附有复利表和乘方开方表。例题、习题设置丰富，注重实用计算能力的培养。习题的难度适宜。详见表 4-7 所示：

表 4-7 《复兴初级中学教科书算术》内容及例题、习题量化表

册数	章节	目录	例题	习题
上册	第一章 整数四则	命数法、计数法、加法、加法验算、加法速算、减法、减法验算、减法速算、乘法、连乘积、因数、乘法验算、乘法速算、除法、除法验算、除法速算、四则演算的次序	45	118
	第二章 整数性质	因数、倍数、偶数、奇数、质数、析因数、公因数、最大公因数、公倍数、最小公倍数	8	39
	第三章 分数	分数、分数化法、约分、分数的比较、分数加减法、分数乘法、分数除法	17	94
	第四章 小数同省略算	命数法、计数法、10 的乘方乘除小数、分数小数化、近似数、小数加减法、小数乘法、小数除法、小数化分数、省略算、误差同精确度、省略加法、省略减法、省略乘法、省略除法	28	152
	第五章 复名数	单位、单名数、复名数、度量衡、本国度量衡、长度表、通法、命法、正方形、长方形、面积、地积表、立方体、长方体、体积、容量表、重量表、外国度量衡、米突制、英国制、日本制、斯拉夫制、时间、弧度和角度、寒暑表、复名数加法、复名数减法、复名数乘法、复名数除法	13	137
下册	第六章 中外货币	货币、本国货币、银钱市值、银行本票、庄票、支票、汇兑、国内汇兑、外国货币、外币同关金的转换、国外汇兑	9	54
	第七章 百分法	百分法、百分率同分数、百分率同小数、母数、子数同百分率的关系、赚赔、佣钱、折扣、保险、租税、房捐、田赋、关税、盐税、统税、营业税	24	111
	第八章 利息	利息、单利法、股票、合作社、公债、复利、复利表、银行存款	11	50
	第九章 比同比例	比、比的性质、比重、比例、比例解法、正比反比、正比例、反比例、定比例的正反、量树法、杠杆、连比、比例分配、单比和复比、复比例、图线表、统计大意、统计图表、平均数、物价指数、物价指数比较图、度量衡币比较图	19	94
	第十章 开方	乘方、开方、根号、用析因数法开方、两数和的平方、平方根的位数、开平方法、乘方开方表	11	94
		总计	185	943

由表 4–7 可知，整数四则、小数同省略算、复名数、百分法设置的例题与习题较多，可见书中仍重视学生基本计算能力的培养，分数、比例、开方方面的题目设置也不少，遵循了算术教科书内容设置的基本规律，但对代数知识中的开方也是非常重视的。值得注意的是，作者非常重视知识点间的合理联系，将小数与省略算放在一章，将比例、平均数、统计图表、物价指数等放在一章，这样有助于学生对不同知识的连贯掌握，促进知识体系的系统化，从而收到事半功倍的效果。随着中外联系的加深，作者单独设置了"中外货币"一章，更有利于学生对当时最实用的知识的有效吸收。

4.3.4.4 具体例析

在书中"省略算"❶的部分，主要用于小数的应用练习，在很多情况下要考虑小数的位数问题。对于一些钱币交易、造屋制衣等简单的生活问题，使用到的小数位数一般不会超过三位小数，但有些实际问题却要使用更多位数的小数来计算，如计算田地、货币交换等要用到小数第五、六位，使用到圆周率的则可想而知，而事实上，即使是辛苦地计算出来最终结果，往往也使用不到那么多位数的小数，因此，有必要进行省略算。对于省略算，一方面要节省计算时间，另一方面还要不妨碍结果的准确。那么对于省略算的加减乘除也有其各自的方法。如图 4–13 所示，省略加法，要求算到小数第三位❷：

```
      普通加法              省略加法

      4.632|7952            4.632|79
      5.324|1623            5.324|16
      3.173|8961            3.173|89
      4.562|393             4.562|39
      3.971|78              3.971|78
     ─────────            ─────────
     21.665|0266           21.665|
```

图 4–13 省略加法的计算

"照上面的例对照一下，就可以知道省略加法和普通加法不同的地方，只要照要用的小数位，多截二位，另外都弃掉不算；这多截的二位，一样照

---

❶ 骆师曾. 复兴初级中学教科书算术（上册）[M]. 上海：商务印书馆, 1933：62.

❷ 骆师曾. 复兴初级中学教科书算术（上册）[M]. 上海：商务印书馆, 1933：64.

加，但只要心中暗算，不必写出。"这里用文字清楚地交代了省略加法的计算方法，并用具体竖式将普通加法和省略加法对比在一起，直观地展示出省略加法的计算方法，同时看到其结果的准确。

那么对于省略减法[1]，如图 4-14 所示（图为算到小数第三位），其方法是只要按照要用的小数位截位，另外都弃掉不算，而如果弃掉的第一位被减数比减数小，那么该多截一位，但也只要暗算，不需写出。

例一：普通减法　　　　　　省略减法

```
  7.058|7214          7.058
  3.971|4562          3.971
  ─────────          ─────
  3.087|2652          3.087
```

例二：普通减法　　　　　　省略减法

```
  4.562|1431          4.562|1
  2.174|8062          2.174|8
  ─────────          ───────
  2.387|3369          2.387
```

图 4-14　省略减法的计算

而对于省略乘法[2]的计算如图 4-15 所示（图为要求计算结果到小数第二位）。（A）式为普通乘法，到（B）式是从乘数左边的数字乘起，（C）式为省略乘法，它和（B）式列法相通，先写被乘数，照要用的小数位多截二位，就在所截的末位下面写乘数的个位，但要把乘数的次序颠倒，这样就可以从右侧开始计算，然后用乘数各位同上面对着的被乘数向左乘起，右边的被乘数弃掉，如图中（C）式各部分积所示，但如舍弃的第一位需进位，还要并入积中，就这样乘完再将各行相加，弃掉右边多截的二位后便得出最终的积。

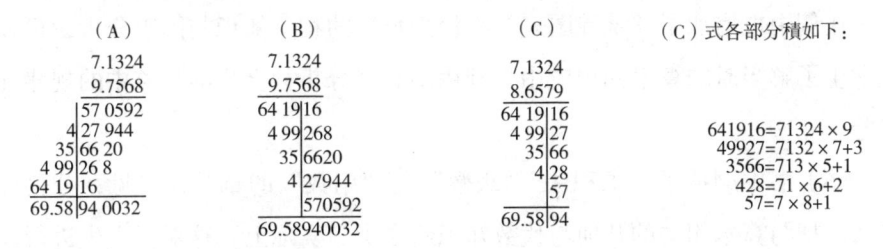

```
     (A)              (B)              (C)         (C)式各部分积如下：
    7.1324           7.1324           7.1324
    9.7568           9.7568           8.6579
   ───────         ─────────        ─────────
    57 0592         64 19 16         64 19|16      641916=71324×9
   4 27 944         4 99 268         4 99|27       49927=7132×7+3
   35 66 20         35 6620          35|66         3566=713×5+1
  4 99 26 8         4 27944          4|28          428=71×6+2
  64 19 16           570592            |57         57=7×8+1
 ─────────         ─────────        ─────────
 69.58 94 0032     69.58940032      69.58|94
```

图 4-15　省略乘法的计算

---

[1] 骆师曾.复兴初级中学教科书算术（上册）[M].上海：商务印书馆，1933：65.

[2] 骆师曾.复兴初级中学教科书算术（上册）[M].上海：商务印书馆，1933：66-67.

省略算的学习确实使多位的小数计算变得简单，在实际生活应用当中十分得力，但它也有它的计算方法，若有不慎，将会得到错误的结果，尤其是省略乘法的计算，因此，只有在熟练掌握省略算的计算方法后，才能更加有效地将其运用。省略算在当时的教科书中的呈现及学习，对于学生学习小数计算，甚至是所有的计算来说，无疑是"另一种"计算方法，而不局限于常规的计算方法，可以开拓学生的思维。

4.3.4.5 特点分析

（1）内容更加简洁明了，用最通俗易懂的语言表述算术概念、定理。

（2）经过了民国前期的酝酿与积累，此时的许多名词术语及概念表述与现行的已无差别，如除法的表示方法与现在便完全一致。但是，有时过于简洁，对学生的启发性又显不足，不能让学生理解更深的含义，促进知识间的互通。

（3）书中没有把概念加粗，也没有在定理下加下画线，而是把有些地名、人名、姓氏加了较细的下画线。

（4）利息一章中出现了"合作社"，这是以前没有的，突出了教科书联系当时社会实际的优点。

（5）在讲"比"时，讲了"比与除法""比与分数"，突出了概念之间的联系与区别，有助于学生在知识间的联系中更加牢固地掌握所学知识点。此外，比例中增设了一个"量树法"的知识点，这是比例的一个应用，通过比例关系阐释了大树的测量原理，使学生可以很快把知识应用到实际生活中。比例中也增加了"统计图表与物价指数"的相关知识与图表分析，可以使学生了解当时的算术知识应用，利用图表来分析社会生活现象中的规律性问题。

（6）书中删掉了"求积法""级数"与"用数"的章节，可见，分科性更强，把与算术相关的几何与代数知识删去了。实际上，这对于学生进行高年级的知识学习是不利的，因为切断了数学知识学习的连续性与相关知识的比较与联系。

4.4 小结

（1）建立"六三三"新学制，学制体系由学习日本到取法欧美。1913—1922年，中国的学制系统从照抄、模仿日本到取法欧美，发生了重大的转变。于1922年建立的"六三三"学制，又称"壬戌学制"，将小学到中学学习年限调整为小学六年、初中三年、高中三年。此学制比较彻底地摆脱了封建传统教育的束缚，实现教育重心的下移，更重视基础教育、民众教育，强调以儿童为中心，尊重儿童身心发展阶段性特点。学制较简明，又具有灵活性，因此，除在某些方面有所改动，总体框架一直延续至今。

（2）初中算术课程标准经历"混合—混合与分科并行"的过程。在"六三三"新学制的基础上，数学教学也向以美国为代表的西方混合数学教学模式转变，中国初中数学自1923年开始实行混合数学。但一方面，由于混合数学师资力量薄弱，可以从事混合数学教学的教师短缺；另一方面，因为中国一直以来都坚持分科教学，打破传统转向新的混合数学教学模式，多数学校是排斥的。到1929年，民国政府不得不取消通行混合数学的教育政策，开始实行混合与分科并行的初中数学课程标准，此课程标准一直沿用到1941年，而后又转为分科教学。可见，完全照搬西方的数学教学模式是不科学的，不具有现实可行性，终将被历史淘汰。但是也不可否认，混合数学思想在知识融合、衔接方面的进步性。

（3）初中算术教科书编写坚持混合与单科并行，呈现多元化特点。依据"六三三"新学制与"混合—混合分科"并行的数学课程标准，初中算术教科书编写坚持混合与单科并行的策略，从编写者、出版企业到教科书种类都呈现了多元化趋势，而且初中算术教科书编写、出版达到了民国时期的高峰。首先，教科书编写者有40多位，既有大中小学教师，也有著名的教科书编辑者，其中也有留学经历的学者。其次，教科书出版企业有20余家，其中创办于1917年的世界书局与商务印书馆、中华书局展开了全面竞争，在初中算术教科书出版方面分居前三位。老牌出版企业如商务印书馆、中华书局等编辑出版的教科书质量是可以保证的，但是一些经验不足、出版条件差的出版企业编辑出版的教科书质量就差强人意了，可见，初中算术教科书编辑出版的多元化是既有利也有弊的。最后，由于这一时期课程标准的多样化，初中算术教科书的种类也是丰富多样的。其中初中混合数学教科书4种，单科算术教科书36种，这对于中学校来说教科书选择范围广，适应多种需求是很好的，但是种类太多又不知选择哪一种更合适，却是令学校教师头疼的事情。

（4）初中算术教科书的内容凸显各科知识的衔接与融合。首先，混合数学不是简单地将算术、代数、几何和三角内容交错设置和编排，而是尽可能地找到它们内在联系并将它们融合在一起。那么混合数学教科书在算术部分便融入了几何、代数的观念，用几何、代数方法表述算术内容，其他分支之间的融合也如此。其次，分科初中算术教科书虽然不像混合数学那样将各科知识巧妙融合，但是也十分注重各科知识的相互衔接渗透，数形结合思想是最普遍的指导思想。

（5）初中混合数学教科书中融入数学史内容。初中混合数学教科书中编排数学家小传及肖像，同时也根据内容适当地融入数学史内容。借此引起学生崇拜学者的观念，立高尚的志向，同时也可知道一些算学发达的历史。其中每一部分数学史的融入都有一定的根据，具体依据每一册主要内容编排相关数学家的史料性介绍。但是，教科书中对西方数学家的介绍远远多于中国数学家，这是令人遗憾的。因为我们知道，中国古代许多著名的算学家的数学成就都与初中算术有密切关系。

第5章　1937—1949年中国初中算术教科书

5.1 民国后期历史背景

抗战时期，中国处于水深火热的战乱社会，人民灾难深重，物质资源紧缺，教育条件艰苦。学制依然采用"六三三"制。1940年，教育部颁布《六年一贯制中学课程标准草案》。设立一贯制中学的主要目的是能从严选拔学生和采用连续一贯的课程编排方式，提高学科程度，加快人才培养，为高等学校输送高质量的人才。但试验并不成功，未能予以推广。在中学制度上的重要变更，一是设立国立中学，二是推行中学分区制。抗战爆发以后，为了救济和收容战区撤退的公私立中学教师和学生，国民政府在后方设立了部分临时国立中学，随着流亡后方中学师生的增加，为了规范有关中学，教育部于1938年2月颁布《国立中学暂行规程》，取消校名中的"临时"字样，次年3月，又公布《修正国立中学暂行规程》，规定用数字命名各国立中学，如"国立第一中学""国立第二中学"等。至1944年，共创立国立中学34所，其对中等教育发展和人才培养起到了促进作用。抗战胜利后，全国教育善后会议议决中学仍以地方办理为原则，国立中学相继复员。为使中等教育在各地方均衡发展，实行分区设立中学，为抗战建国培养所需人才。所学课程以实用为主，删减不合实用、不合国情与新民主主义精神方针之课程教材。

虽然中国在1937—1949年政局动荡，各大出版企业均在不同程度上遭受破坏，然而初中算术教科书建设并没有因此而衰落。众多数学教育工作者、教科书出版企业积极组织编写、出版算术教科书，使得算术教科书建设在相对困难的条件下依然稳步前进。

5.2 初中算术教科书发展概况

5.2.1 数学教育制度

5.2.1.1 数学课程标准的演进

1936年《初级中学算学课程标准》实施一年后，即爆发了抗日战争。由于战时社会状况改变，学生学习时间、内容均需调整，经第三次全国教育会议决议，修正初中数学科目及授课时数表，并征询意见，于1940年2月完成数学课程标准修改，次年5月颁布实施。该课程标准中规定数学各门课程的授课时数如表5–1所示。至此，取消混合数学，结束了混合与单科并行的数学课程制度。

表5–1　1941年《修正初级中学数学课程标准》中各门课程时间支配表

学程	第一学年		第二学年		第三学年	
	第一学期	第二学期	第一学期	第二学期	第一学期	第二学期
算术	3	3				
代数			2	2	2	2
几何			2（实验几何）	2	2	2

由表5–1可知，初中算术在第一学年学习，之后的两年主要学习代数、几何，初中算术也是学习初中代数和几何的基础，是承接小学和初中的重要学科。

1941年《修正初级中学数学课程标准》"实施方法概要"总论中规定，数学思想方法上注重数与形的结合；教学方法上基于学生心理发展的特点；尽量与学生的生活实际相联系；渗透数学史知识，展示相关数学知识发生发展的过程，激发学生学习数学的兴趣。

1941年颁布的《六年制中学数学课程标准草案》要旨为：课程目标专为升学准备；各种学科不分主次，均衡发展；各科全部课程，均采一贯之编配；国文、数学、外国语等基本学科要求熟练，其余各科达标即可。其中数学课程的教学时间分配表，如表5-2所示。

表5-2　1941年《六年制中学数学课程标准草案》中各门课程时间支配表

学程	第一学年		第二学年		第三学年		第四学年		第五学年		第六学年	
	一	二	一	二	一	二	一	二	一	二	一	二
算术	4	4										
代数			4	4	2	2	2	2	2			
平面几何					2	2	2	2	3			
立体几何										1		
三角									2	2		
解析几何											3	5

1948年颁布《修订初级中学数学课程标准》，规定选修时数，减少每周教学时数，修改教材内容。其中，数学课程每周的授课时数，如表5-3所示。

表5-3　1948年《修订初级中学数学课程标准》各门课程时间支配表

学程	第一学年		第二学年		第三学年	
	第一学期	第二学期	第一学期	第二学期	第一学期	第二学期
算术	3	1				
代数		2	3	2	1	
几何				1	2	3

由表5-3可知，在1948年的《修订初级中学数学课程标准》中初中算术课时安排较少，第一学年第一学期课时较多为3课时，第二学期仅安排了1课时，第二、三学年则以代数、几何课程为主了。实施方法要求仍注重以计算为中心，各科间之融合及数与形的结合，强调内容的实用性。1948年，教育部又修订了一次中小学课程标准，于1949年初颁订，称作《中学课程标准总纲》。由于当时已是中华人民共和国成立前夕，它对编写教科书和学校教学已无丝毫作用了。

这一时期颁布的三个数学课程标准均是对 1936 年数学课标的修正、修订或借鉴，三者既有联系又有区别，以下作一比较，分析为适应当时时事发展数学课程标准有何变化，为教科书的编写提供了哪些依据。主要对三个课程标准中算术内容从目标、时间支配、教材大纲、教法要点等几方面进行综合比较，如表 5-4 所示。

表 5-4 1937—1949 年间初中算术课程标准比较

学制名称	1941 年《修正初级中学数学课程标准》	1941 年《六年制中学数学课程标准草案》	1948 年《修订初级中学数学课程标准》
目标	（壹）使学生了解形与数之性质及关系，并知运算之理由与方法。 （贰）供给学生日常生活中数学之知识，及研究自然环境中数量问题之工具。 （叁）训练学生关于计算及作图之技能，养成计算准确迅速，作图精密整洁之习惯。 （肆）培养学生分析能力、归纳方法、函数观念及探讨精神。 （伍）使学生明了数学之功用，并欣赏其立法之精，应用之博，以启发向上搜讨之兴趣	（壹）介绍学生形象与数量之基本观念，使能了解其性质，及二者之关系，并明了运算之理由与法则，及各分科呼应一贯之原理，而确立普通数学教育之基础。 （贰）供给学生解决日常生活中数量问题之工具，及研究各学科所必需之数理知识，以充实其考验自然及社会现象之能力。 （叁）训练学生计算及作图之技能，使能纯熟而准确，精密而敏捷。 （肆）注意启发学生之科学精神，养成学生函数观念。 （伍）提示学生说明推证之方式，更于理论之深入与其应用之广，务使成平行之发展，俾学生能知数学本身之价值，并欣赏其立法之精微，效力之宏大，以启发其向上探讨及不断努力之志趣	一、了解形与数之性质及关系，并知运算之原则与方法。 二、供给日常生活中数学之知识，及研究自然环境中数量问题。 三、训练关于计算测量之工具及作图之技能，有计算准确迅速及精密整洁之习惯。 四、培养以简御繁以已知推未知之能力
时间支配	第一年学，每周 3 学时	第一学年，每周 4 学时	第一学年，第一学期每周 3 学时，第二学期每周 1 学时
教材大纲	（1）记数法及命数法。 （2）整数四则及应用题。 （3）速算法。 （4）复名数及应用题。 （5）约数及倍数，因数，素数。 （6）最大公约数，最小公倍数。 （7）分数四则及应用题。 （8）小数四则及应用题。	（1）记数法及命数法。 （2）整数四则及应用题。 （3）速算法。 （4）复名数及应用题。 （5）约数及倍数、因数、素数。 （6）最大公约数，最小公倍数。 （7）分数四则及应用题。 （8）小数四则及应用题。	（1）记数法及命数法。 （2）整数四则（避免繁难问题）。 （3）速算法。 （4）复名数。 （5）约数及倍数，因数，素数。 （6）最大公约数，最小公倍数。 （7）分数四则。 （8）小数四则。 （9）近似算（亦称省略算）。 （10）比例。

续表

学制名称	1941年《修正初级中学数学课程标准》	1941年《六年制中学数学课程标准草案》	1948年《修订初级中学数学课程标准》
教材大纲	(9)近似算(亦称省略算)。 (10)比例及应用题。 (11)百分法及应用题。 (12)利息算法及应用题。 (13)开方及应用题。 (14)各种几何形之面积及体积。 (15)统计图表及方法	(9)近似算(亦名省略算)。 (10)比例及应用题。 (11)百分法及应用题。 (12)利息算法及应用题。 (13)开方及应用题。 (14)统计图表。 (15)统计大意(如平均数及物价指数等问题	(11)百分法。 (12)利息(复利用检表法)。 (13)开方法(利用检表法)。 (14)统计图表及方法
教法要点	(1)继续小学算术使学生明白原理。 (2)继续练习计算,注重准确及迅速。 (3)注重速算法及省略算法。 (4)多解实际问题,尤须适合国情。 (5)注重得数之复验,使学生对于得数有把握。 (6)养成布式有序,写录整洁诸习惯	(1)学习算术,应具有三种技能。一曰计算迅速,一曰方法巧妙,一曰结果精确。而方法是否巧妙,则视平日练习之纯熟与否而定,故教算术者,应令学生注意下列各项: (甲)练习心算。(乙)娴熟速算法及近似算法,并明了精确度之意义。(丙)尽量应用数表,如素数表、因数表、方根表、复利表等。 (2)为制备各项应用问题,须尽量搜集日常生活之题材,并利用各项调查报告及统计图表,尤须注意各项应用问题解法之说明,以免学生有呆用公式,生吞活剥之弊。 (3)复名数之相互关系、计算方式,宜有详明之比较及适当之运用。 (4)算术中可采用浅易之代数法,如以字母代数及记述公式(如利息等),固足减少算术困难,亦可藉以输入代数观念	(1)算术中应采简易之代数,如以字代数字,记述公式(如利息等),不但便于记忆,且能预先灌输代数观念,但不得运用较繁之文字式。 (2)运算技能,贵能纯熟敏捷,故应注意:(甲)娴熟近似计算,明了精确度之意义,(乙)练习心算,练习计算机之应用,(丙)尽量应用数表,如乘方表、方根表、复利表各种单位换算表等。 (3)度量衡器具及其他教具,应充分使学生观察与使用

由表5-4可知,从目标维度分析,1941年《修正初级中学数学课程标准》(简称《修正课标》)与1948年《修订初级中学数学课程标准》(简称《修订课标》)力求简洁,且内容基本相同,后者更简,缺乏"培养函数观念"及"启发数学学习兴趣"的目标。1941年《六年制中学数学课程标准草案》(简称《六年制课标》)内容相对全面,描述详细,具有培养函数观念、启发学生学习志趣的目标。在时间支配上,《六年制课标》中算术课教授时间略长,而《修订课标》教授时间略短,《修正课标》教授时间介于两者之

间，均是在第一学年教授。从教材大纲来看，《修正课标》与《六年制课标》比较，整体要求基本相同，只是前者多了"各种几何形之面积及体积"，没有"统计大意"，后者把统计图表与统计大意分开来教，而《修订课标》中，整数、复名数、分数、小数、比例、百分法等大纲中没有应用题的要求，而且没有列出"各种几何形之面积及体积"及统计大意。教法要点方面，要求不尽相同，各有重点。其中《修正课标》中要求学生明白初中算术原理，但没有具体叙述原理，强调注重速算法及省略算法，要求多解实际问题，注重得数之复验，但是没有提及代数。《六年制课标》对原理要求进行了详细叙述，强调尽量收集日常生活之题材，并利用调查报告、统计数表，注意问题解法之说明；重视复名数之间关系，算术中渗透代数观念，运用简易代数法。《修订课标》同样强调算术中应采简易之代数；注重近似算，练习计算之应用，各种单位换算表的应用，强调简捷实用。总体分析，《六年制课标》更翔实具体，《修订课标》在《修正课标》的基础上更强调简捷实用。

5.2.1.2 初中算术教科书的审定

早在1932年1月28日深夜11时❶，日本空军轰炸了上海商务印书馆的总部后，教科书出版受到重挫。1937年抗战全面爆发，国民政府借机取消了教科书审定制，采用部编制。国立编译馆自1937年以后执行教科书编审工作职能，一直持续到1949年中华人民共和国成立。南京政府教育部编审会、（伪）教育总署编审会于1940年前后自编、自审、自己出版了一系列教科书，对教科书编辑出版的自由竞争与发展是不利的。1941年，中国正式实行教科书国定制，教科书采用国定本。"国定本即为教育部命令所属的国立编译馆，按照中小学校的全部科目，编成一整套的教科书，通过所属的教育图书审查委员会审定。"❷ 比较之前的部编制有一定的进步性。

---

❶ 商务印书馆善后办事处.上海商务印书馆被毁记[M].北京：商务印书馆，2016：出版说明.

❷ 李春兰.清末民国时期的数学教科书[A].见：丘成桐，杨乐，季理真.数学与教育[M].北京：高等教育出版社，2011：105-106.

1943年4月，国民政府教育部为了推行国定本教科书，成立国定中小学教科书七家联合供应处，简称"七联处"。七家出版企业分别为：正中书局、商务印书馆、中华书局、世界书局、大东书局、开明书店、文通书局，专门印刷、发行国立编译馆主编的国定中小学教科书。1946年又组成"十一联"，分占国定本教科书的印刷与发行。至1947年7月，国定本教科书印刷发行权开放，各出版机构均可申请印行国定本教科书。

5.2.2 初中算术教科书概述

1937—1949年国家处于抗日战争与解放战争的动荡时期，物资短缺，教科书的出版条件简陋，因而初中算术教科书的编纂数量大幅下降，沿用民国中期较多，编写体系更注重战时实际需要，学科体系不一定完整。这一时期没有出现像民国中期"复兴教科书"那样体系完整、影响力大的教科书，而是一部分沿用民国中期使用较广的初中算术教科书，例如，《复兴初级中学教科书算术》（骆师曾，商务印书馆，1933年初版）一直使用到1949年；《初中算术》（陆子芬、孙振宪、石濂水，中华书局，1933年初版）至1947年仍被使用；《实验初中算术》（张幼虹，正中书局，1934年初版）一直使用到1948年等。另一部分是编辑者与出版者在当时各方面条件非常困难的状况下，坚持文化传承传播的理想，适应战时学校需要出版发行的初中算术教科书，如《建国教科书初级中学算术》（余信符、汪桂荣，商务印书馆，1938年初版）、《新编初中算术》（魏怀谦，中华书局，1941年初版）等。以下整理1937—1949年出版的国人自编初中算术教科书（表5-5），以此反映这一时期初中算术教科书的发展状况。

表5-5　1937—1949年部分初中算术教科书概览

序号	书名	著者	出版者	年份	备注
1	修正课程标准算术	徐谷生	上海：艺文书社	1937	1937年3月第二一版
2	初中算术	张伯丞	北平：北京燕北理科教育研究社	1937	1937年7月版
3	国防算术	程宽沼	长沙：商务印书馆	1937	1937年10月初版，1938年4月三版

续表

序号	书名	著者	出版者	年份	备注
4	初中新算术	蔡泽安	上海：世界书局	1938	1937年6月初版，1938年5月新四版
5	开明算学教本算术	周为群，刘薰宇，章克标，仲光然	上海：开明书店	1938	1929年7月初版，1938年5月第二版
6	建国教科书初级中学算术	余信符，汪桂荣	上海：正中书局	1938	1938年7月初版，1944年4月赣四十一版
7	修正短期算术课本	初等教育研究会	北平：华北书局	1938	1938年
8	初中算术	毛季敏，顾序东	上海：大时代书局	1938	1938年第二版
9	初中算术教本	刘薰宇，孙瀚，张志渊	上海：开明书店	1939	1939年7月初版
10	初中算术	教育总署编审会	北京：教育总署编审会	1939	1939年8月初版
11	新编初中算术	魏怀谦	上海：中华书局	1941	1941年4月初版，1947年4月二五版
12	初中算术	陈文	上海：中国科学图书仪器公司	1941	1941年6月初版
13	实验初中算术	张幼虹	上海：建国书局	1941	1934年8月初版，1941年第七版
14	算术	刘靖宇	沁源：华北新华书店	1942	1942年5月版
15	初中算术	陆子芬，孙振宪，石濂水	上海：中华书局	1944	1933年6月初版，1944年3月版
16	初中算术	胶东中等学校数学教材编审会	不详	1944	1944年5月
17	新中国教科书初级中学算术	汪桂荣，余信符	南京：正中书局	1944	1944年8月初版
18	开明新编初中算术教本	夏承法，叶至善	上海：开明书店	1946	1946年8月初版
19	初中算术	甘源淹，余介石	上海：北新书局	1946	1946年版
20	新修正标准初中算术	薛元鹤，戴味青	上海：大东书局	1946	1946年版
21	中学临时教材初中算术	不详	不详	1947	1947年7月初版
22	复兴初级中学教科书算术	骆师曾	上海：商务印书馆	1948	1933年5月初版，1949年第二四一版
23	算术[修订本]	余介石	上海：商务印书馆	1948	1948年7月修订版
24	初级中学算术	蔡德注	上海：中华书局	1948	1948年8月初版

续表

序号	书名	著者	出版者	年份	备注
25	中国科学教科书初中算术	余介石等	上海：中国科学图书仪器公司	1948	1948年9月—1949年2月初版
26	算术	史佐民，魏群	冀中邯郸：华北新华书店	1948	1948年9月初版
27	初级中学教科书易进算术	郁祖同	上海：易进出版社	1948	1948年版
28	初中临时教材算术	丁江，颜泗南，徐宣，朱德让	沈阳：东北书店	1949	1947年7月初版 1949年5月版

由表5-5可知，这一时期使用的初中算术教科书在1937—1949年初版及再版的数量约各占一半。这一时期国人自编初中算术教科书至少有28种。从出版企业来看，商务印书馆、中华书局、开明书店各3种，正中书局、中国科学图书仪器公司、华北新华书店各2种，世界书局、建国书局、东北书店、教育总署编审会、北京燕北理科教育研究社、华北书局、艺文书社、大时代书局、北新书局、大东书局、易进出版社等各1种。从初中算术教科书出版的情况来看，以商务印书馆、开明书店和中华书局、正中书局、中国科学图书仪器公司、华北新华书店六家相对占优势。从再版次数来看，1937—1949年较为流行的初中算术教科书有：商务印书馆的《复兴初级中学教科书算术》《初级中学算术》和《国防算术》，中华书局的《新编初中算术》，开明书店的《开明新编初中算术教本》。建国书局的《实验初中算术》等。

总的来看，初中算术教科书出版量有所下降。新出版的教科书比起民国中期下降不少，初版与再版初中算术教科书数量相当。但是，在当时战争困难时期仍然坚持编辑出版初中算术教科书，体现了当时国人的一种责任担当。

5.2.2.1 商务印书馆出版的初中算术教科书

这一时期商务印书馆出版的初中算术教科书主要有以下两种：

（1）《复兴初级中学教科书算术》：由骆师曾编著，上海商务印书馆出版，1933年5月初版，1948年7月修订1版，全二册。民国中后期一直沿用，成为当时流行的初中算术教科书之一。此书已于第4章详细论述，在此不赘述了。

（2）《国防算术》：程宽沼编著，长沙商务印刷馆出版，中华民国二十六年十月初版，中华民国二十七年四月三版（图5-1）。此书分上、下两册，适用于高小初中补习，共十六章。在本书自序中标明了编写此书的背景、目的及算术对于儿童思维训练以及国防常识掌握的意义重大。具体如下：

图5-1　商务印书馆《国防算术》

我国自鸦片战争以迄于今，饱受帝国主义的压迫与凌辱。河山破碎，疮痍满目，言之真令人痛心。究其原因，实由于过去人民总是苟且偷安，自私自利，徒顾小我，没有国家观念，终至民族精神萎靡，民族意志消沉，我们今后欲打破民族危机，救亡图存，最根本的办法，要赶快把握现代的新国民——趁他们富于可塑性的时期，充分予以国防的训练，使每个儿童都有丰富的国防学识，从而激起他们爱国雪耻的思想，和实践的志愿，那便是国防教育的适合时代性。

在德国，做父母的常常在家里教他们的儿子，应该如何爱国家爱民族，孩子们的日常玩具，大都含有国防观念的重大意志。在苏俄，儿童玩具，都是国防的工具模型。日本儿童的父母与教师最努力的就是教孩子们要如何"忠君爱国"。总之，他们是在想出种种方法，激起儿童爱国家爱民族的思想，并养成他们国防应用上的技能，可见儿童关系国家民族的深切。在国防空虚民族危机一天深刻一天的今日的我们，国防教育的实施，诚然是刻不容缓的了。

……

本书取材，以儿童为本位，纵的方面，包括着上自欧洲大战，下至前近的国防常识与逐渐进步的情形。横的方面，包括着各帝国主义的军备竞争与未来的动向。

本书各单元，各叙述以简单而容易明了的事实，各问题各自成一个段落，前后一贯时，儿童易于分别计算。

本书计算的数字，都有所根据，问题力求自然而有兴趣，可以帮助儿童事实的想象。

书中主要内容包括：欧洲大战经济上的损失（万到万万各数目的认识、记数法、读数法、整数四则的应用）、农业与国防（两钱分厘的应用、十进复名数和小数的关系）、国防与航空（非十进复名数的加减乘除练习、非十进复名数的化法等）、气象与防空（小数加减乘除的练习、小数整数的四则应用题等）、各国陆军实力的发展（百分法、求母子差等）、几种重要毒气的性状和效用（分数和小数的关系、分数化有限小数等）、毒气的使用量与给风力飞散的时间（分数化复名数、复名数化分数等）、爆炸物（分数和成分的计算等）、化学武器的发展（分数四则等）、毒气的攻击与防御（度量衡公制等）、航空路与空军的攻击（外国度量衡制等）、列强的国债额与军事预算（外国货币制等）、列强的海军竞争（统计图表等）、防空枪炮（和差问题）、高射炮射击的效力（倍数问题）、战费的发展（总复习）、答案。

此书注重以儿童为本位，题目取材上至欧洲大战，下至当时的国防常识。目录框架按国防常识排列，在国防常识标题下列出算式学习的知识点，但题型较单一，有丰富的实物图片，有利于知识的记忆。此书遵照课程标准，尽可能以最佳方式把国防常识与算术知识相结合，既可以锻炼儿童思维，激发爱国情感，又可使其掌握国防知识，热爱国家，奋起抗争。但是国防的标题与算术标题结合不是很好，正文与标题标注区分不明显。练习题除了学习数学知识，还交代了一些历史事实。

5.2.2.2 中华书局出版的初中算术教科书

这一时期中华书局出版的初中算术教科书主要有以下两种：

（1）《新编初中算术》：魏怀谦编著，上海中华书局出版，1941年4月初版，1947年4月二五版（图5-2）。此书依照民国二十五年教育部公布初中算术课程标准编辑。此书特点有二：其一，关于解题之方法，思考之运用，条分缕析，循序渐进，务使学者得其门径；其二，关于定律、定理、算法、解题，都利用作图与事实说明，俾学者易于了解。此书共十一编，四十三章，书末有附录：所得税暂行条例及中西名词对照表，为当时例习题的计算及中外研究者提供方便。

（2）《初中算术》：陆子芬，孙振宪，石濂水编著，上海中华书局出版，1933年6月初版，1944年3月版（图5-3）。此书上、下两册，共十章，主要内容有：基本运算、整数、分数、小数、复名数、开方、比同比例、百分同利息、量法、统计图表。此书是按照教育部颁布的初级中学课程标准编辑，书中的各种算法，都由研究问题出发，逐步用归纳法进行，依自然次序获得算法法则，之后举例说明本法则的应用，极易养成学生推理的习惯。在基本运算里由四则运算律和定理逐步推出各种速算法，层次井然，应用便利；由多位小数运算自然引出省略算；复名数的计算采取与物理、工程相一致的计算方法，更为实用；为明了社会团体事业及生活的趋势，将统计图表列为专章。书中习题排列匀称，可使学生随时有做题的机会，选择详慎，可帮助学生了解算法理论，并广列日常的实际问题，引起学生学算的兴趣。章末习题与书末总复习题可帮助学生反复练习。

图 5-2　中华书局《新编初中算术》　　图 5-3　中华书局《初中算术》

5.2.2.3　开明书店出版的初中算术教科书

这一时期开明书店出版的初中算术教科书主要有以下两种：

（1）《开明算学教本算术》：周为群、刘薰宇、章克标、仲光然合编，上海开明书店出版，1929年7月初版，1938年5月第二版（图5-4）。此书共两册，上册共七章，主要内容分别为：命数法与记数法、四则复习三大定律，几个定理、括号使用法、小数、指数、简捷算法、近似值求法，简单图形、常用作图法，复名数，应用问题解法指导，因数、质数、最大公约数、最小公倍数；下册共八章，主要内容为：分数，循环小数，开平方与开立方，求积法，比与比例，百分法，利息，常用统计图表，最后是附录：算术级数与几何级数。此书作者基于多年教学经验，就教学中的困难及其他教科书中的不尽如人意之处进行了深入思考，联合编写了这本算术教科书。编著者在编写时，注重了教科书的容易教容易学及教学效率高，曾调查参考多种他国教科书，并考察了国内当时教育状况，慎重地编辑出来的。全书三部，可供初级中学三年之用，不取混合的形式，因为算学原是一个系统，算术、代数、几何、三角即便不混合，也是互相关联的。而且想到了用混合制，中途还要更换书本，极不方便。算术是一切算学的基础，所以在第一学年专教算术，第二、三学年并授代数、几何，第三学年更略教三角。分量按照算术8，代数10，几何10的比例。各书均力求浅显，抛弃一切繁冗而寡要的理论，专注于如何把握住算学的核心，这是编辑方面的共通要点。要在算学上熟练，练习是不能轻忽的，书中特多设问题，使学者有充分的练习。此书在许多地方留有余地，使教师可以不受书本的束缚，灵活发挥运用。

　　此外，此书虽名为教本，实则注重学生自习，故说理力求透彻，举例力求详尽，习题力求丰富，教师只须指示大概，学生即可按书求进。小学毕业生虽曾学过算术，但究不完全；此书取材一面注重复习，而在复习中又有

图 5-4　开明书店　《开明算学教本算术》

提高的意向，一面用适当方法插入一些代数、几何知识，为学习代数、几何的预备。此书开始只重在四则复习，列若干加减乘除的习题，不同于一般的算术教科书，开始是命数法、记数法、加法、减法等，因为那些方法学生在小学时早已习得。书中将交换、结合、分配三大定律着重讲解，因其特别重

要；而对于分配律的还原法尤加注意，因其可作代数上分括因数的先导。简捷算法，颇能开发学生活用定理的能力，故亦加详论。第四章编排简单图形、常用作图法，是给学生以一些几何知识，学生学习后一定会感到无穷的趣味；照顺序说，学生必须先有图形的知识，才能明了复名数里的长度、容量、重量、面积、体积……的意义，才能约略懂得以后的求积法。因而此书第五章安排了复名数，在这一章里很注意通法、命法和化法，而对于化法尤为重视，说得详明。算学固有实用上的价值，但在中等教育上，其重要价值反在锻炼思想，故将第六章特定为应用问题解法指导，在以后各章中，对于较难的问题，亦详为指导，教以如何着想，如何推究，如何布算，培养学生深刻、精密分析的思维。第八章编排分数、分数的概念、分数的四则、分数的应用等内容，学生都不易了解，视为畏途，此书不惮反复例示，详为说明，务使学生对于分数上所感困难，尽行解除。编者对于比例一章，费力讲解，就中对于连锁法、配分法、混合法，特加以透彻的解释。统计图表，很有实用，故曾举例详说，学生得益必多。算术级数与几何级数编入附录，时间有余，可以教授。

（2）《开明新编初中算术教本》：夏承法、叶至善编辑，上海开明书店出版，中华民国三十五年八月初版，中华民国三十五年十二月再版，共2册，主要内容包括导论、整数四则、四则应用问题指导、速算法、复名数、整数的性质、分数、小数、比例、百分法、利息等。这部教本完全遵照民国三十年教育部颁布的修正初级中学数学课程标准中算术部分的要求编辑，力求与小学算术相衔接，使学生明白各种计算方法的原理，同时对于小学算术作适当的复习。书中所举的例题力求详尽，并用简短的算式逐步将解法说明，使学生养成有条不紊的思考习惯。四则应用问题分量上较多，希望从各方面培养学生的思考能力。对于比例问题的运算，不拘泥于形式，随时插入一些理论，使学生更深切地明白运算的原理。对于百分法和利息算特别加详，因为这些在商业上应用极多，一般人日常生活上也经常需用。一些计算方法的原理，在代数和几何教本中有很清晰的说明，但用算术方法说明时，往往不易使学生理解，因而书中只说明方法而把原理部分略去。

5.2.2.4 其他出版企业出版的初中算术教科书

1937—1949 年，除商务印书馆、中华书局和开明书店外，建国书局、世界书局等出版企业也出版了许多质量高、适应当时社会儿童需要的初中算术教科书。

（1）《初中新算术》：蔡泽安编著，上海世界书局出版，中华民国二十六年六月初版，全二册，内容包括：绪论、整数四则、四则应用题解法、整数性质、分数、小数、复名数、比和比例、百分法、利息、开方、统计图表、附录（省略算），共十二章加一附录。此书依据民国二十五年教育部公布的修正初级中学算学课程标准编辑，根据儿童心理每讲一法，先用例引导，使学生明白事实，然后再述一般的方法。对于简单的运算规则不印入书中，在应印规则的地方留下空白，先使学生练习与规则有关的问题，再由所习问题推出结论，然后由教师订正填入。因此各经一番思索，聪颖者得以养成推断的能力，而资质稍差者，亦得以明白规则的由来，从而有深刻的印象。总练习题分 A、B 两种，A 平易、B 较难，学习程度不同的学生选择适合自己的题型练习。总之，此书注重因材施教，循序渐进，尊重儿童身心发展规律。以本国知识为基础适当引入少量外国知识，并为自学者提供方便。

（2）《初中算术》：胶东中等学校数学教材编审会编辑，大约 1944 年 5 月出版。上册内容包括：四则复习 三大定律、几个定理括号使用法、小数指数 简捷算法、复名数、应用问题解法指导、因数 质数 最大公约数 最小公倍数。此书根据 1943 年 5 月升学教材编审会的讨论，多年来试教的经验及 1944 年春所召集的几校教学教员讨论会，决定以开明算学教本为蓝本，除了删去简易作图法和复利息两章还有一些万国度量衡表以外，差不多算完全的翻印出来。各校采用时，编审会的意见是：习题可选做，尽量增添些实用算题，例如丈量地亩、计算公粮等。

（3）《中学临时教材初中算术》：编著者不详，出版社不详，中华民国三十六年七月初版。此书概念讲解简单，例习题少，只叙述核心概念，没有具体的解释，有时概念可能不是很准确。如：分数的含义"等分一单位为 a

份，则表示一量等于其 b 份的数，叫作分数，写作 $\frac{b}{a}$ 或 b/a，a 叫作分母，b 叫作分子"。这个分数的定义就不是很准确，没有很好体现出 a 与 b 的关系。书中多数定理为直接写出，并无推理过程。这可能与当时社会不稳定，要求在短时间内掌握核心知识有关。

（4）《初级中学教科书易进算术》：郁祖同编辑，上海易进出版社，中华民国三十六年七月教育部初审核定本第一版。此书依据 1941 年修正初级中学数学课程标准编辑，分为上、下两册，上册主要包括：数的记法、整数四则、速算法、整数性质、公约数和公倍数、分数、小数、省略算法、复名数共九章内容；下册包括比及比例、百分法、利息、开方法、求积法、附录共六章内容。书中编有丰富的例习题，附有答案。此书举例多而扼要，演算与说明甚详细，可作为初中学生补充课本或自修课本。

5.3 个案分析（一）——以《实验初中算术》为例

1930 年代在中国中小学的自然科学和数学教育中实验教育思潮掀起，特别是在初中数学教育中开始实施实验教育，首先出现了实验几何教学。这种实验几何教学不是几何教学实验，而是把自然科学教育中的实验思想渗透在初中几何教育中。于是出现了实验几何教学计划及配套的实验几何教科书，实验几何教科书是相对于理论几何（亦称理解几何或证明几何）而言的。与此同时，与实验几何教科书对应地出现了实验初中算术教科书。它也可以与理论算术对应。一方面，中国数学教育从清末开始学习日本和欧美中学算术教育，而欧美算术教育 19 世纪初已经完全摆脱理论算术，也就是说，在学校基础教育中不设置理论算术知识而设置实用算术。另一方面，在很大程度上说实用算术知识的学习就是一种计算经验的学习过程，其中就蕴含着丰富的实验成分。数学中的实验可以分为外部操作的显性实验和心理内部思考的隐性的思想实验，算术学习也包括这两点。这里说明这一点的目的在于说明学校算术学习中本来就存在实验思想和过程，只不过是在1930年代实验思潮的背景下实验被提高到更重要的位置而已。在清末民国时期算术教科书即便是没有"实验"的标签，但是其中均有丰厚的实验内容，这也是学生学习算术的智力水平所决定的。1930年代与汪桂荣的《实验几何》（1935年，正中书局）同时出现了张幼虹的《实验初中算术》（上、下，上海建国书局，以下简称《算术》，图5-5），1934年初版，至1945年时已经有了第十版，在上海和江苏等教育发达地区影响很大。也可以说《算术》是当时具有代表性的初中算术教科书。民国时期著名数学教育家汪桂荣先生为《算术》写的序言充分肯定了《算术》的诸优点，具体如下：

现今算学教学趋势，关于教材之选择，在切合实用，在富有兴趣，在多含直观教材。关于教材之组织，在合于学习心理，在能用归纳方法，在多取融合主义。此外教法方面，在能引起充分兴趣，在有适宜练习，在能顾及个性差别。今阅张君幼虹本多年教学经验与研究所编之初中算术一书，觉内容组织至为适当，解说举例亦甚详尽，对于上述诸点，确能一一顾到。非特教材之选择与组织有许多独到之处；而选题之苦心排列，尤难能可贵。诚易教易学之良书也。❶

图5-5　建国书局《实验初中算术》

---

❶　张幼虹.实验初中算术（第六版）[M].上海：建国书局，1941：序言.

由于汪桂荣本人极力主张实验教学的缘故,他从教育背景、教材选择、学习心理及编写理念等方面言简意赅地高度评价了《算术》。该序言中也反映了当时实行混合数学(融合主义)教学的情况。一言以蔽之,《算术》是张幼虹基于自己的经验领悟与研究体会、数学教育改革之需要和融合主义之思想编写而成。作者"自序"中也强调了编写《算术》的想法:"编者一方面为适应新课程标准,另一方面为作改进教法之依据,乃编辑是书。先用讲义在所在学校实验一遍,考察学习者之心理;并按江苏省教育厅所订进度表,增删付印。八一三后修改重拍,就正方家,颇受沪上各校之欢迎采用。今再就实验者之意见,复详加增订,冠以实验二字,并分上下两册装订。"❶ 由"自序"中可知,张幼虹《算术》与《实验几何》不同,它不仅包括算术学习中的实验,而且也包含算术教学实验之意。

下面简要分析其编写理念、算术教学和学习的指导意义及内容特点。

5.3.1 编写理念

《算术》的编写理念体现在"注意事项""自序"和"编辑大意"中。

(1)《算术》学习的注意事项。《算术》的显著特点是之一就是交代了学习算术的听课、练习、细心与纠错、书写规范、核对答案、理解是否错误、困难面前不退缩与不耻下问、互相学习和帮助、不做学习中的"盗贼"等10条注意事项。例如:

第二条:勤演多练习题是学算学的不二法门。

这就明确告诉学生学习数学只有勤奋、踏实,否则就学不成。就像欧几里得向托勒密国王所表述那样:"学习几何学没有为国王铺设的大道。"❷

第八条:遇困难,既思索而不能解,你不要怕怯去问较好的同学,不要害怕去问担任教师。

第九条:懂的地方,有同学问你,你就要有耐心地讲给他听。既能帮助

---

❶ 张幼虹. 实验初中算术(第六版)[M]. 上海:建国书局,1941:序言.

❷ 莫里兹. 数学家言行录[M]. 南京:江苏教育出版社,1990:57.

别人，且足增加自己的熟练。

这里强调互相学习的方法，用现在使用的"合作学习"表述也不为过。

第十条：算学抄人家的练习是算学中的盗贼。给人家抄是算学中的诲盗者。千万都不要犯。

众所周知，在小学数学教学中人们经常看到，学习一般的学生抄袭同学作业，学习好的学生为了表现自己也愿意奉献自己的成果。针对这种现象，张幼虹提出了第十条注意事项。这里明确告知学生学习数学要仔细认真、诚实做人，不许弄虚作假，否则会害人害己。

（2）"编辑大意"。"编辑大意"由 7 项组成，下面列举其要义：

1. 《算术》设置了"省略算和统计大意"、各章中按应用法则设置速算法和心算练习、在开方法中设置求积法（直线形和圆面积、立体体积和勾股定理）。

2. 全书 14 章内容安排的简要说明。即第一章论数量；第二章基本四法；第三章四则杂题；第四章整数的性质；第五章分数；第六章小数；第七章省略算；第八章诸等数；第九章比及比例；第十章百分法；第十一章利息算；第十二章统计大意；第十三章开方法；第十四章求积法。

3. 《算术》学习一年，上册初一前半年，下册初一下半年，每周 4 课时。有星号（☆）为的选修。

4. 《算术》习题丰富，前面 2/3 的题目较简单，其后 1/6 的题目较难，最后 1/6 的题目最难。故教者根据学习者的情况安排作业，因材施教，不要求全体学生去做全部习题。

5. 算学教科书，一经出习题详解，则学生可以私自抄袭，教师无法督促，该书即成废物。望仁人君子幸勿为本书作详解，渔利害人……

6. 书中算学名词初见者，概附注英文，使将来研究西书，有所印证。

7. 本书编者凭多年教学经验与参考各家教本之优点编辑而成，并在编者现任学校试验后，且按采用者之意见修改付印，处处以便于教学，切合实用为主……

这里撷取几点简要分析。

首先，在第1条中，省略算和统计大意，是当时算术教育中受到重视的内容，尤其"统计大意"是属于新内容。可以从其在整个教科书中占31页之多，内容也丰富看出。另外，开方法和求积法设置在一起，主要考虑数学内部的逻辑联系，例如，就正方形、正立方体的求积问题而言，乘方和开方是互逆的运算。求积法中也设置了三角形面积、四边形面积、多边形面积、立体图形的体积和圆面积，在三角形和四边形面积的基础上进入勾股定理的学习。从不同几何图形面积知识的衔接性看，这种安排是极为科学的。但是初中数学整体角度讲，这种设置与实验几何（或分科几何教科书）的相关内容有些重复。这就要求授课教师根据实际情况灵活分配教学任务了。

其次，在第4条习题设置理念告诉我们的是《算术》遵循了因材施教理念，除照顾多数学生的需求外，同时也充分考量学有余力的学生学习诉求。以现在的语言来说，就兼顾了大众教育和精英教育。

最后，第5条主要考虑到学生的独立完成作业，实际上强调了自主学习。

这些编写理念都是站在施教者的立场上提出的。《算术》在"编辑大意"之后，也提出了"告学者"8条，实际上站在受教者的立场上重新表白了《算术》的理念，这种做法无论是从教师角度看还是从学生的角度看，充分体现了一种亲近感。

（3）《算术》引言。"告学者"之后有"引言"，其中提出"为什么要研究算学？""何谓算术？""初中算术与小学算术有何区别？""如何研究算学？"四个问题。

首先，《算术》中没有将学习和研究的概念加以区分，研究也是学习的意思。"如何研究算学？"中的研究，将学习算学的活动当作一种研究活动。这就说明，算术的学习既是一种实验活动，又是一种研究活动。这种理念具有很强的超越时代的特点，简言之，初中算术学习就是一种研究性活动。在另一层面上，作者进而论述学习算学的目的，他说："它们（现代文明利器）

都和算学具有密切的关系。简单地说，算学不但和现代文明利器有密切的关系，就是别的学科也不能完全脱离它。至于日常生活关于算学，更是日不可缺。概括一句话，为应付生活，为研究科学，均须精通算学。"❶

其次，何谓算术？算术是算学的一种。专门研究真数的计算和性质，及算术上能解的一切应用问题。何谓真数？细别之有理数、分数、小数和诸等数等。计算方法有加、减、乘、除、自乘、开方、统计7种。算术以上还有代数、几何、三角等。

再次，初中算术与小学算术有何区别？告诉学生小学算术范围小而简单，初中算术范围大而深。

最后，如何研究算学？关于这个问题在"告学者"8条中已经提及。这里再次强调三条：第一要细心预习，第二要努力练习，第三要时常温习。

总之，算术是算学根基，开始不能偷懒，不畏难，将根基打好，他日方有成就的可能。

概言之，《算术》的注意事项、序、编辑大意和引言中十分简要地提出了学习算学的目的、学习方法、学习兴趣和毅力、通过认真学习算术培养良好的习惯、坚忍不拔的毅力和诚实做人的道理。从这个意义上说，《算术》既是一部算学教科书，又是一部德育教科书。

5.3.2 主要内容及具体例析

（1）《算术》内容丰富，这里仅对统计内容作简要举例分析。统计内容不是中国传统数学内容，是19世纪末从西方传入中国。一开始中学没有统计内容，后来随着西方中学教科书的传入逐渐地在中学数学中设置统计内容，有的教科书单设一章统计，有的教科书不设单章，有的教科书在设单章的同时在不同的章节中设置与统计有关的例题和习题。《算术》采用了最后一种方式，这对学生更好地掌握统计并解决相关问题极为重要。

---

❶ 张幼虹．实验初中算术（第六版）[M]．上海：建国书局，1941：(1)．

例1：《算术》中非统计章中的统计题。在《算术》第二章"基本四法"中的与统计有关的习题，如图5-6[1]所示。由题（a）看，求清朝不和平条约中国政府赔款总数。从两方面理解该题：一是该题为后续学习统计知识打基础。二是通过该题的学习，使学生了解外国列强欺辱中国，掠夺中国以及清朝政府的腐败无能等历史事实，同时也树立学生的爱国主义思想和民族的危机意识。

例2：《算术》第十二章为"统计大意"，包括统计大意、统计的功用、次数分配、位数数量、众数、中数、平均数（通常算法、简捷算法）、物价指数、列表法、线段表、格栏幅线、格栏幅线的效用、直条图、圆形图等14项内容。每一项内容首先介绍概念，其次举例说明，最后给出若干习题。

统计大意：搜集同事实的一群数量，依次归类，再由此算出一种考察通盘的新数量，有时还列表画图使阅读者容易明了，便于考察，这叫统计。统计有社会统计、经济统计、教育统计等。初中主要学习日常见到的统计大意。

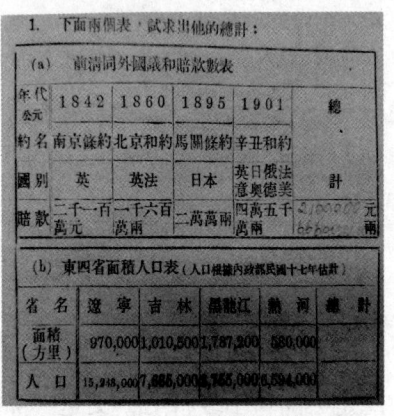

图5-6 统计练习题

统计的功用：化纷乱各套的数量为简括，并求变化及相互间的比较和关系，以推测未来的趋势，藉作改进的方针。

位置数量包括众数、中数和平均数三种。《算术》中用例举法描述性地定义了位置数量。例举如下[2]：

学者在学生期间，日辛月勤，每以获得优良的考分，为无上的报酬。所以每次小考后，同学中有喜有悲，有愤而用功的，有益求上进的，种种情形，皆由分数比较而生。然一般人只就表面比较，其悲喜之感，或实得其

---

[1] 张幼虹.实验初中算术（第六版）[M].上海：建国书局，1941：15.
[2] 张幼虹.实验初中算术（第六版）[M].上海：建国书局，1941：261.

反。譬如，某甲第一次算学小考为 76 分，76 分就表面论，已近优等，似可喜。如该次全班的考分，76 分尚为最少之数，当转喜为悲，辈不如人。又第二次小考为 68 分，就表面论中等，且较第一次少 8 分，似应悲。但该次全班的考分，68 分为最多之数，当转悲而喜，喜人之不如我。由是可知一套数种一数，欲求其比较之价值，必须明了该数在该群中的位置如何。欲探得位置，须先在该群中推求一种新数量，作为比较的标准。此种所得的数量，叫做该数的位置数量。

其他概念的界定都直接给出定义，然后举例解释。从整体上看，《算术》中统计内容占 31 页，占全书内容的 10%，需要 12~15 课时时间。

（2）求积法的分析。《算术》求积法是第十四章，在第十三章"开方法"之后。"求积法"包括三项内容：（a）求面积完全用割补术证验。求表面积与体积或用展开图，或用实验法说明。（b）知三边求三角形面积之定理，非割补法所能说明；但量地时颇具应用。故亦将该公式编入。（c）直角三角形定理，应用于求积之处甚多，且其理亦可用割补术证验，故亦编入。这是第十四章的提要。从该提要可以发现以下两点：

首先，"割补法"（该书中亦称"割补术"），是实验几何的方法之一，也是中国传统几何学中构造有规则整体的重要方法。该方法的学习符合初中生数学的直观思维、归纳类比思维等转向演绎思维的过渡期的心理特点。

其次，《算术》中没有采用"证明"这个术语，而采用"证验"这个术语。这是非常贴切的，因为在初中几何中所进行的所谓"证明"的过程，都是采用割补法进行截图和拼图，只体现经验和直观，并没有进行真正意义上的证明。因此，采用"证验"，证验也就是现在的验证。在清末民国时期，有些汉字是从日本汉字借用的，如现在的"介绍"，一开始为"绍介"等。总之，"证验"和"割补法"是相互呼应的。求积法的内容以三角形面积、直角三角形定理、多边形面积和圆面积的次序展开，均采用了割补法，如图 5-7~图 5-10 所示。

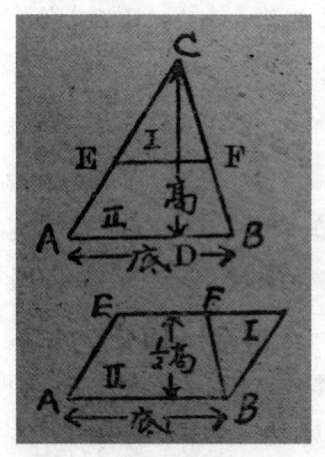

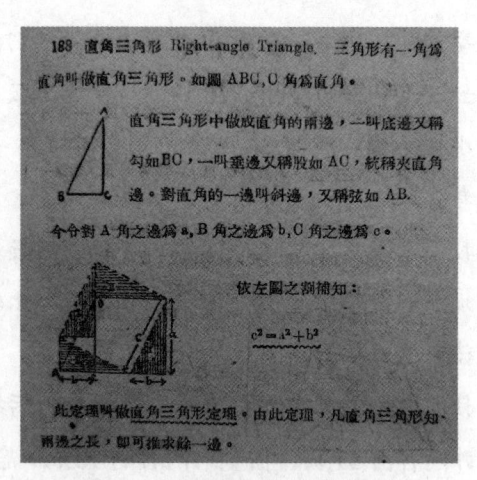

图 5-7　三角面积公式求法　　图 5-8　直角三角形定理的证验

图 5-9　正多边形面积公式求法　　图 5-10　圆面积公式求法

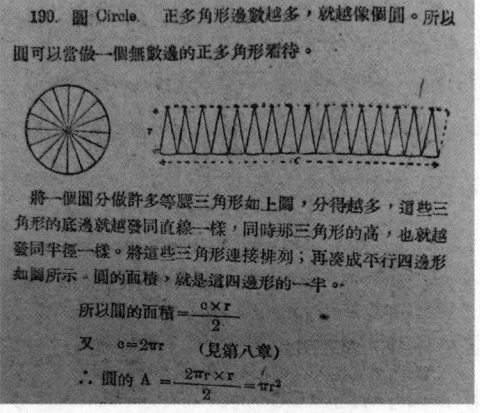

  由上述组图可知，《算术》推导平面图形面积时采用了逐步递进的方式，即三角形到四边形、三角形到正多边形、正多边形到圆面积。在求圆面积时采用直观方法，将圆从圆心开始进行多次平均分割，得到很多扇形，扇形越多其形状越接近等腰三角形，于是把每一个小扇形当作等腰三角形。这里也体现了直线和曲线的辩证关系。

5.4 个案分析（二）——以《建国教科书初级中学算术》为例

1936 年，正中书局根据《修正中学课程标准》将已经编撰出版的教科书重新规整并新编一些学科的教科书，命名为"建国教科书"。这套教科书一经出版，受到许多中学的欢迎，其中初中算术 1938 年初版，1943 年二四版，1944 年四一版，一直沿用到 1948 年。

5.4.1 编者及教科书简介

由余信符、汪桂荣编著，任诚校订的《建国教科书初级中学算术》（图 5-11）于 1938 年 7 月初版，1944 年 4 月第四一版，并沿用至 1948 年。

图 5-11 《建国教科书初级中学算术》

选取该书为个案的理由：首先，作者汪桂荣曾参与制订《初级中学算学暂行课程标准》，并起草《中学混合算学测验》❶，对算术课程的理解较为深

---

❶ 胡佳军. 汪桂荣中学数学教学之研究[D]. 呼和浩特：内蒙古师范大学，2016：10.

刻；其次，编写理念、内容体系等具有一定的代表性；最后，该书在出版一年的时间就被再版28次❶，且再版使用时间跨度较长。

汪桂荣（1899—1949），字静斋，1899年出生于江苏江都，1919年毕业于南京高等师范学校，同年8月留校任教。1927年开始任扬州中学数学教员期间参与了教育部中学数学课程标准的修订，并担任浙江大学暑期讲学会算学教学法讲师等。抗战期间在国立四川临时中学教数学。1939年赴国立中央技艺专科学校教高等数学。1944年，经大学推荐赴美国考察。1949年春，汪桂荣病逝于南京。汪桂荣在民国数学教育思想的形成、课程标准的制定与修改、数学教材建设、数学师资培养等方面都作出了突出贡献。

余信符，民国时期数学教育家，编著有《建国教科书初级中学算术》《新中国教科书初级中学算术》等。

5.4.2　编写理念与编排形式

该书的编辑大意❷十分全面翔实，对教材、内容组织、练习问题都进行了详细说明，概括如下：

（1）关于教材方面，共10条，主要介绍本教科书依据部颁标准并参考江苏省算术教学进度表编著；讲求实用，各类应用题等均根据当时实际情形编辑；删去计算中过于繁难的问题；初中算术比起小学算术更注重计算原理的学习；书中不涉及太过专业的算术问题；重视直观教材、图解，以引起学习者兴趣；设置培养学生民族观念的习题；内容设置注重学习者理解能力培养；每章末尾写有内容提要，便于学生记忆应用；选取数学史及数学游戏内容，增加学习者兴趣。

（2）关于组织方面，共4条，主要阐述本教科书内容设置注重以学生接受能力及算术理论体系为基础；强调算术内容学习以归纳法为主，由浅入

---

❶ 王有朋.中国近代中小学教科书总目[M].上海：上海辞书出版社，2010：625.

❷ 余信符，汪桂荣.建国教科书初级中学算术（上册）[M].南京：正中书局，1944年4月赣四一版：编辑大意.

深，层层推导；书中内容组织追求条理清晰、解说明了，有助于学生迅速地学习、记忆、应用；内容设置注重融合精神，将算术、代数等学科知识融合。

（3）关于练习问题，共4条，主要介绍设置充分的例习题，以便牢固掌握知识，达到举一反三；练习题的设置注重适量、均衡；强调充分地复习，章末设置复习题，书末设总复习题，题型为会考试题；注重验算法。

通过该书的编辑大意，可以看出：书中内容编辑严密、条理清晰、繁简得当，注重知识间的联系与融合，讲求实用，将当时实际情形编于应用题中；在引导学生学习方面，注重引导学生对知识的归纳与理解，减少单纯依靠记忆与套代公式计算的方法，知识的编排遵循心理认知规律，采用直观图解方法，融入算学史与算学游戏，从而激发学生学习兴趣；习题设置充分而恰当，有利于学生对知识的举一反三、温故知新，总复习的题目来源于当时会考真题，有助于学生实战能力的培养，习题注重验算，有利于学生对知识的掌握。值得一提的是，习题中民族观念的问题也涉及了很多，有助于学生对国情的了解，并增强民族爱国感情。但是，书中对于小数与分数关系的说法似乎并不正确，因为小数可以说是特殊的分数，因而将小数安排在分数后面讲是有道理的。但是本书说学习分数的历史要比小数长，所以分数易于小数，因而先学分数，这样的解释就有问题了。

5.4.3 内容简介

全书共十八章199节，上册共十一章155页，下册共七章187页。每册后面另有习题的答数（即答案）十多页。每一章后面有一个提要，概况本章内容。具体内容如下。

上册：

第一章 数的表示：包括7节，首先第1节阐释了算术的目的即在研究数的计算方法以及数的性质；接着第2~7节讲了量、单位、数、名数和不名数、命数法、记数法等基本知识；设置习题5道。

第二章 整数四则：包括28节，第8~9节介绍了整数的意义和用线分（即线段）表示整数，以线段来表示整数看起来更直观，有相邻整数累积的过程；第10~15节讲了加法、加法运算律（即加法交换律、加法结合律）、加法规则、加法验算；加法单位记载法（即带单位数的加法），加法应用题（归纳出加法的应用有两条规律：①求诸数的和。②已知大小两数的差和小数，求大数）；设置例题8道，习题9道；第16~21节描述了减法的含义（其中差仍称为较），以线段解释说明减法运算律，对减法规则、减法验算、减法单位记载法、减法应用题进行独立说明，其中减法的应用总结为四点：①求两数的差。②已知大小两数的差和大数，求小数。③求剩余数。④求补足数；设置例题8道，习题10道；第23~27节叙述乘法的相关知识：乘法的意义、乘法运算律、乘法规则、乘法验算、乘法单位记载法、乘法应用题，其中乘法的应用总结为：①求一数的倍数。②已知大数为小数的若干倍和小数，求大数；设置例题9道，习题10道；第28~33节讲解了除法的意义、除法运算律、除法规则、除法验算、除法单位计载法、除法应用题，其中除法的应用有二：①求甲数为乙数的若干倍。②把一数等分为若干份，这一应用有分数的意义；设置例题10道，习题10道；第34~35节讲了式的运算顺序和加括弧四则计算方法，指出数字上加一横线与加括弧的意义相同；设置4道例题，10道习题。

第三章 速算法：包括4节，讲述了速加法、速减法、速乘法、速除法四个部分。第1节速加法，首先利用凑十法，进行整数的加法，其次讲了"奇数个连续整数相加的和，等于其个数乘中间一数的积""偶数个连续整数相加的和，等于其个数的一半乘首尾两数和的积"，利用这些方法可以大大节省时间，对于日常生活中的计算有很大的帮助，设置例题8道、习题12道；第2节速减法，讲了减数和被减数是10，100……或接近10，100……时的速算法，设置例题4道、习题12道；第3节速乘法，通过例题计算得出：凡是5乘某数，可在某数后加一圈，然后用2去除，以此类推；诸数相乘有可以凑成10，100……或其倍数的，则先行凑合，然后再求各数的积等；设置例题 14 个、习题 16 个；第 4 节速除法，通过例题计算得出：凡是 5 除某数先用 2 乘，然后用 10 去除；若用 25 除，先用 4 乘，然后用 100 去除，依此类推；多位数可以化成单位数去除；设置例题 4 道、习题 6 道、复习题 30 道。

第四章 整数四则应用题：涵盖 12 节内容，涉及平均问题（求平均数）、和较问题（已知两数的和或差，求大数、小数）、连续整数问题（已知总数、各数之间的差，求每个数）、定和问题（已知两数的和为固定数及两数的大小关系，求其中一数）、定较问题（已知两数的差固定及两数的倍数关系，求几年后两数的倍数）、相遇问题（已知路程及两人的速度，求两人几时相遇）、追及问题（已知两人的速度及两人相差的距离，求慢者多长时间可以追上快者）、盈亏问题（如分糖果，已知两次分的数量及多的和少的数量，求人数和糖果数）、龟兔问题（已知龟兔头和足数，求龟兔的具体数）、植竿问题（已知灯的数量和两灯之间的距离，求路程共长）、方阵问题、还原算问题。从这些典型的应用题计算可以看出，算术的整数四则运算可以解决很多实用的问题，有些看起来用代数方法也可以解决，但是从我国传统的数学发展来看，算术的方法更经典实用，体现计算的便捷、高效。本章设置例题 15 道，习题 58 道，复习题 16 道。

第五章 整数性质：包括 14 节内容，讲解了整除、约数和倍数、约数和倍数的性质、偶数和奇数、质数和合数、质数的求法、质数表、因数（包含质因数）、指数、因数检验法（2 的倍数、4 的倍数、8 的倍数、5 的倍数、25 的倍数、125 的倍数、3 的倍数、9 的倍数、11 的倍数、7 的倍数、13 的倍数、17，19，23，29……）、因数分解法、质数决定法、一数的诸约数。这一章整数的性质实际上讲了几个数经过乘法、除法运算以后，被乘数、乘数、积或被除数、除数、商等具有的数的性质。其中，因数检验法依据奇数和偶数以及 10 以内几个奇数倍数的性质，总结出这些数的倍数规律。质数决定法是依次用质数从小到大除这个数，除到商比除数小时都得不到整商，即可决定此数是质数。本章设置例题 16 个，习题 42 个。

第六章 公约数和公倍数：涵盖 8 节内容。其中，最大公约数求法有：分解质因数法、检验公约数法及辗转相除法。辗转相除法是传统算法中的典型方法，现在这种方法用的并不多了。最小公倍数求法有分解质因数法、检验公约数法和先求最大公约数法。设置例题10个，习题45个，复习题22个。

第七章 分数：包括16节内容。其中，分数的定义以分线段的例子引出，突出将"一"等分为许多份，这个"一"代表一个整体，体现整体与部分的关系。其次，分数和除法的关系只是在形式上描述分数线相当于除号，分子相当于被除数，分母相当于除数。通过约分得到最简分数，通分得到相似分数，一般通分后得到同分母分数然后进行分数的四则运算。本章设置例题27个，习题99个。

第八章 分数应用题：包括4节内容。其中，分数应用题比起整数应用题题型简单了很多，这里只讲了四种类型，但是体现了一种量的整体与部分及倍比关系。本章设置了例题7个，习题26个，复习题20个。

第九章 小数：涵盖8节内容，涉及小数和小数的单位、小数命数法和计数法、小数的种类、有限小数的来源、有限小数加法、有限小数减法、有限小数乘法、有限小数除法。小数概念中讲了小数是分数的特例；命数法现在已不常见，一位小数称作分，两位小数称作厘，三位小数称作毫。本章设置例题23个，习题46个。

第十章 循环小数：包括8节内容。本章设置的铺垫性很强，循环小数通位法的讲解为循环小数加法、减法做了铺垫，提醒学习者在小数加法、减法之前首先要对不同小数进行通位；而循环小数乘法、除法前讲解化循环小数为分数，就为计算提供了方法依据。本章设置例题12个，习题35个。

第十一章 省略算法：包括7节内容。主要是通过小数保留有效位数，进行小数的计算。本章设置例题5个，习题30个，复习题20个。此外本书还设置总复习题90个，及所有习题、复习题、总复习题的答数（即答案）。

下册：

第十二章 复名数：有15节内容，主要讲了复名数、我国度量衡（标准制的长度表、地积表、容量表、重量表和市用制的长度表、地积表、容量表、重量表）等。复名数在算术的课程学习中是很重要的一部分，突出有单位数字的计算。首先要进行单位转换，而单位转换又涉及不同类型、不同国家的多种单位，因而确保单位转换正确后，才能进行数字的混合计算，培养、训练学生的综合运用数学知识与计算能力。本章设置例题18个，习题138个。

第十三章 比同比例：包括15节。强调比同比例一般解决的是配比问题，如粮食配比、酒的酿制、化学元素的配比、衣服剪裁各部分的比例、黄金比例的应用等，可见比同比例在实际应用中功不可没。本章设置例题20个，习题117个，其中计算题39个，应用题78个。

第十四章 百分法：包括10节。介绍百分法相对于分数、比与比例在商品交易中更显实用性。其中折扣、赚赔、佣钱、保险、汇兑、租税都是商业上经常用到的计算。本章设置例题24个，习题122个，其中计算题34个，应用题92个。

第十五章 利息：包括10节。阐述利息对学生数学计算能力的考查更为专业，为实际生活中银行储蓄业务的熟习奠定基础。本章设置概念10个，例题21个，习题64个，习题中计算题10个，应用题54个。可见本章主要培养学生的算术应用能力。

第十六章 统计大意：涵盖5节内容。介绍统计主要培养学生的总结、综合数学知识及数形结合的能力。本章设置概念5个，例题8个，习题22个，全部是应用题。

第十七章 开方法：包括11节内容。本章设置概念11个，例题15个，习题62个，其中计算题46个，应用题16个。

第十八章 求积法：涉及17节内容。本章设置概念17个，习题68个，其中计算题41个，应用题27个。

5.4.4 具体例析

（1）书中公约数和公倍数一章中讲了一种"辗转相除法"❶，这是中国传

---

❶ 余信符，汪桂荣.建国初中算术（上册）[M].南京：正中书局，1944年4月赣四一版:71.

统算术中一种求最大公约数的方法。具体例析如下：

求 189 与 84 的 G.C.M.

解 $\begin{array}{r}84)\overline{189}(2\\168\\\hline 21)\overline{84}(4\\84\\\hline 0\end{array}$ G.C.M.=21.

21 能够整除 84 和 284 即 168，也能整除 168 同 21 的和即 189，所以 21 是 189 和 84 的公约数。

反转来说，因 21 能够整除 189 和 84，也能整除 189 同 168 的较即 21，能整除 21 的最大数是 21 本身，所以 21 是 189 和 84 的最大公约数。

从此得用辗转相除法求最大公约数的规则如下：①用小数除大数，得第一余数；再用第一余数除小数，得第二余数；再用第二余数除第一余数，如是辗转相除，直到没有余数为止。②最后除数即为所求的最大公约数。

以上是书中具体的讲解过程，采用了归纳的方法，首先给出解题的竖式，然后详细讲解过程，最后得出适用辗转相除法求最大公约数的规则。这样巧妙的编排对学生解题思路的引导，培养学生善于归纳总结的习惯都有积极的作用。另外在本书第四章混合数学的案例中也有关于辗转相除法的精彩讲解。虽然现在的小学算术教科书中没有了这种方法，但是如果教师能够以数学史融入数学课堂的形式讲给学生，对数学教学会有很好的效果。

（2）在讲分数的乘法时，合理地利用了单分数的倍数关系，也讲了与除法的关系，而且以线段图的切分、长短清晰地表示分数乘法的含义与结果。如图 5-12 所示：求 $\frac{6}{7} \times \frac{1}{3}$。图中数形结合的讲解方式可以帮助学生简捷快速地掌握知识，为后期数学知识的学习奠定基础。

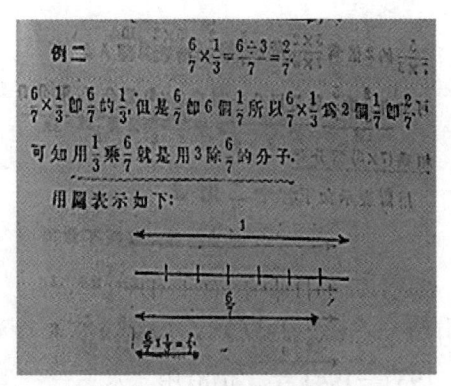

图 5-12 分数的乘法例析

5.4.5 特点分析

（1）内容详细、例题讲解详细。相对于其他战时的教科书，此书章节划分较细，介绍详细，而且主要介绍的知识点一般分为两章讲解，力求详尽。例如，整数四则与整数四则应用题、整数性质与公约数和公倍数、分数与分数应用问题、小数与循环小数等均分两章讲解，详细设置例题与习题，确保学习者对知识的牢固掌握。此外，例题讲解详细，对于计算的推理过程分步展示，不嫌其繁。

（2）习题与总复习题设置丰富、合理，有助于学生对知识的理解与巩固。每一章中 2—3 个知识点之间设有习题，基本上一章结束又设有复习题，书末设有总复习题，且书末有所有习题的答案，但是没有过程。此外，该套教科书中的很多例题和习题，都反映了当时的生活和文化中的问题。例如，度量衡及中外度量衡的比较、各种数码的表示方法等。

（3）在一些规则或定理的后面常常写有附注，指出一些值得注意的现象与规律或需要记忆的内涵。如"偶数个连续整数相加的和，等于其个数的一半乘首尾两数和的积"。之后写有附注"凡数被 2 除所得的商是整数时，这数叫作偶数，否则叫作奇数"。可见后面的附注是为解释前面规则中的偶数定义的，也指出了偶数与奇数的关系。

5.5 小结

（1）学制基本沿用"六三三"学制，数学课程标准在1936年课程标准基础上调整。首先，1937—1941年，仍沿用"六三三"学制，初中三年，高中三年。1941年后，中学学制呈现两种形式，一种为三三制，另一种为六年一贯制。二者从教学目标来讲没有差异，从初中算术课程的教学时数来看没有变化，从教学次序来看，规定初中算术在第一学年或第一学年和第二学年第一学期教授。其次，除1941年颁布的《六年制中学数学课程标准草案》外，1937—1949年，初中数学课程标准分别在1941年和1948年经历了两次修订，但基本内容与1936年数学课程标准一致。

（2）出版机构又添新生力量，初中算术教科书的编辑、出版保持平稳发展。首先，1937—1949年出版初中算术教科书的企业以商务印书馆、中华书局、开明书店为主，世界书局、正中书局、建国书局等也出版了有代表性的初中算术教科书。而这一时期出版的初中算术教科书数量上较民国中期稍有下降，初版的教科书大幅减少，初版与再版数量基本相当。正如当时所描述的那样："照过去通例，课程标准一经修改，各书局立即依照改编教科书，送审备用。"❶ 这在一定程度上保证了教科书出版的平稳前进。其次，受当时战争的影响，一些出版企业转向主营印刷业，但是商务印书馆不改初衷，始终以出版教科书为主业。❷ 最后，受社会时事影响，新增由政府支持创办的正中书局和以中学优秀教师任编辑的开明书店。两家出版机构虽然背景不同，但是出版势头正旺，均出版了具有代表性的初中算术教科书，如《建国

---

❶ 陆殿扬.中小学国定教科书编纂之经过及其现状[J].中华教育界,1947,复刊1(1):91.

❷ 王云五.八年苦斗的前期[M]//岫庐八十自述.台北：商务印书馆,1967:243.

教科书初级中学算术》和《开明算学教本》。

（3）顺应战争时事，初中算术教科书对军事知识的强化。首先，适应战争时局，程宽沼编著了《国防算术》，由商务印书馆于1937年出版。全书均取材于军事方面，目的是寓国防训练于算术，使儿童对军事事实有深刻的认识，坚定其学习国防常识、增强爱国意识的决心。其次，人民解放军华北军区政治部为培养战争区在职干部的数学计算能力，于1948年编印出版《中级算术》。虽然战时经费紧张，资源匮乏，出版条件较差，但是战区的有识之士还是节衣缩食，为了中国人民的胜利贡献了自己的力量。

（4）极具代表性的初中算术教科书——《实验初中算术》。《实验初中算术》作为这一时期具有代表性的初中算术教科书，对算术的实用性进行了丰富、全面的介绍。在很大程度上说实用算术知识的学习就是一种计算经验的学习过程，其中就蕴含着丰富的实验成分。数学中的实验可以分为外部操作的显性实验和心理内部思考的隐性的思想实验，算术学习也包括这两点，这是《实验算术》蕴含的深刻内涵，至今值得我们深入分析，学习借鉴。

第6章 1902—1949年初中算术教科书个案分析
——分数概念表述及分类表述之演变

分数，自古以来在数学教育中扮演着重要角色，尤其在算术教科书中一直都是核心概念，是学习的重点与难点。因而通过分析清末民国时期初中算术教科书中分数概念表述及分类表述之演变，对整体把握中国初中算术教科书的变迁具有积极的作用。

6.1 初中算术教科书中分数概念表述之演变

6.1.1 分数由来及其认识

在数的发展历史上，分数与自然数几乎同样古老，而有理数系的出现得益于分数的引入及其与整数的结合。早在人类文化发明的初期，由于进行测量和均分的需要，人们引入并使用了分数。在许多民族的古代文献中都有关于分数的记载和各种不同的分数制度。三千多年前，古埃及首先用特殊的象形文字表示单位分数。埃及人将所有的真分数都表示为一些单位分数的和，例如，$\frac{7}{9}=\frac{1}{2}+\frac{1}{4}+\frac{1}{36}$就是利用单位分数进行分数的四则运算，但是做起

第 6 章　1902—1949 年初中算术教科书个案分析——分数概念表述及分类表述之演变

来不够简便。公元前 2100 多年，古代巴比伦人对六十进制的分数运算颇有研究。1175 年，阿拉伯数学家阿尔·哈萨（Al-Hussar，约 12 世纪，又译为海塞尔）用一根横线将分子和分母隔开，发明了分数线❶，今天分数的表示法由此而来。英文中分数一词源于拉丁文 frangere，是打破、断裂的意思，曾被人叫作"破碎的数"，算起来令人头疼，因此分数的认知在西方发展比较缓慢。16 世纪，西方的数学家们才对分数有了比较系统的认识。而中国数学家的研究要早两千多年❷，其原因在自古希腊的著名数学家和哲学家毕达哥拉斯对"1"和"数"下定义以后，在柏拉图的进一步阐释下，西方数学家只对比例感兴趣，而对分数不感兴趣，所以缺乏分数的系统认识。具体情况是毕达哥拉斯认为"1"是不可分割的个体。❸苏格拉底进一步解释道："精于算术的人，如果有人企图在理论上分割'一'本身，他们一定会讥笑这个人，并且不承认的，但是，如果你要用除法把'一'分成部分，他们就要一步不放地使用乘法对付你，不让'一'有任何时候显得不是'一'而是由许多个部分合成的。"他还补充了"'一'内部也不分部分"。❹这说明"一"是不可分割的，对后世数学研究产生重大影响。

在中国至迟到春秋战国时期已经有了分数概念。其源于食盐分配、土地种植分配时不够分，量器或其他器具制造时单位换算等，也用在乐律研究、天文学研究中。刘徽曾言："物之数量不可悉全，必以分言之。"❺他对分数的概念做了精辟的概括。《九章算术》中已经有了比较完整的分数计算方法，后来何承天（370—447，东海郯人，生活于东晋与南北朝期间，在南朝刘宋初为太子率更令，当时著名的天文学家）创造了一种分数近似算法，应用于古代的历法计算。❻

---

❶ 徐品方，张红.数学符号史[M].北京：科学出版社，2006：140.
❷ 贺晓恒.从分数的历史看分数的教学[J].湖南教育，2007（5）：11-12.
❸ 林夏水.数学哲学[M].北京：商务印书馆，2003：32.
❹ 柏拉图.理想国[M].郭斌和，张竹明，译.北京：商务印书馆，1995：289.
❺ 李迪.中国数学史简编[M].沈阳：辽宁人民出版社，1984：90.
❻ 李迪.中国数学史简编[M].沈阳：辽宁人民出版社，1984：111.

分数，自古以来在数学教育中扮演着重要角色，因此，在中小学数学教科书中如何安排分数内容是一项极为重要的课题。分数，一是源于生活，反映了整体与部分之间的关系，它表示一个量的多少；二是源于数学内部发展需要，由于除法运算的结果有可能跃出整数的范围，所以需要引进新的数——分数，进行扩充。❶

分数，顾名思义是分出来的数，"把一个整体平均分成几份，取其中的一份或几份"，这个定义表示部分与整体的关系，强调分数是一个量。但是分数产生于测量过程（整体或一个单位的一部分）和计算过程（除不尽时得到分数）❷，因而分数还有一种定义是："实如法而一，不满法者，以法命之。"❸就是说，如果被除数或余数小于除数，就得到一个以除数作分母的分数，强调分数是一个数。那么，"分母""分子"的叫法又是从何而来的呢？依据传统算术中"法"和"实"的命名来源，得到我国古代度量具有"法"的意义。其所谓"实如法而一"，即是"以法量实"，"实"中有等于"法"的量，所得是一，"实"中有几个"法"，所得就是"几"。❹而分数在分割测量中产生，"法"即相当于"母"，"实"相当于"子"，"子"由"母"所孕育，"母"在下、"子"在上，"母"背着"子"，因而"分母、分子"形象地描述了分数上下两个部分的关系，一直沿用至今。

张奠宙认为，按人们认识发展的顺序，分数定义一般有如下四种情况。❺

定义1（份数定义）：分数是把一个单位平均分成若干份之后其中的一份或几份。

定义2（商定义）：分数是两个整数相除（除数不为0）的商。

---

❶ 章敏.关于分数教学的思考[J]. 课程·教材·教法，2015（3）：64.
❷ 范文贵.分数的内涵有多大？——兼谈小学分数的教学[J]. 人民教育，2011(7):43.
❸ 注：法数、实数为中国古代数学中的称呼，法数为除数，实数为被除数.
❹ 李继闵.算法的源流——东方古典数学的特征[M].北京：科学出版社，2007：44.
❺ 张奠宙.分数的定义[J]. 小学教学（数学版），2010（1）：48-49.

定义3（比定义）：分数是整数 p 与整数 q（$q \neq 0$）之比。

定义4（公理化定义）：有序的整数对（p, q），其中 $q \neq 0$。

"份数定义"是直观的认识，讲整体与部分的一种关系；"商定义""比定义"则是由直观到抽象，认为分数是一个数，是除法运算的结果；而"公理化定义"在初中分数中是用不到的。

现在人们认为分数是小学数学的教学内容，其实并不是这样。从历史的角度看，1902—1961年，较复杂的分数及其应用在初中数学教科书中被设置。这里需要说明，自清末"钦定学堂章程"至1922年"六三三"学制颁布之前，小学分为初等小学和高等小学两个阶段。其中高等小学相当于初中。故高等小学和"六三三"学制之后的初中统称为"初中"。1962年以后，在初中不设置算术。❶ 清末民国时期至1949年中华人民共和国成立以后到1961年期间，中国初中数学教科书中分数概念表述和内容编排等经历了复杂的演变过程，对这一历史发展过程进行研究具有重要的理论价值和现实意义。

6.1.2 清末初中算术教科书中分数的概念表述之演变

6.1.2.1 编译算术教科书中之分数

在编译的初中算术教科书中，分数的概念表述有份数定义、商定义和比定义，为说明问题简单起见，本书甄选清末编译的6种较典型的初中算术教科书为例，阐述分数概念表述与其表达的意义。因为教科书中分数概念的表述学习中常常将其表达的意义放入其中讲解，所以下文列在一起分析，如表6-1所示。

表6-1　清末编译国外初中算术教科书中分数概念表述及意义分析

教科书	编著者	时间	定义方式	概念表述及意义的差异
[美]《笔算数学》	[美]狄考文辑，邹立文述	1906	份数定义	直接给出定义，用圆圈个表示整体，有两种记数法。本定义是直接给出分数的操作含义几分之几，有利于对分数形式的理解，强调分数是一个数

---

❶ 课程教材研究所.20世纪中国中小学课程标准·教学大纲汇编（数学卷）[M].北京：人民教育出版社，2001：426.

续表

教科书	编著者	时间	定义方式	概念表述及意义的差异
[日]《最新算术教科书》	[日]东野十治郎著，西师意译	1906	份数定义	直接给出定义，指明数之不满1有两种表数法——小数和分数，其含义可理解为分子除于分母之商。分数是除小数外不满1的数，单位等分之倍数，体现倍比关系，指出分数与分子除于分母之商相等
[日]《笔算教本（上）》	[日]泽田吾一著，崔朝庆译	1907	份数定义	分数者，分单位之一为若干等分，用若干等分中之一分为准则以计数也。强调分单位一，以几分之一为准则成倍计数，体现倍比关系。这里没有明确指出分数单位，但是几分之一即为分数单位
[日]《中等算术教科书》	[日]田中矢德编，崔朝庆译	1908	商定义	指出非整数命位之法有二：小数和分数，命除数为分母，被除数不满除数的一倍，即命为分子。分数为非整数，命数时即以除数、被除数命分子、分母，包含了整体部分及倍比的关系
[日]《正订算术教科书》	[日]桦正董著，周京译	1908	份数定义	描述以单位若干等分之若干倍表比单位小之量之数为分数。冲破了单位1的提法，强调将单位等分，然后再若干倍，体现了整体与部分、倍比关系
[日]《中学校数学教科书算术之部》	[日]桦正董著，赵缭、易应崐译	1908	比定义	描述例如5角为一圆二等分之一，因以二分之一分数表之。提出未满单位，直接举例以量之比解释分数，也强调了倍比关系

由表 6-1 可见，清末初中算术教科书中分数概念是以份数定义为主，引导学生学习不够整数时，表示量的大小可以用"分数"，而分数是将整体分为若干部分，而部分占整体的份数。而"商定义"更倾向于除法计算，是商不足整数时用分数来表示。"比定义"是在份数定义的基础上，凸显一个比率关系，与商定义又是相通的。在日本的东野十治郎著，日本西师意用中文翻译的《最新算术教科书》中阐释分数的定义时用线段图表示了两种意义，一种是单位的三分之二，一种是二倍之三分之一，如图 6-1 所示。

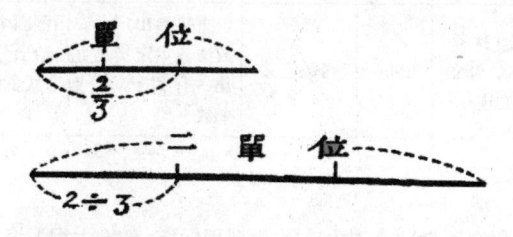

图 6-1 分数的定义用线段表示

6.1.2.2 国人自编算术教科书中之分数

清末国人自编的初中算术教科书中分数概念的表述主要是份数定义。本书选取两种较典型的初中算术教科书为例，呈现分数概念表述与其表达的意义，如表 6-2 所示。

表 6-2 清末国人自编初中算术教科书中分数概念表述及意义分析

教科书	编著者	时间	定义方式	概念表述及意义的差异
《最新算术教科书》	石承宣	1907	份数定义	将整数一依某数均分之而取其一分，或数分之数，名曰分数。其均分之某数名曰分母，所取之几分名曰分子。如整数一五等分之，取其三分，则五为分母，三为分子也
《高等小学用最新笔算教科书》	杜亚泉，王兆枏	1908	份数定义	分而取其一分，曰几分之一。例如均分之为二分而取其一分，即为二分之一。又将此几分之一之若干个并之，即为几分之几。凡成为几分之几者，皆为分数

由表 6-2 可知，《最新算术教科书》中分数的定义指出将整数"一"均分取其一分或数分，体现整体与部分的关系。而《高等小学用最新笔算教科书》中分数的定义以举例说明概念，从几分之一到几分之几有一个推理过程。提到了分数单位，体现整体与部分关系，倍比关系。以上两种分数的定义很简单，直接给出一个整体与部分的关系，并描述其形式，旨在让学生理解整数与分数的区别。

6.1.3 民国时期初中算术教科书中分数概念表述之演变

6.1.3.1 编译国外算术教科书中之分数

在民国时初中算术教科书基本都是国人自编，编译教科书极少。目前所掌握的仅有一种，即［日］藤泽利喜太郎著，赵秉良译的《中学算术新教科书》（1915 年，商务印书馆）。其中的分数定义：凡除法除至实数小于法数时，则将剩余记于上，法数记于下，而于其中划一横线以表示其商者，作为分数形，称之曰分数。书中直接以除法定义分数，指出被除数小于除数时，将商以分数形记之，体现分数作为一个数在计算中的意义。

6.1.3.2　国人自编初中算术教科书中之分数

（1）民国时期，国人自编初中算术教科书共 20 种，算术教科书仍处于多元化发展阶段。分数的定义描述演变如下：

1）1913—1917 年，骆师曾、寿孝天著《高等小学校共和国教科书新算术（笔算）第三册》的分数定义与北京教育图书社编《高等小学实用算术教科书（第三册）》中分数的定义完全相同，即表示 1 单位平分为若干份，而取其一份或几份之数，体现了整体与部分的关系；而徐念慈编的《近世算术》中分数的定义也大致相同，只是除了"分"还强调了"聚"，这里的"聚"是指以几个分数单位来合成集聚一个分数，体现整体与部分及倍比关系，也包含着一种整体与部分转化的思想。

2）1919 年，寿孝天编的《中学校用共和国教科书算术》（廿四版，1912 年初版，一直沿用到新学制的颁布）中分数的定义则有所不同，描述为：除法遇有残数时，曾记以分数 Fraction。分数者，写数字于横线之上下，读为若干分之几者也。其若干即除数，写于线之下，曰分母 Denominator。其几即被除数，写于线之上，曰分子 Numerator。分母除 1 所得之数，为分数之单位 Fraction Unit。分母除分子所得之数，为分数之值 Value of fraction。❶这是典型的"商定义"，以除法定义分数，分数单位也以除法定义，且名词术语都加了英文翻译。这里在相关概念后边附加英文名词术语，说明受到国外影响。同时也给出分数的直观说明。而同年出版的陈文著《实用主义中学新算术》中分数的定义却与之相异，承前之"份数定义"，并体现了倍比关系。

3）1927 年，严济慈编的《现代初中教科书算术（上册）》中，首先以"聚拢多少个一，所成的数叫整数"引出分数的定义：把这个一随便分成几等分，聚拢多少个这种同样的等分，所成的数叫分数（Fraction），而后举例说明：譬如说三个五分之一称为五分之三；就是把一分作五等分，取三个这样的等分聚拢起来（图 6-2）。定义中提到"等分""聚拢"，体现整体与部分、倍比关系。1930 年，薛溱舲、龚昂云、杨哲明著的《初中算术（下册）》

---

❶　寿孝天. 中学校用共和国教科书算术 [M]. 上海：商务印书馆，1919：84.

中分数的定义与上述定义大同小异，平分的单位由"一"变为"1"，"聚拢"写作"集"。

4）1932年，吴在渊、胡敦复编的《新中学教科书算术》中分数的定义突出将"1"进行等分，提到名分数，即若所分的1是1尺，1两，等名数，便叫名分数。并以分线段举例（图6-3），有 a，b 二线分，要拿 m 做长的单位去量。因 a，b 都比 m 短，不够量，就把 m 分为5等份，取出1份做小单位，拿它来量 a 得1倍，量 b 得3倍。a 是 m 的五分之一，b 是 m 的五分之三。突出分数的测量意义，强调"比定义"，体现整体与部分、倍比关系。书中也提到"分数也可表明分母除分子的数值"。讲了分数与除法的关系。而1933年，刘秉哲著的《初级中学算术》中分数的定义表述，又强调把"一"随意等分，体现整体与部分、倍比关系，在分数的解释中用除法解释分数，指出分数的值相当于商，强调数概念。

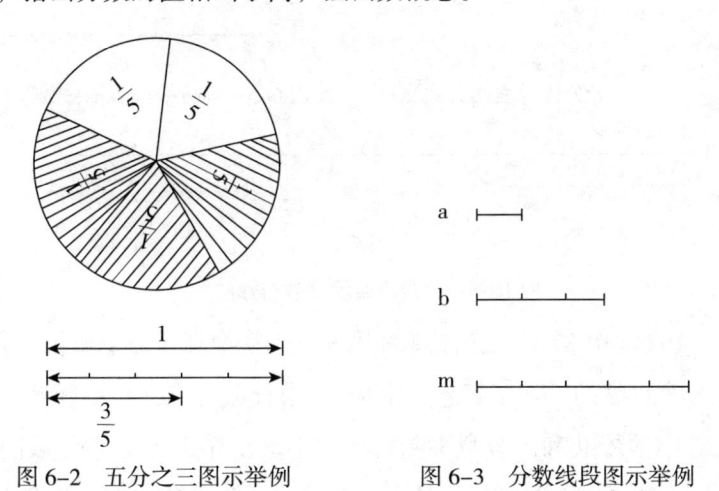

图6-2　五分之三图示举例　　图6-3　分数线段图示举例

5）1933年，骆师曾编著的《复兴初级中学教科书算术（上册）》中分数的定义描述为：把一个数量照别个数等分，每份或几份，都是它的分数。强调分数作为量的意义，把一个数量照别个数等分，突出比的关系，并以线段图形象直观地表明测量的意义（图6-4），这里线段中表示的分数不仅有真分数，还有分母是1的自然数，以及假分数、带分数，很好地表达了数形结合的思想。名词术语用英文标注。这与清末日本泽田吾一著的《笔算教本》

中分数的定义相似。而另一本骆师曾著的《骆氏初中算术（上册）》中也是以分线段引出分数的定义（图6-5），突出分数作为量的含义。书中还强调了分数与除法的关系（图6-6）：1寸的$\frac{2}{3}$，等于2寸的$\frac{1}{3}$或3除2寸，就是$\frac{2}{3}$等于2的$\frac{1}{3}$或3除2，所以分数可以用除法表示，就是：$\frac{分子}{分母}=\frac{被除数}{除数}$。这种意义的解释蕴含着一种"转化思想"，有利于分数的运算。其中，线段解释法与清末日本东野十治郎著的《最新算术教科书》中解释基本相同。

可见，这个时期，除了讲份数定义，还强调分数的除法意义，且国人自编的算术教科书大多是参照日本算术教科书编写的。

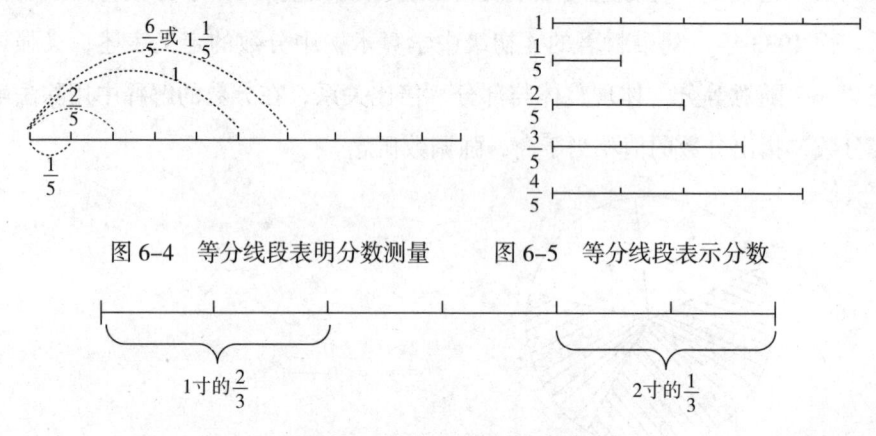

图6-4　等分线段表明分数测量　　图6-5　等分线段表示分数

图6-6　线段表示分数与除法

此外，1934—1937年，王刚森著的《王氏初中算术（下册）》，陆子芬、孙振惠、石濂水编的《初中算术（上册）》中分数的定义与骆师曾、寿孝天著的《高等小学校共和国教科书新算术（笔算）第三册》中分数的定义相同。周为群、刘薰宇、章克标、仲光然合编的《开明算学教本算术（下册）》与蔡泽安编的《初中新算术（上册）》中分数的定义也与之大同小异，只是这两本教科书分别强调要分的是"一种单位或一个全数""一个数或一个量"，突出了分数既可以作为数，也可以作为量的意义。

6）1941—1945年，张幼虹著的《实验初中算术》中分数的定义指出，把"一整数或整数1"随便等分；而王桂荣、余信符著的《建国教科书初级中学算术（上册）》中只简单地描述为把"一"等分。这一时期分数定义均

第6章　1902—1949年初中算术教科书个案分析——分数概念表述及分类表述之演变

体现了整体与部分的关系，强调分数作为数的意义。

7）1947年，魏怀谦编的《新编初中算术（上册）》中强调分数的两种定义，一种是商定义，另一种是份数定义。商定义中指出：将整数1，分作若干等份，取出若干等份；所取之数对全数说，叫作分数。以分母除分子之商，叫分数值，也叫分数。份数定义中描述为：将一整数，分作若干等份，取出若干份；所取之数，叫作分子，全份数叫作分母，以分母除分子之商，叫作分数值。从中可见，其实两个定义是一样的，只是前者将整数1等分，而后者是将一整数等分，不过前者更强调数，后者突出量。1948年，国立编译馆，蔡德注编的《初级中学算术（上册）》中分数的定义只简单指出把"整数1"等分，突出以数的形式定义分数。

由上述可知，在清末民国时期初中算术教科书中分数概念的阐释，大多用"份数定义"，而且以除法解释了分数的意义，少部分用"商定义"或"比定义"。1919年以后分数概念的名词术语都标注了英文，便于学者结合中外文进行更深的认识。而且教科书中多用线段图来导入或解释分数的概念。以下将典型教科书中分数定义方式及演变过程总结，如表6-3所示。

表6-3　国人自编典型初中算术教科书中分数的概念表述及意义分析

教科书	编著者	时间	定义方式	概念表述及意义的差异
《中学校用共和国教科书算术》	寿孝天	1919年	商定义	指出除法遇有残数时，曾记以分数，并解释了分子、分母与被除数、除数的关系，解释了分数单位与分数之值
《现代初中教科书算术》	严济慈	1927年	份数定义	以整数的含义引出分数的含义，指出把"一"等分又聚拢这种等分，并以饼状、线段图来解释分数
《新中学教科书算术》	吴在渊、胡敦复	1932年	比定义	直接给出定义，指出把"1"分做若干等份，取他的1份或几份，另外解释了名分数，以线段图举例阐释分数的含义，突出分数的测量意义，并解释了分数与除法的关系
《复兴初级中学教科书算术》	骆师曾	1933年	份数定义	直接给出定义，强调把"一"个数量照别个数等分，并以线段图解释
《骆氏初中算术》	骆师曾	1934年	份数定义	用均分线段来引出分数的定义，并以线段说明分数与除法的关系
《修正新课程标准适用实验初中算术》	张幼虹	1941年	份数定义	指出把"一整数或整数1"随便等分

从以上典型教科书中分数的定义可知：国人自编的初中算术教科书中，分数的概念表述也是集中在份数定义与商定义。其中份数定义居多，但是表述中也有细微的差别，隐含着教科书编著者对分数概念的理解。例如，《最新算术教科书》《现代初中教科书算术》《复兴初级中学教科书算术》中均以等分"一"来定义分数，而《新中学教科书算术》则指出将"1"等分，这个区别看似微乎其微，却体现了数学发展的抽象概括性，从整体中抽象出单位"1"。《开明算学教本算术》中的"一种单位"或"一个全数"即是从"一"向"1"的过渡。另外，《新中学教科书算术》《初级中学算术》《骆氏初中算术》虽然是从整体部分的角度定义分数，但都在解释分数的意义中阐述了分数与除法的关系。可见，分数概念表述的两种方法也不是截然分开的。然而，《中学校用共和国教科书算术》是直接以整数相除定义的，明确了分数与除法的关系。此外，在概念的引入方式上也有不同，其中《现代初中教科书算术》以整数的含义引出分数的含义，有利于学生对比整数与分数的区别，更好地理解分数；《骆氏初中算术》用均分线段来引出分数的定义，形象性更强，使学生更容易理解分数的含义；几本书中图形的例证，更容易引起学生的学习兴趣，从而激发知识汲取的积极性。此外，通过分数含义的解析来理解分数的意义，其中分数含义中体现的整体与部分、测量、倍比、除法、集合等关系是分数意义学习的重点知识。

（2）在当时的《数学辞典》和《算学辞典》中对"分数"的定义具体如下：

1）分数：表示 1 之若干等分之名词也。此名词系属术语，而兼指仅有一分之一种。凡等分之一即称为分数单位，例如 $\frac{3}{4}$，$\frac{8}{9}$，$\frac{a}{b}$，.05，等等，均为分数，于第一例，其中含有所分 1 之等分为 3，每分等于 $\frac{1}{4}$；而分数单位为 $\frac{1}{4}$。在分数 $\frac{a}{b}$ 中，所分之等分各等于 $\frac{1}{b}$，而所取者有 a 个。于分数 .05 中，分数单位为 $\frac{1}{100}$，即 .01 也。❶

分数平常分为两种，即普通分数（Vulgar fraction）简称分数（或称命分）

---

❶ 段育华，周元瑞. 算学辞典 [Z]. 商务印书馆，1938：186.

及十进分数（Decimal fraction）（常称小数）是也。普通分数者，表示分母可为任意量之分数也。十进分数即小数，不书分母而分母常为 10 之乘方之分数也。

此定义中突出分数单位，介绍了普通分数与十进分数（小数）。

2）分数：Fraction。表示除法之式，可于被除数之下做一横线，而以除数书之，则其商谓之分数；被除数谓之分子，除数谓之分母。例如以 b 除 a，可以 $\frac{a}{b}$ 表之，而 $\frac{a}{b}$ 为分数，a 为分子，b 为分母。❶

这个定义中突出分数的除法含义，体现了分数与除法的关系。

6.2 初中算术教科书中分数分类表述之演变

研究分数的概念，不可避免地要涉及它的分类。它的分类主要依据分子与分母的大小关系，一般分子小于分母的分数称作"真分数"，分子大于或等于分母的分数称作"假分数"，此外还有带分数、繁分数等，但是不同时期初中算术教科书中分数分类的称谓有所区别，同样经历了一个演变过程。

6.2.1 编译初中算术教科书中分数的分类表述

（1）狄考文辑，邹立文述《笔算数学》（1906 年，美华书馆）中分数的分类。

正分：分子比分母小的分数叫正分。

歪分：分子和分母一般大，或是比分母大的分数叫歪分。

整分：分子和分母都是整数的分数叫整分。

抽分：分中抽出分来，就叫抽分，比如 $\frac{1}{2}$ 之 $\frac{1}{3}$。

杂分：整数带分数，两样在一块儿，就叫杂数。

---

❶ 倪德基，郦禄琦，雷琛. 数学辞典 [Z]. 中华书局，1925：49.

叠分：凡命分的分子分母，或各写分数，或各写杂数，或有一个写分数，或写杂数，或叫叠分，比方 $\dfrac{\frac{1}{2}}{3\frac{1}{4}}$。

（2）[日]东野十治郎著，西师意译《最新算术教科书》（1906年，东亚公司三省堂书店）中分数的分类。

真分数：分子小于分母者，称曰真分数，如 $\dfrac{3}{5}$，$\dfrac{10}{13}$。

假分数：分子等于分母，或大于分母者，称曰假分数，例如 $\dfrac{4}{4}$，$\dfrac{16}{7}$。

带成分数（混数）：一数，成于整数与真分数之和者，称曰带成分数，或混数。例如 $3+\dfrac{2}{7}$。

（3）[日]泽田吾一著，崔朝庆译《笔算教本（上）》（1907年，商务印书馆）中分数的分类。

真分数：分母之数大于分子之数谓之真分数。

假分数：分母之数小于分子之数谓之假分数。

杂分数：整数之右附分数者谓之杂分数，或谓之杂数。

（4）[日]藤泽利喜太郎著，赵秉良译《中学算术新教科书》（1915年，商务印书馆）中分数的分类。

真分数：分子小于分母之分数。

假分数：分子等于分母，或大于分母之分数。

带分数：整数与真分数相合而成之数，或曰混分数。

繁分数：凡数与符号相集之式，以他之式除之，亦有用分数形者，而如此复杂之分数，称曰繁分数。

以上分数分类中，《笔算数学》中基本涵盖了分数的所有类型，只是叫法具有文言文的特点，与现代不同。其中，正分即真分数，歪分即假分数，杂分即带分数，叠分即繁分数。而其他三本翻译日本的教科书中对于"带分数"有不同的称谓，或曰"带成分数（混数）"，或曰"杂分数（杂数）"，或"混分数"。

6.2.2 自编初中算术教科书中分数的分类表述

(1) 杜亚泉、王兆枏著《高等小学用最新笔算教科书》(1908年，商务印书馆) 中分数的分类。

正分数：分数之分子较分母小者。

混分数：分子与分母等或较大者。混分数可化为整数或带分数。

带分数：整数与分数相连之数。

叠分数（繁分数）：以分数除分数，将两分数书作一分数之式。

(2) 徐念慈编《近世算术》(1917年，商务印书馆) 中分数的分类。

常分数：分子小于分母者，如 $\dfrac{3}{4}$。

假分数：分子大于分母者，如 $\dfrac{3}{4}$，$\dfrac{6}{6}$。

带分数：有整数及分数者，如 $3\dfrac{5}{6}$。

简分数：分子及分母皆为整数者，如 $\dfrac{3}{4}$，$\dfrac{7}{3}$。

繁分数：分子或分母不为整数者，如 $\dfrac{\left(\dfrac{4}{3}\right)}{7}$，$\dfrac{7}{\left(\dfrac{2}{3}\right)}$，$\dfrac{\left(\dfrac{2}{3}\right)}{\left(\dfrac{1}{4}\right)}$ 皆为繁分数。或多个分数相合而成之数也。

重分数：分数中之分数，也如二分之一之三分之二则记之如 $\dfrac{1}{2}$ 之 $\dfrac{2}{3}$。

(3) 寿孝天编《中学校用共和国教科书算术》(1919年，商务印书馆) 中分数的分类。

分母大于分子者，其值小于1。凡值小于1者，曰真分 Proper fraction。否则曰假分 Improper fraction。前有整数者，曰带分 Mixed fraction。

分母分子各为整数者，其分数曰单分数 Simple fraction。分母分子中有为分数者，其分数曰繁分数 Complex fraction。

(4) 刘秉哲著《初级中学算术》(1933年，著者书店) 中分数的分类。

单分数：分子分母同是整数的分数，叫作单分数。单分数中，分子要是小于分母，就叫真分数；分子要是大于分母就叫假分数；但是假分数分子既是大于分母,如用除法去除,就得带整数的分数,这类带整数的分数,就叫带分数。

复分数:分数的几分之几,或整数的几分之几,都叫作复分数,如 $\frac{1}{4} \times \frac{1}{120}$,$5 \times \frac{1}{4}$ 等。

繁分数:一个分数,分子或分母有一个是分数的时候,或两个都是分数的时候,这个分数就叫繁分数。

(5)陆子芬、孙振惠、石濂水编《初中算术(上册)》(1935年,中华书局)中分数的分类。

分子分母各是整数的,叫作简单分数。里面可分两小类:①分子比分母小的,叫作真分数;②分子等于分母,或比分母大的,叫作假分数。

整数同分数合在一起写,中间"+"号可以免去,叫作带分数。

分子或分母里面也有分数的,叫作繁分数。

(6)张幼虹著《实验初中算术》(1941年,建国书局)中分数的分类。

真分数:分母大于分子的叫真分数。

假分数:分母等于分子或能整除分子的,实写一整数。分母小于分子而不能整除分子的为带分数,因其结果兼有整数与分数二部分。统上二种叫作假分数。故真分数必小于1,假分数必等于1或大于1。

繁分数(Complex Fraction):一个分数,他的分子分母又各是分数,叫作繁分数。

连分数(Continued Fraction):带分数的分母连续仍为带分数,如 $3+\cfrac{1}{10+\cfrac{1}{3+\cfrac{1}{2}}}$,叫作连分数。

由以上论述可以总结出分数分类的演变情况。初中分数的分类有一个总体的不变性,即依据分子小于、等于或大于分母来确定分数分为:真分数、假分数,而假分数化为一个整数与真分数即为带分数。这三种类型最为常见,且从古至今书中兼有。编译或自编初中算术教科书中分数分类的表述演变过程整理如表6-4所示。

表 6-4 编译或自编初中算术教科书中分数分类的表述演变过程

现行	书中	教科书	现行	书中	教科书	现行	书中	教科书
真分数	正分	《笔算数学》	假分数	歪分	《笔算数学》	带分数	杂分	《笔算数学》
	正分数	《高等小学用最新笔算教科书》		混分数	《高等小学用最新笔算教科书》		带成分数（混数）	[日]《最新算术教科书》
	常分数	《近世算术》		假分	《中学校用共和国教科书算术》		杂分数	[日]《笔算教本》
	真分	《中学校用共和国教科书算术》					混分数	[日]《中学算术新教科书》
							带分	《中学校用共和国教科书算术》
简单分数	整分	《笔算数学》	繁分数（分数之分数）	抽分	《笔算数学》	繁分数	叠分	《笔算数学》
	简分数	《近世算术》		重分数	《近世算术》		叠分数	《高等小学用最新笔算教科书》
	单分数	《中学校用共和国教科书算术》		复分数	《初级中学算术》		连分数	《实验初中算术》
	简单分数	《初中算术》						

从表 6-4 中可以看到：《笔算数学》中分数的分类命名基本涵盖了之后的分数分类命名，但是叫法不同，具有古文向语体文过渡的特点。之后翻译日本的初中算术教科书中分数分类的命名基本与现在的一致，不同的是带分数常称作混分数。然而，国人自编的初中算术教科书中分数基本与编译外国的教科书一致，只有个别教科书中叫法略有不同，如 1908 年杜亚泉等著的《高等小学用最新笔算教科书》中将真分数叫作"正分数"，繁分数叫作"叠分数"，继承了《笔算数学》中"正分""叠分"的叫法，而将假分数叫作"混分数"却是唯一的，与其他教科书中的带分数不属一种，有命名不准确的嫌疑。1917 年徐念慈编的《近世算术》将真分数叫作"常分数"，还另有一种分数叫作"重分数"，与《笔算数学》中的"抽分"属同一类，即分数中之分数，之后 1933 年刘秉哲著的《初级中学算术》中将其叫作"复分数"，1941 年张幼虹著的《实验初中算术》中称其为"连分数"，不过举例中这种分数更显复杂。现在算术教科书中分数的基本分类为真分数、假分数、带分数、繁分数，简单分数、连分数的分类已不多见了。

6.3 小结

分数是数学中内涵丰富的核心概念之一，是人类重要的文化成果。在清末民国期间，初中算术教科书逐渐从主要翻译、编译美国、日本的教科书发展到自编教科书，且书中内容体系逐渐完善，这体现了中国对西方数学教育的学习与吸纳，最终发展为本国数学教育内容的一个演变过程。分数的定义方式主要突出了整体与部分的关系，也显示了分数与除法及比的不可分割性。正如算术是解决实际问题的学科，注重计算方法。分数也是来源于现实生活，是为了解决除自然数以外的"分出来"与"除出来""比出来"的数的问题。另外，一些初中算术教科书在引入分数概念时，常常提到对非整数的表示方法除小数之外，另有一种表示方法即分数。但没有深入地介绍小数实质上也是一种分数，即十进分数，以 10 的倍数为分母的分数。

比较而言，份数定义更强调分数作为量的意义，用于测量；商定义更强调分数作为数的意义，用于分数的四则运算。份数定义是基本的分数定义，对于初学分数者，更容易接受。因而依据分数的来源，引导学生先学习份数定义，再学习商定义、比定义，既符合从直观引入到抽象概括的教学方法，又遵循了从分数作为量的体验到分数作为数的理解的学习心理规律，达到事半功倍的教学效果。因此对分数概念的不同界定及其相互关系的系统认识，对教学研究和实践均有重要价值。

分数的分类是在分数发展过程中产生的，梳理清楚其表述演变，对于分数的理解与运用有重要的作用。在分数教学中，要让学生明白不管是真分数还是假分数、带分数，都是分数。学习分数是为了处理大于 0 小于 1 的量，也就是说分数的重点在于研究真分数的意义。假分数和真分数的差别只在一个整数，可以说假分数是带着整数面具的真分数。

第7章 结论

清末民国的近五十年中，初中算术教科书从翻译、编译到自编，从模仿到探索、创新，一代代数学教科书编著者付出了毕生的心血。通过对这一时期初中算术教科书发展历程的梳理，可以看到初中算术教科书在不同阶段呈现出不同的特点。纵观数学教科书制度经历了"分科—混合—混合分科并行—分科"的过程，但是初中算术教科书的编著与实际运用是否完全沿着这样的轨迹前行，需要探究其内外部的影响因素及具体的实践环境来分析。著名的挪威数学家尼尔斯·亨利克·阿贝尔（Niels Henrik Abel，1802—1829）说："一个人要想在数学上有所进步，就必须向大师学习。"[1] 那么，阅读、分析清末民国时期的经典教科书就是向大师学习的最佳方式。历史地考察初中算术教科书的编著经验、发展规律，具有历史研究价值的同时，对当前算术教科书的编写和教学有重要的现实意义。

7.1 影响1902—1949年中国初中算术教科书变迁的主要因素

教科书的发展受制于政治、经济、文化、社会环境、国际影响等外部因素，也直接与编辑者、学科发展等内部因素紧密相关，因而综合分析影响初中算术教科书变迁的内外部因素。

---

[1] 章建跃.章建跃数学教育随想录（下卷）[M].杭州：浙江教育出版社，2017：718.

7.1.1 初中算术教科书编写本身的影响

算术教科书不同于历史、国文或修身教科书政治倾向性那么强,它更注重实用性,解决实际生活中的具体计算问题。这在实验算术中体现得更加明显,因为在很大程度上说实用算术知识的学习就是一种计算经验的学习过程,其中就蕴含着丰富的实验成分。

在算术课程中除了应适当考虑理论系统的概括与统一以外,更重要的是要有生动活泼的实践内容,使其贯穿在全部数学课程之中。数学的抽象、概括与统一,必须要有它的实际背景,脱离了实际的背景,会陷入公理系统的框框。清末民国时期初中算术教科书是伴随着时代的变迁编纂的,每个阶段的时代背景、社会现实有所不同,因而初中算术教科书编写内容体系、例习题的素材选取均体现了当时的实际情况,例如,新文化运动时期陈文编撰的《实用主义中学新算术》顺应了当时的实用主义思潮,虽是初中算术单科教科书,但编写内容与当时的混合算学教科书理念一致,即将初中算术、代数、几何知识融合起来,使儿童循序渐进掌握数学知识。再如,1930年代在中国中小学数学教育中掀起的实验教育思潮,特别是在初中数学教育中开始实施实验教育,首先出现实验几何教学,随后与之相对应出现了实验初中算术教科书,代表著作为张幼虹编著的《实验初中算术》。

初中算术教科书依据不同的课程标准而编辑,所以一个时期的初中算术教科书结构体系基本相同,但是每位编辑者的数学教育思想、对数学知识的理解与驾驭不同,会体现在教科书中的编辑思路、呈现方式也有所不同。另外,编辑者的学习背景、自身的学术涵养,以及对儿童发展阶段的理解及所持的教育观等,都会影响教科书的编写。因而,本书在清末民国时期的不同阶段,选取不同的代表性初中算术教科书进行个案分析,如《高等小学用最新笔算教科书》《中学校用共和国教科书算术》《新学制初级中学混合算学》《复兴初级中学教科书算术》《实验初中算术》《建国教科书初级中学算术》等。

7.1.2 政治、经济、文化的影响

一个国家的政治形态、经济发展状况决定了这个国家的文化发展水平。而教育质量又是文化发展的关键因素，因而教育的发展水平直接体现国家政治、经济、文化的综合实力，正所谓"教育强则国家强"。反之，教育的质量与发展水平也受到国家政治、经济、文化的深刻影响，体现二者相互作用的辩证关系。在学校教育特别是中小学校教育中，不管是课程建设还是教学开展，都离不开教科书的选择与运用。那么教科书的编写、出版、使用同样受到当时政治、经济、文化各方面的影响。上海是近代中国经济最发达的地区，中西文化碰撞最活跃的地方，教科书出版业也最发达，当时出版巨擘商务印书馆，后起之秀中华书局、开明书店等都在上海，因而初中算术教科书的编辑出版绝大部分在上海。

数学课程标准是数学教科书编辑的依据。数学教科书传递着数学教育思想观念。初中算术教科书蕴含了统治阶级奉行的教育主张，体现着文化选择，以及对当时中西文化的态度。教科书传递着文化中的价值观，也传递着意识形态。

7.1.3 日本的影响

自戊戌变法与八国联军入侵后，清政府的腐败无能再次为国人所见，爱国人士与知识分子对此失望至极，纷纷留日学习其新思想、新知识。随着留日高潮到来，数学教科书的引进与翻译也达到高峰。初中算术教科书的大量翻译促进了数学教育的近代化，使儿童更多地接触西方的数学知识，确定了算术主要学习的内容是笔算。

20世纪初，西学通过日本传入中国，虽然有管理机构，但从总体上说，译书呈无序状态。留日人员一旦获知日本有最新翻译西方的书籍，中国译者便会一窝蜂地拿来翻译，呈现无组织状态，也没有统一的规范，但是传播速度相当快。因此，日本翻译的西方书籍在这一时期大量传入中国。通过这些书籍，西方的数学教育制度、数学教育内容体系得以传入。这样通过一个中

间桥梁来传递知识，必然在时效上会延迟，弊端可能在民国中后期显现更明显，但在清末对于落后的中国来说，通过日本学习西方科学知识确实是一个捷径，对于我国近代教育体系的建立有积极的促进作用。

清末以翻译、编译日本初中算术教科书为主，但随着民国初期新学制的颁布，译自日本的教科书越来越不符合中国的实际需要。经过了晚清阶段的借鉴学习之后，中国已经初步具备了独自编纂此类教科书的能力。所以民国时期编辑者逐渐探索编写质量更优、符合中国学制、适合中国学生的初中算术教科书，因而初中算术教科书所具有的日本特色逐渐淡化。但是民国初期，由于初中算术教科书的大量需求，再版翻译日本的初中算术教科书仍在使用。

7.1.4 欧美的影响

新文化运动和"五四"运动前后，欧美等国先进教育思想传入，中国先进的知识分子追求民主、科学的决心越来越强烈，民族主义意识逐渐增强。从效仿教育制度到力推教学方法及教科书的编著等展开全方位学习。其中最为推崇的要算美国教育家杜威的实用主义思想，即以儿童为中心，从做中学，教育即生活，学校即社会，强调学习的实用性，教育与生活的紧密联系。这与当时初中算术教科书的编写理念是一致的，教科书编著者纷纷将其思想融入书中，商务印书馆于1916年出版了陈文编译的《实用主义中学新算术》。然而，杜威的实用主义教育终究是不符合中国国情的，学习热潮很快就过去了。

1922年，民国政府教育部制定颁布了"六三三"新学制，这是教育界在实践探索基础上对以美国为主的新教育模式的自主选择，并不是完全照搬，在酝酿过程中人们曾参照了多国的教育制度，是在学习西方模式基础上融合了本国的实际情况制定的学制。新学制比"壬子癸丑"学制更能适应社会的需要，也更符合青少年身心发展的年龄阶段，与心理学上对儿童期、少年期、青年初期的划分基本吻合，因而一直沿用至今。

新学制颁布以后，1923年开始在全国实行美国等西方国家盛行的"混合数学"教学,旨在结束算术、代数、几何的分科编写教科书,编写混合数学教科书。但是由于当时师资力量不足、教科书的短缺以及单科教学的传统等,很多学校仍然选择单科教学。当时主要的混合数学教科书有美国乔治·布利氏的《布利氏新式算学教科书》,以及依据此书编写的三套国人自编混合数学教科书。尤其是张鹏飞的《新中学教科书初级混合法算学》就是欧美教材的改写本。此外,1930年代掀起的实验教育思潮也是源自欧美的实验几何教学。可见当时初中算术教科书受欧美影响,特别是美国影响之深。

7.2 初中算术教科书发展的特点

通过对1902—1949年中国初中算术教科书的梳理,可知不同时期初中算术教科书呈现不同的特点。以下分别从宏观和微观两个方面对1902—1949年出版使用的初中算术教科书的特点进行总结。

7.2.1 宏观特点

(1)1902—1911年,中国初中算术教科书宏观上呈现新颖性、多元化、本土化特点。

1)新颖性。清末,随着新学制的颁布,新式学堂取代旧式官学、私塾成为培养人才的新兴根据地,"配套的教科书成为奇缺之物,教科书的编译、印刷和发行,成为社会新兴的一个产业"❶。商务印书馆抓住这个机遇,出版了"最新教科书",体现了当时的一种"新颖性"。❷ 具体从杜亚泉、王兆枏编著的《高等小学用最新笔算教科书》的编写理念、编排方式、具体内容等

---

❶ 代钦. 清末中学数学教科书发展及其特点 [J]. 课程·教材·教法,2015(1):116,118,117.

❷ 代钦. 清末中学数学教科书发展及其特点 [J]. 课程·教材·教法,2015(1):118.

方面可以体现出"新"的特点，如编辑大意渗透了较多先进的教育思想；编排方式呈现横竖混排的形式；内容中有体现中西交会思想的习题，如中国度量衡与外国度量衡之间的换算。使儿童可以接触到中国文化以外其他文化的简单知识，对时代背景有所感知。

这里需要指出的是，新颖性并不一定是所有的东西都是新的，在"新"的背后也隐藏着旧东西，例如，当时翻译的藤泽利喜太郎关于数学教育的一些理论与1901年开始的西方数学教育改革运动是背道而驰的。

2）多元化。首先，教科书审定制度的逐步确立，推动了民营出版企业的多元化发展。在初中算术教科书的出版企业中，较早成立的商务印书馆一直雄踞前列，而其他出版企业由于规模、资金或人员问题一直处于尾随状态，初中算术教科书的质量与销量一般。但是，民营出版企业之间的竞争一定程度上促进了初中算术教科书的编写、出版多样化。其次，初中算术教科书编写者多元化。不同背景、不同编写经验的教科书编辑者参与到初中算术教科书的编写中，促成了百花齐放的局面，但是教科书水平的参差不齐，也给初中算术教科书教授者选择适合的教科书造成了困扰。最后，初中算术教科书中的名词术语呈现多元化现象。

3）本土化。教科书作为教育革新的工具，在吸纳西方先进文化的同时，不断探索本国数学文化的传播、数学知识的编排、数学教育观的渗透、数学培养目标的表达。算术教科书以中国深厚的算术底蕴，在吸纳了西方笔算便捷、简化、易于操作、传播速度快等优势后，逐渐探索国人自编教科书及教授法。

清末，以"最新教科书"系列中《高等小学用最新笔算教科书》为代表的初中算术教科书，虽然是依据日本算术教科书编写的，却是经过教育名家改编而成，不是完全照搬。书中的度量衡、利息等知识、例题、习题大多来源于中国当时的实际生活，也有部分概念继承了古代算术著作中的提法。这套算术教科书以其新的编写理念、编排方式、内容体系开创了初中算术教科书编写的典范，体现了清末国人自编教科书的探索，也表达了清末国人自编教科书在借鉴外来文化基础上追求本土化的信念。

（2）1912—1949年，中国初中算术教科书宏观上呈现时代性、多元化、本土化、体系化特点。

1）时代性。这一时期的初中算术教科书具有强烈的时代感。这种时代感是通过一般教育思潮和数学课程标准而体现出来的。首先，自1922年新学制实施伊始，先翻译美国混合数学教科书，同时，国人编写出三套初中混合数学教科书，以便有效实施数学课程标准中的混合数学教学精神。1930年代初又掀起实验教育思潮，于是在实验几何教科书的同时，出现了《实验初中算术》，即使没有"实验"冠名的算术教科书，也在贯彻实验的精神。1937年抗战爆发，出于抗战需要，数学教育出现相应的变化，编辑出版了包含爱国主义、国防教育思想的初中算术教科书，如《国防算术》《建国教科书初级中学算术》等。

但是，随着这些教育思潮逐渐消退或数学课程标准的转变，这些初中算术教科书要么由于不符合中国一直以来的数学教学传统、学校师资状况，要么因为内容体系过于追求暂时的时代特征，而与中国学生的学习状况、接受能力不相符，不得不退出历史的舞台。混合数学、国防算术当时就没有大范围实施，而实验算术却因符合算术的实用性，其实验精神一直传承了下来。

2）多元化。民国时期初中算术教科书多元化的特点有以下几个方面。首先，教科书编辑者的多元化。当时教科书的编辑者有很多是数学家、数学教育家，如寿孝天、傅种孙、余介石、吴在渊等，他们既能深入理解初中算术原理，又懂得算术教学方法，由他们亲自编辑的初中算术教科书逻辑清晰，学生易于掌握知识。此外，还有一些是大中小学教师，如胡敦复、周为群、刘熏宇等；也有一部分是留学归国人员，如顾树森、徐善祥、秦汾、王永炅等。其次，教科书出版企业的多元化。此时，除了商务印书馆仍实力雄厚之外，中华书局、文明书局、世界书局、正中书局、开明书店等也创造了不俗的业绩。在审定制的规范下，各出版企业展开有序竞争，促进了初中算术教科书的发展，这种情形下给教师提供了多种选择的空间，但也对教师如何选择使用教科书以及如何使教科书与教学计划相适应等，造成了一定的困难。最后，初中算术教科书种类的多元化。民国时期不同阶段都有不同种类的初中算术教科书编辑出版，如共和国教科书系列、中华教科书系列、新编中华教科书系列、新学制教科书系列、现代教科书系列等。

值得注意的是，民国中期，依据"六三三"新学制与"混合—混合分科并行"的数学课程制度，初中算术教科书编写坚持混合与单科并行的策略，编写出版了混合数学教科书四套，单科初中算术教科书28种，达到了民国时期的高峰。老牌出版企业如商务印书馆、中华书局等编辑出版的教科书质量是可以保证的，但是一些经验不足、出版条件差的出版企业编辑出版的教科书质量就差强人意了。这对于中学校来说，教科书选择范围广，适应多种需求是很好的，但是种类太多不知选择哪一种更合适，却是令学校教师头疼的事情。可见，初中算术教科书编辑出版的多元化既有利也有弊。

3）本土化。笔者收集的民国初期的18种初中算术教科书中，17种是国人自编教科书。虽然教科书编写中仍有模仿日本的痕迹，但是体现了国人自编初中算术教科书的积极探索。此时初中算术教科书逐渐由翻译、编译向自编过渡。代表性的初中算术教科书为《中学校用共和国教科书算术》，有许多优点在第3章已讲过，当然由于时代的局限性，也有一些不足之处。之后到民国中期、后期，在教科书编辑者、出版机构等的努力下，初中算术教科书实现了完全由国人自编，体现了逐渐本土化的初中算术教科书体系。自编教科书与翻译教科书不同，其中编入了较多的中国传统算术内容，这也是初中算术教科书本土化的重要标志之一。

4）体系化。民国时期，初中算术教科书的编撰以当时的数学课程标准为依据，遵循课标制定的教学目标、教学大纲和教学注意事项等。随着数学课程标准的变更，商务印书馆、中华书局等出版机构竞相抢占先机，出版符合最新数学课程标准的初中算术教科书，例如，商务印书馆出版的《中学校用共和国教科书算术》《现代初中教科书算术》《新中学教科书初级混合法算学》，中华书局出版的《新制算术教本》，建国书局出版的《实验初中算术》，正中书局出版的《建国教科书初级中学算术》等。这样便形成了一个"数学课程标准决定初中算术教科书编写"的纵向体系，使初中算术教科书既可以反映政府决策者的意志，又可以满足儿童的知识需求。而每个阶段初中算术教科书的使用又是有延续性的，有的教科书使用周期很长，如《复兴初级中学教科书算术》于 1933 年初版，1948 年仍在使用。

7.2.2 微观特点

（1）课程标准主导教科书主要内容的编写。清末民国时期，随着学制的沿革，数学课程标准不断变革，初中算术教科书的主要内容也随之调整。1904 年颁布的《奏定中学堂章程》中规定：笔算讲授加减乘除、分数小数、比例、百分数，至开平方开立方而止。1912 年《中学校令实行规则》中明确：数学要旨，在于明确数量关系，熟习计算，并使其思虑精确。但是没有列出初中算术教科书的主要内容。1923 年《新学制课程标准纲要初级中学算学课程纲要》与 1912 年课程标准相比，更加明确了初中算术教授的主要内容，比 1904 年课程标准增加了质数、因数、约数及倍数、大公约、小公倍、乘方、求积、利息，但是缺少了百分数的内容。1929 年《初级中学算学暂行课程标准》教材大纲中规定的算术主要内容相比 1923 年课程标准增加了算术的起源和定义、诸等数四则、百分法和应用题、统计图表、速算法、省略算法，并将质数、因数、约数及倍数、大公约、小公倍明确为整数的性质。更加强调实用问题的应用以及计算的便捷。1932 年《初级中学算学课程标准》相比 1929 年增加了算术记数法、命数法、析因数、求最大公因数与最小公倍数法、统计图表之后增加了统计大意，但是缺少了求积这部分内容。1936 年《初级中学算学课程标准》规定算术教授的主要内容与 1932 年的完全一样。1941 年《修正初级中学数学课程标准》算术教学目标中增加了函数观念的培养。算术主要内容与 1936 年课程标准相比，整数性质的表述改成了"约数及倍数、因数、素数"，开方改成了"开方及应用题"；增加了"各种几何形之面积及体积"；统计图表，统计大意改成了"统计图表及方法"。1948 年《修订初级中学数学课程标准》教学目标中特别强调了：培养以简驭繁、以已知推未知之能力。教学大纲中规定的主要内容与 1941 年课程标准相比，整数、分数、小数四则后面没有加应用题，而且没有"各种几何形之面积及体积"的内容。

从注重学习态度、习惯、兴趣到重视学习心理。注重速算法、省略算法，近似值的求法。特别强调实际问题的解决，重视对问题的归纳分析，主张少用演绎法。1941年一般课标及六年制课标加了"启发学生之科学精神，养成学生函数观念"。抗战时期，课标中明确了对于军事、弹道等的实用问题教材的学习，于是编写出版了《国防算术》，其意在将国防训练寓于算术，使儿童由严密的事实分析，加深事实的深刻认识，从而激发儿童爱国思想，将国防常识与算术沟通联络。

（2）教科书内容的衔接性、融合性。对于小学算术，初中代数、几何来说，初中算术起着承上启下的衔接作用。小学算术主要讲具体的读数法、记数法、简单的四则计算等，初中算术主要的教学任务：首先，把小学学过的内容加以系统复习，并在此基础上加深算术知识的学习，如学习整数的性质、分数四则、循环小数、比例、开方等，这样学生的算术知识就比较完整，避免学习代数时有困难；其次，加深应用题的内容，四则难题增多，注重培养学生的逻辑思维与推导能力；最后，分数等知识的螺旋式学习，使学生更加牢固地掌握计算技巧，特别是分数的计算技巧，以至于达到熟练。另外，小学算术只讲方法，初中算术就须注重基本的理论，于是要懂理论，就不能不借助于代数、几何。故初中算术教科书中时时输入代数、几何的观念作为辅助，使学生同时获得温故知新的益处，为之后代数、几何学科的学习奠定坚实的基础。

在混合或混合与分科并行制时期，中国编辑出版了混合数学教科书。其中混合数学不是简单地将算术、代数、几何和三角内容交错设置和编排，而是尽可能地找到它们内在联系并将它们融合在一起。如算术中融入几何观念，用几何方法表述算术内容，其他分支之间的融合也如此。

（3）教科书内容的生活化。正因为实际生活中有那么多需要计算解决的问题，所以从古到今人们开动思维，研究创造出那么多计算方法来解决这些问题。算术的两个典型特点是计算性与实用性，它的核心内容是研究有理数的基本运算，其本身是来源于生活，又服务于生活的。人们日常生活中衣食住行都需要用到算术的基本知识。笔者在第2章、第3章中对《高等小学用最新笔算教科书》《中学校用共和国教科书算术》的主要内容进行量化分析时发现，例习题中应用题的素材都是贴近当时生活的真实、确切事情，没有虚构、编造的情况。因为都是解决实际问题，所以利用实际确切的素材更有助于学生对知识的学习，进而运用于实际生活中。当然，算术的定理、规则是独立于生活事例的，它有自身严密的逻辑体系，需要学生独立抽象地思考、掌握。

（4）知识结构顺序的有序安排。在算术中，分数与比、百分数的关系：分子相当于比例前项，分母相当于比例后项。而百分数是把两同类量的比化成百分之几，比的前项叫作子数，比的后项叫作母数，比值的百分数叫作百分率。在清末民国时期的初中算术教科书中大多是先讲分数，然后讲比例、百分法，这样对于知识的掌握有循序渐进、步步推进的作用。以分数的基础知识，分子、分母与除法的关系及其对于生产生活中现实问题的解决，为比例、百分法基本概念、运算法则的掌握奠定基础，对于各种具体实际问题的解决有恰到好处的作用。初中算术教科书的编辑是依据知识的逻辑关系和发展顺序完成的，因而先学整数，再学分数、小数、比例、百分法，这样的编排方式是合理有据的。百分法之后的利息也是在掌握百分法及百分法之前的知识基础上学习的，有很强的知识连贯性。

初中算术教科书中主要内容的编排顺序大致相同，但也有根据编著者的理解采取不同顺序编排的。如《建国教科书初级中学算术》中，编著者认为分数较小数易于了解，所以将分数置于小数之前。这种说法不一定正确，分数的发明虽然早于小数，但却是比小数难以理解掌握的，反而是小数与整数都是十进制的，较之分数更易掌握。当然小数又是特殊的分数，是分母为10，100，1000等10的倍数的特殊分数，分数主要内容的螺旋式编排，可能更有利于学习者对分数与小数的掌握。大部分初中算术教科书也是这样安排的，上册简单学习分数的记数、读数、性质、分类等，下册进一步学习分数的四则运算、应用问题等。

（5）教科书内容以归纳为主。首先，以归纳为主的叙述方式是我国古代数学的一大特色，最具代表性的就是《九章算术》，其与古希腊数学代表著作欧几里得的《几何原本》以演绎为主的叙述方式有明显的不同。因而归纳也是中国人的一种传统思维方式。1923年颁布的《初级中学算学课程标准》明确指出："新方法与原理之教学，应多从问题研究及实际意义出发，逐步解析归纳，不宜仅用演绎推理。"初中算学注重计算技能的培养，研究方法由实例特例到一般规则，提倡归纳法的运用。其后数学课程标准中都提到了初中算术教学中运用归纳法的重要性。其次，学生在初中阶段的逻辑思维与推理能力适合运用归纳学习法，在初中算术教科书中先给出问题、情景，然后运用归纳推理得出算术知识的内在联系，总结出规律、规则，从而进一步提高数学逻辑思维与推导能力。汪桂荣在《实验初中算术》的序中就强调了算术学习中归纳的重要性。

7.3 启示与借鉴

7.3.1 教科书的编辑与出版传递一种文化担当

回顾1902—1949年中国初中算术教科书的发展历程，初中算术教科书的编辑与出版折射出一种文化担当。这种文化担当既体现在编辑者身上，也凸显于出版机构中。清政府的贪污腐败，整个国家的被动挨打，使有识之士痛彻地感受到国家的落后、人民的愚昧，不是依靠政府改良可以解决的，而是要启发民智，传播先进的文化知识。数学作为科学知识的基础，历来受到重视，而算术又是数学中的基础，其地位之重要可见一斑。杜亚泉、王兆枏作为《高等小学用最新笔算教科书》的编撰者身负学习西方笔算、传承中华传统算术知识的文化担当与使命，依托商务印书馆，编辑出版了我国近代历史上第一套成功的初中算术教科书（本书第 2 章提到）。看似只是一套教科书，其中承载着想要唤醒民众努力学习、刻苦钻研的愿望与决心。商务印书馆，听来只是一个普通的印书的地方，却集聚了一大批胸怀教育救国之志的爱国文人。他们当中有数学家、数学教育家、大中小学数学教员，也有留学归国人员，不管是早已成名还是怀才不遇，他们甘愿默默无闻置身于这家出版机构，终日思考、编写小小的教科书。商务印书馆理化部由杜亚泉召集绍兴同乡中理化颇有建树的人才组成，其中有杜亚泉、寿孝天、杜就田、骆师曾、凌文之等编辑，因而理化部又被称为"绍兴帮"。

1912 年中华民国成立，1913 年 9 月由寿孝天编辑出版《中学校用共和国教科书算术》。寿孝天是一位积极参与教育救国运动的数学教育家，他有很高的数学造诣，同时注重教授方法的钻研，尊重儿童心理发展规律，重视儿童学习兴趣的培养。这在提倡民主共和的初期，是一种敢于创新的文化担当。"共和国教科书"是商务印书馆在民国成立后出版的第一套最完全的教科书。《中学校用共和国教科书算术》超越了清末完全翻译日本、欧美国家的教科书的现状，体现了国人自编教科书的实力，开创了我国近代学制颁布后国人自编初中算术教科书的先河，体现了近代数学教育家们追求科学的真诚态度和严谨的学风，同时也反映了近代中国学人在教科书编写初始阶段的文化担当与艰难探索。

1922 年新学制课程标准起草委员会拟定了初中课程纲要，要求初中课程采用混合法讲授，这是又一次向西方学习的探索，但因师资难得，不少学校对混合讲授持有异议，坚持分科讲授。为此商务印书馆出版了一套由著名物理学家严济慈编辑的《现代初中教科书算术》。这套教科书按照新学制编辑，但适合初中分科之用。严济慈将新学制改革中关注生活常识、提升学习兴趣等精神融入初中算术教科书的编辑中，并注重实践、实用之引导，同时强调培养学生自己解决问题的能力，受到学校的广泛欢迎，4 年间再版 95 次之多。这也是在学习西方的同时坚持从本国实际出发编辑初中算术教科书的积极探索，承载了一种坚持走本土化发展的文化担当。此外，商务印书馆在国难之时，主张教育复兴，推出"复兴教科书"系列，《复兴初级中学教科书算术》由骆师曾于 1933 年编辑。骆师曾凭借多年编辑校订经验，尤其主张教科书中例习题设置应多取实际问题和常态生活问题，并且强调算术教科书中应含蓄爱国材料，达到警示国耻事实的效果。可见骆师曾在吸纳西方教科书编辑经验的基础上，十分注重算术教科书的实用性，这也是其心怀复兴国家之意，追求脚踏实地培养儿童的一种文化担当。

1937 年抗日战争全面爆发，在当时极端困难的环境中，商务印书馆、正中书局等仍坚持缩减成本，编辑出版教科书。由程宽沼编著、商务印书馆于 1937 年出版的《国防算术》及余信符、汪桂荣编辑、正中书局 1938 年出版的《建国教科书初级中学算术》，注重教科书的有序组织，重视爱国主义思想培养、国防知识的学习，尊重儿童心理规律，例习题设置丰富全面，在战乱的中国能有这样高质量的初中算术教科书，既是数学教育工作者的爱国思想的体现，也是学习者获取知识的宝贵财富。

教科书是民族文化、社会进步和科学发展的集中反映，因而教科书的编辑不仅仅是文字的堆积，它蕴含着一种情感的表达，更有文化的担当。当前我国提倡文化自信，传承经典传统文化，数学教科书编辑者应义不容辞，努力钻研教科书的编辑内容、体系，传承近现代数学教科书开发者的爱国兴国、文化振兴的担当与使命。

7.3.2 探寻教科书编写的实用性

教科书的编写应具有实际可操作性，就是书中内容要实用、可靠，将其用于现实生活中不会产生错误的结果。清末民国时期，初中算术教科书编辑者特别注重教科书中内容尤其是数据的来源，他们一般在编辑大意中特别提到：货币兑换信息或银行利息利率、统计图表数据等均来源于当时实地调查，不会产生与现实相悖之结果。算术的本质特点就是实用性与计算性，因而算术教科书中例习题素材的选择，以及内容的编排都应在遵循算术知识体系的前提下，探寻教科书编写内容、形式的实用性。

当今算术教科书或其他教科书的内容往往有不能完全反映现实生活实际

的现象，作为教科书编辑者或承担实际教学任务的教师，应头脑清晰，准确把握知识的实用性与可操作性，使教学内容脚踏实地，而不是空中楼阁，不切实际。

7.3.3 学习教科书编著者的智慧与甘于奉献的精神

清末，封建统治者昏庸无道，整个国家笼罩在腐败落后的阴影之下，劳苦大众苦不堪言，西方列强随意践踏、欺凌我们的国家、人民。就是这样的时代，造就了先进数学教育思想的传播者。他们战斗过、抗争过，但是残酷的现实让他们不得不低头、反思，最终他们选择了教育救国、科学救国与思想启蒙。他们通过翻译、编译、自编教科书来传播先进的科学文化知识。因为知识的传播是救国、兴国的有效途径。他们看到了教科书对儿童、年轻一代的启蒙作用日渐彰显，所以他们选择将自己的所学、所想编辑于教科书，让更多的人学习、理解，武装头脑，提高素质。只有这样中华民族才能脱胎换骨，甩掉东亚病夫的帽子，展现蒸蒸日上的全新面貌。这批有识之士选择进入编辑、出版教科书事业之后，就投入毕生的精力研究、实践，其持久力与高效率令人叹服。其实编辑教科书是枯燥的，因为有许多编辑工作是经常重复的。杜亚泉就是这样一个学者型的编辑，又是一个思想型的学者。他在商务印书馆工作28年之久，是第一位明确阐述教科书编辑目的、责任的编辑者。他认为，教科书应满足教学实践的需求和科学理性启蒙的追求。因而，杜亚泉作为商务印书馆理化部主任，带领寿孝天、骆师曾等数学教育家、资深编辑，编辑出版了大量既有实用性，又具科学性的高质量数学教科书。

清末民国时期，教科书编写者多为数学家、数学教育家，这在当今社会是难以置信，实现不了的。因为现在教科书的编辑出版已有固定的集团与公司，编辑者团队多为专门的教科书研究型学者或是高校的研究者。但是清末民国时期资源匮乏、人才奇缺的社会状况，决定了只有数学家或数学教育家等才有思想启蒙的觉悟，才有编辑、传播系统有序的数学知识的能力。他们不遗余力编辑数学教科书，使儿童通过系统的学习，掌握数学知识，培养数学思维能力、计算能力以及解决问题的能力等。这一时期代表人物有杜亚泉、寿孝天、骆师曾、吴在渊、陈文、傅种孙、秦汾、胡明复、余介石、汪桂荣、张鹏飞等。他们对数学教科书的编写起到了引领作用。有的独自编写一种教科书，有的合作编写完整的一套或几套教科书。在中西文化碰撞背景下，他们对教科书编辑出版都作出了积极的贡献。

清末民国时期初中算术教科书的编辑者不仅注重学习内容的设计、编排、讲解，而且对学生的学习态度同样关注。如《实验初中算术》的序言中就强调了"学习算学最应注意的几件事"，清楚简明地交代了学生在学习算学当中的注意事项，强调从听讲开始，到做题方法、遇到困难的处理方式，再到与同学的互帮互助和抄与让抄的禁忌，无一不是学习算学的要害之处。这其实是在强调学生学习算术的态度及方法。将此部分内容置于扉页，潜移默化地启发、规范学生学习算学的态度、方法。它甚至也是学习整个数学所要关注的要点，起到了学习之前"防患于未然"的作用。序言之后在书的目录后引言前也设置了类似的"告学者"栏目，告知学习者学习算学的八条规则，使课本不仅只是作为呈现知识的载体，也传达教育者对学生学习时的担忧、期望与要求。学生通过阅读这部分内容也能体会到：学习算学遇到相应的情况时，应怎么端正态度，规范学习方法。此外，此书的引言部分并没有罗列整本书所要教授的内容、章节，而是从为什么要研究算学、什么是算术、初中算术与小学算术有何区别以及如何研究算学四个方面进行阐述。这是绝妙的编排，体现了当时这些数学教育家对初中算术教学的深刻体悟，也反映了他们怀着培养有为下一代的殷切之情。值得当代数学教育研究者、数学教科书编辑者反思、借鉴。

这一时期教科书编著者还注意到课程内容学习的引导性，课前给出事例，在学习中引导学生补充定理、规则。这样学生既掌握了知识，也明白了推理过程，可以收到事半功倍的效果。例如，蔡泽安编著的《初中新算术》根据儿童心理每讲一法，先用例引导使学生明白事实，然后讲述一般的方法。对于简单的运算规则不印入书中，在应印规则的地方留下空白，先使学生练习与规则有关的问题，使由所习问题推出结论，然后由教师订正填入。

这样各经一番思索，聪颖者得以养成推断的能力，而资质稍差者亦得以明白规则的由来而有深刻的印象。此外，编著者注重因材施教，循序渐进，尊重儿童身心发展规律。

教科书的编写不可能面面俱到，以基础知识的编辑讲授为主，一些提升的、延展的知识由教师根据当时课堂、学生状况灵活安排、发挥。当然，教师的讲授是以教科书为本，不能偏离根本而讲其他。

参考文献

原始文献

[1] 藤泽利喜太郎. 算术教科书 [M]. 西师意, 译. 太原: 山西大学译书院, 1904年9月初版.

[2] 桦正董. 中学适用算术教科书 [M]. 陈文, 译. 上海: 科学会编译部, 1905年11月初版.

[3] 杜亚泉, 王兆枏. 高等小学用最新笔算教科书 [M]. 上海: 商务印书馆, 1905年7月初版, 1908年6月六版.

[4] 桦正董. 新译算术教科书 [M]. 赵缭, 余焕东, 译. 东京: 中国留学生会馆, 1905年5月初版, 1906年11月改正二版.

[5] 陈榥. 中等算术教科书 [M]. 上海: 教科书编辑社, 1905年10月初版, 1906年6月订正五版.

[6] 寺尾寿, 藤森温和. 日清对译算术教科书 [M]. 东京: 日本东京富山房, 1906年.

[7] 东野十治郎. 最新算术教科书 [M]. [日] 西师意, 译. 东京: 日本东亚公司, 1906年9月初版.

[8] 寿孝天. 高等小学算术教本 [M]. 上海: 商务印书馆, 1906年11月初版.

[9] 寿孝天. 订正算术教本: 笔算 [M]. 上海: 商务印书馆, 1906年7月四版.

[10] 曾钧. 中学算术教科书 [M]. 上海: 文明书局, 1907年11月初版.

[11] 徐光连. 中学算术教科书 [M]. 上海: 商务印书馆, 1907年7月初版.

[12] 石承宣. 最新算术教科书 [M]. 上海: 中国图书公司, 1907年初版.

[13] 田中矢德. 中等算术教科书 [M]. 崔朝庆, 译. 上海: 文明书局, 1908

年 2 月初版.

[14] 陆费逵. 算术新教科书 [M]. 上海：文明书局，1908 年 4 月初版.

[15] 桦正董. 算术之部 [M]. 赵缭，易应崐，译. 上海：群益书社，1908 年 4 月二版.

[16] 桦正董. 算术教科书 [M]. 周京，译. 上海：科学编辑书局，1908 年 5 月初版.

[17] 小林盈，稻垣作太郎. 女子算术教科书 [M]. 昭桃三，黄邦柱，译. 上海：群益书社，1908 年 7 月初版.

[18] 沈王钰. 中学数学教科书 [M]. 上海：商务印书馆，1908 年 9 月初版.

[19] 王家荄，骆师曾. 高等小学算术书 [M]. 上海：商务印书馆，1909 年 5 月初版.

[20] 吴廷璜. 高等小学用吴编算术教科书 [M]. 上海：苏新书社，1910 年 1 月初版.

[21] 学部图书编译局. 学部第一次编纂高等小学算术教科书 [M]. 北京：京华印书局，1910 年 12 月初版.

[22] 藤泽利喜太郎. 中学算术新教科书 [M]. 赵秉良，译. 上海：商务印书馆，1911 年 5 月初版.

[23] 石承宣. 高等小学算术课本 [M]. 上海：中国图书公司，1912 年 6 月再版.

[24] 赵秉良. 中华中学算术教科书 [M]. 上海：中华书局，1913 年 10 月初版.

[25] 徐善祥，秦汾. 民国新教科书算术 [M]. 上海：商务印书馆，1913 年 10 月初版.

[26] 张修爵. 普通教育算术教科书 [改正本][M]. 上海：普及书局，1913 年 3 月第五版.

[27] 沈王钰. 中学数学教科书 [M]. 上海：商务印书馆，1913 年 4 月八版.

[28] 寿孝天. 中学校用共和国教科书算术 [M]. 上海：商务印书馆，1919

年6月二四版.

[29] 骆师曾, 寿孝天. 高等小学校共和国教科书新算术 [M]. 上海：商务印书馆, 1913年4月二八版.

[30] 顾树森. 算术教科书 [M]. 上海：中华书局, 1914年3月初版.

[31] 顾树森. 高等小学校用新编中华算术教科书 [M]. 上海：中华书局, 1915年6月五版.

[32] 黄际遇. 中等算术教科书 [M]. 上海：商务印书馆, 1915年2月初版.

[33] 北京教育图书社. 高等小学实用算术教科书 [M]. 上海：商务印书馆, 1915年12月八版.

[34] 王永炅, 胡树楷. 新制算术教本 [M]. 上海：中华书局, 1916年8月初版.

[35] 徐念慈. 近世算术 [M]. 上海：商务印书馆, 1917年订正三版.

[36] 陈文. 实用主义中学新算术 [M]. 上海：科学会编辑部, 1917年第三版.

[37] 寿孝天, 骆师曾. 高等小学用新法算术教科书 [M]. 上海：商务印书馆, 1920年7月初版.

[38] 吴在渊, 胡敦复. 新中学教科书算术 [M]. 上海：中华书局, 1922年6月初版.

[39] 王炯灵. 新制算术教本 [M]. 上海：中华书局, 1922年6月初版.

[40] 寿孝天. 初等小学用共和国教科书新算术教授法 [M]. 上海：商务印书馆, 1913.

[41] 寿孝天. 幼稚识数教授法 [M]. 上海：商务印书馆, 1914.

[42] 寿孝天. 初等小学用共和国教科书新算术 [M]. 上海：商务印书馆, 1926.

[43] 段育华. 新学制混合算学教科书 [M]. 上海：商务印书馆, 1923年3月初版.

[44] 严济慈. 现代初中教科书算术 [M]. 上海：商务印书馆, 1923年8月初版.

[45] 程廷熙，傅种孙. 新中学教科书初级混合数学 [M]. 上海：中华书局，1923 年初版.

[46] 乔治·布利氏. 布利氏新式算学教科书 [M]. 徐自棠，译. 上海：商务印书馆，1924 年.

[47] 张鹏飞. 初级中学用新中华教科书算学 [M]. 上海：中华书局，1924 年 3 月三版.

[48] 甘源淹. 算术新编 [M]. 上海：中华书局，1926 年 2 月初版.

[49] 张鹏飞. 新中华初级中学算术教本 [M]. 上海：中华书局，1928 年 11 月初版.

[50] 王德涵. 中等算术 [M]. 北京：四存学校，1925 年 6 月版.

[51] 骆师曾. 复兴初级中学教科书算术 [M]. 上海：商务印书馆，1933 年 5 月初版.

[52] 薛溱舲，龚昂云，杨哲明. 初中算术 [M]. 上海：世界书局，1930 年 1 月初版.

[53] 王刚森. 王氏初中算术 [M]. 上海：世界书局，1933 年 6 月初版.

[54] 骆师曾. 骆氏初中算术 [M]. 上海：世界书局，1933 年 7 月初版.

[55] 陈邦彦，秦启文. 算术课本 [M]. 上海：世界书局，1933 年 6 月三版.

[56] 陆子芬，孙振宪，石濂水. 初中算术 [M]. 上海：中华书局，1933 年 6 月初版.

[57] 陆子芬，孙振宪，石濂水. 分科教授新中华算术 [M]. 上海：新国民图书社，1932 年 8 月初版.

[58] 张轶庸. 初中算术教本 [M]. 上海：大东书局，1930 年 8 月初版.

[59] 薛元鹤，戴味青. 新生活教科书算术 [M]. 上海：大东书局，1933 年初版.

[60] 杨尔琮. 新标准初中算术 [M]. 北平：新亚印书局，1935 年 8 月初版.

[61] 周为群，刘薰宇，章克标，等. 开明算学教本算术 [M]. 上海：开明书店，1929 年 7 月初版.

[62] 甘源淹，余介石. 初级中学北新算术 [M]. 上海：北新书局，1931 年 8 月初版.

[63] 吴在渊. 中国初中教科书算术 [M]. 上海：中国科学图书仪器公司，1932年8月初版.

[64] 刘秉哲. 初级中学算术 [M]. 北平：著者书店，1932年7月版.

[65] 张幼虹. 实验初中算术 [M]. 上海：建国书局，1934年8月初版，1941年第七版.

[66] 魏怀谦. 新编初中算术 [M]. 上海：中华书局，1941年4月初版.

[67] 汪桂荣，余信符. 初中算术 [M]. 南京：正中书局，1935年7月初版.

[68] 张伯丞. 初中算术 [M]. 北平：北京燕北理科教育研究社，1937年7月版.

[69] 程宽沼. 国防算术 [M]. 长沙：商务印书馆，1938年4月三版.

[70] 蔡泽安. 初中新算术 [M]. 上海：世界书局，1938年5月新四版.

[71] 余信符，汪桂荣. 建国教科书初级中学算术 [M]. 南京：正中书局，1938年7月初版，1944年4月赣四一版.

[72] 刘薰宇，孙瀚，张志渊. 初中算术教本 [M]. 上海：开明书店，1939年7月初版.

[73] 陈文. 初中算术 [M]. 上海：中国科学图书仪器公司，1941年6月初版.

[74] 汪桂荣，余信符. 新中国教科书初级中学算术 [M]. 南京：正中书局，1944年8月初版.

[75] 夏承法，叶至善. 开明新编初中算术教本 [M]. 上海：开明书店，1946年8月初版.

[76] 薛元鹤，戴味青. 新修正标准初中算术 [M]. 上海：大东书局，1946年版.

[77] 蔡德注. 初级中学算术 [M]. 上海：中华书局，1948年8月初版.

[78] 胶东中等学校数学教材编审会. 初中算术 [M]. 不详，1944年5月.

[79] 不详. 中学临时教材初中算术 [M]. 不详，1947年7月初版.

[80] 郁祖同. 初级中学教科书易进算术 [M]. 上海：易进出版社，1948年版.

[81] 丁江，颜泗南，徐宣，朱德让. 初中临时教材算术 [M]. 沈阳：东北书店，1947年7月初版.

[82] 人民解放军华北军区政治部. 中级算术 [M]. 人民解放军华北军区政治部，1948年10月初版，1949年9月再版.

[83] 藤泽利喜太郎. 算术条目及教授法 [M]. 王国维，译. 上海：教育世界出版所，1902.

[84] 狄考文. 笔算数学 [M]. 邹立文，述. 上海：美华书馆，1906年版.

[85] 泽田吾一. 笔算教本 [M]. 崔朝庆，译. 上海：商务印书馆，1904年7月初版，1907年2月五版.

[86] 陈文. 实用主义几何学教科书平面（中学校用）[M]. 上海：商务印书馆，1917.

[87] 汪桂荣. 初级中学实验几何学 [M]. 正中书局，1935.

研究文献

著作部分

[1] 张苍等. 九章算术 [M]. 重庆：重庆出版社，2016.

[2] 熊月之. 西学东渐与晚清社会 [M]. 北京：中国人民大学出版社，2011.

[3] 李兆华. 中国近代数学教育史稿 [M]. 济南：山东教育出版社，2005.

[4] 李迪. 中国数学史简编 [M]. 沈阳：辽宁人民出版社，1984.

[5] 李迪. 中国数学通史 [M]. 南京：江苏教育出版社，1999.

[6] 张奠宙. 数学教育经纬：张奠宙自选集 [M]. 南京：江苏教育出版社，2003.

[7] 张奠宙，曾慕莲，戴再平. 近代数学教育史话 [M]. 北京：人民教育出版社，1990.

[8] 莫由，许慎. 中国现代数学史话 [M]. 南宁：广西教育出版社，1987.

[9] 张奠宙. 中国近现代数学的发展 [M]. 石家庄：河北科学技术出版社，2010.

[10] 魏庚人，李俊秀，高希尧. 中国中学数学教育史 [M]. 北京：人民教育出版社，1989.

[11] 代钦. 数学教育与数学文化 [M]. 呼和浩特：内蒙古教育出版社，2013.

[12] 代钦. 中国数学教育史 [M]. 北京：北京师范大学出版社，2018.

[13] 李春兰. 中国近现代中小学数学教育思想史（1902—1952）[M]. 呼和浩特：内蒙古教育出版社，2011.

[14] 王有朋. 中国近代中小学教科书总目[M]. 上海：上海辞书出版社，2010.

[15] 金林祥. 中国教育通史·清代卷（下）[M]. 北京：北京师范大学出版社，2013.

[16] 璩鑫圭，唐良炎. 中国近代教育史资料汇编学制演变[M]. 上海：上海教育出版社，1991.

[17] 课程教材研究所.20世纪中国中小学课程标准·教学大纲汇编数学卷[M]. 北京：人民教育出版社，2001.

[18] 史春风. 商务印书馆与中国近代文化[M]. 北京：北京大学出版社，2006.

[19] 商务印书馆. 商务印书馆图书目录（1897—1949）[M]. 上海：商务印书馆，1997.

[20] 吴艳兰. 北京师范大学图书馆馆藏师范学校及中小学教科书书目（清末至1949年）[M]. 北京：北京师范大学出版社，1997.

[21] 张昭军，孙燕京. 中国近代文化史[M]. 北京：中华书局，2012.

[22] 许纪霖，田建业. 一溪集：杜亚泉的生平与思想[M]. 北京：生活·读书·新知三联书店，1999.

[23] 李继闵. 算法的源流——东方古典数学的特征[M]. 北京：科学出版社，2007.

[24] 商务印书馆辞书研究中心. 古代汉语词典[Z]. 北京：商务印书馆，2014.

[25] 王云五. 丛书集成初编孙子算经及其他三种[M]. 上海：商务印书馆，1939.

[26] 平山谛. 东西数学物语[M]. 代钦，译. 上海：上海教育出版社，2005.

[27] 朱有瓛. 中国近代学制史料（第三辑上册）[M]. 上海：华东师范大学出版社，1990.

[28] 田正平. 中国教育通史中华民国卷（上）[M]. 北京：北京师范大学出版社，2014.

[29] 寿永明，裘士雄. 三味书屋与寿氏家族[M]. 杭州：浙江大学出版社，2010.

[30] 李祎. 中小学数学中的为什么 [M]. 福州：福建教育出版社，2012.

[31] 王云五. 新教育系谱与商务印书馆 [M]. 南京：江苏教育出版社，2008.

[32] 张人凤. 商务印书馆 100 年 [M]. 北京：商务印书馆，1997.

[33] 商务印书馆. 商务印书馆大事记 [M]. 北京：商务印书馆，1987.

[34] 商务印书馆善后办事处. 上海商务印书馆被毁记 [M]. 北京：商务印书馆，2016：出版说明.

[35] 李春兰. 清末民国时期的数学教科书 [A]. 见：丘成桐，杨乐，季理真. 数学与教育 [M]. 北京：高等教育出版社，2011.

[36] 莫里兹. 数学家言行录 [M]. 南京：江苏教育出版社，1990.

[37] 王云五. 八年苦斗的前期 [M]// 岫庐八十自述. 台北：商务印书馆，1967.

[38] 徐品方，张红. 数学符号史 [M]. 北京：科学出版社，2006.

[39] 林夏水. 数学哲学 [M]. 北京：商务印书馆，2003.

[40] 柏拉图. 理想国 [M]. 郭斌和，张竹明，译. 北京：商务印书馆，1995.

[41] 段育华，周元瑞. 算学辞典 [Z]. 上海：商务印书馆，1938.

[42] 倪德基，郦禄琦，雷琛. 数学辞典 [Z]. 上海：中华书局，1925.

[43] 章建跃. 章建跃数学教育随想录（下卷）[M]. 杭州：浙江教育出版社，2017.

[44] 马忠林等. 数学教育史 [M]. 南宁：广西教育出版社，2001.

[45] 舒新城. 中国近代教育史资料 [M]. 北京：人民教育出版社，1981.

[46] 舒新城. 中国近代教育史资料（中册）[M]. 北京：人民教育出版社，1985.

[47] 王权. 中国小学数学教学史 [M]. 济南：山东教育出版社，1996.

[48] 代钦. 儒家思想与中国传统数学 [M]. 北京：商务印书馆，2003.

[49] 许纪霖，田建业. 杜亚泉文存 [M]. 上海：上海教育出版社，2003.

[50] 张友余. 魏庚人数学教育文集 [M]. 洛阳：河南教育出版社，1991.

[51] 俞子夷. 民教班算术教学研究 [M]. 上海：商务印书馆，1948.

[52] 毛礼锐，沈灌群. 中国教育通史（第六卷）[M]. 济南：山东教育出版社，1988.

[53] 高平叔. 蔡元培教育论著选 [M]. 北京：人民教育出版社，1991.

[54] 王伦信. 清末民国时期中学教育研究 [M]. 上海：华东师范大学出版社，2002.

[55] 钟善基，丁尔陞，曹才翰. 中学数学教材教法 [M]. 北京：北京师范大学出版社，1982.

[56] 张奠宙，赵斌. 二十世纪数学史话 [M]. 上海：知识出版社，1984.

[57] 中国大百科全书出版社编辑部. 中国大百科全书·教育 [Z]. 北京：中国大百科全书出版社，1986.

[58] H. 伊夫斯. 数学史概论 [M]. 欧阳绛，译. 太原：山西人民出版社，1986.

[59] 朱有瓛. 中国近代学制史料第二辑（上册）[M]. 上海：华东师范大学出版社，1987.

[60] 朱有瓛. 中国近代学制史料第一辑（下册）[M]. 上海：华东师范大学出版社，1986.

[61] 朱有瓛，高时良. 中国近代学制史料第四辑 [M]. 上海：华东师范大学出版社，1993.

[62] 程民德. 中国现代数学家传（第一卷—第五卷）[M]. 南京：江苏教育出版社，1994—2002.

[63] 王建军. 中国近代教科书发展研究 [M]. 广州：广东教育出版社，1996.

[64] 钱曼倩，金林祥. 中国近代学制比较研究 [M]. 广州：广东教育出版社，1996.

[65] 周谷平. 近代西方教育理论在中国的传播 [M]. 广州：广东教育出版社，1996.

[66] 李华兴. 民国教育史 [M]. 上海：上海教育出版社，1997.

[67] 顾明远. 教育大辞典 [Z]. 上海：上海教育出版社，1998.

[68] 田正平. 中国教育史研究 近代分卷 [M]. 上海：华东师范大学出版社，2001.

[69] 林永伟，叶立军. 数学史与数学教育 [M]. 杭州：浙江大学出版社，2004.

[70] 周其厚. 中华书局与近代文化 [M]. 北京：中华书局，2007.

[71] 汪家熔. 民族魂——教科书变迁 [M]. 北京：商务印书馆，2008.

[72] 杨光. 最后的名士——近代名人自传 [M]. 合肥：黄山书社，2008.

[73] 姜朝晖. 民国时期教育独立思潮研究 [M]. 北京：中国社会科学出版社，2008.

[74] 郑匡民. 西学的中介：清末民初的中日文化交流 [M]. 成都：四川人民出版社，2008.

[75] 陈志科. 留美生与民国时期教育学 [M]. 天津：天津人民出版社，2008.

[76] 李泽厚. 中国近代思想史论 [M]. 北京：生活·读书·新知三联书店，2008.

[77] 谢长法. 中国中学教育史 [M]. 太原：山西教育出版社，2009.

[78] 张奠宙. 我亲历的数学教育（1938—2008）[M]. 南京：江苏教育出版社，2009.

[79] 陈月茹. 中小学教科书改革研究 [M]. 北京：教育科学出版社，2009.

[80] 罗志田. 裂变中的传承：20世纪前期的中国文化与学术 [M]. 北京：中华书局，2009.

[81] 钱穆. 文化与教育 [M]. 北京：生活·读书·新知三联书店，2009.

[82] 冯立昇. 中日数学关系史 [M]. 济南：山东教育出版社，2009.

[83] 王建磐. 中国数学教育：传统与现实 [M]. 南京：江苏教育出版社，2009.

[84] 石鸥，吴小鸥. 百年中国教科书图说（1897—1949）[M]. 长沙：湖南教育出版社，2009.

[85] 毕苑. 建造常识：教科书与近代中国文化转型 [M]. 福州：福建教育出版社，2010.

[86] 王学哲，方鹏程. 商务印书馆百年经营史（1897—2007）[M]. 武汉：华中师范大学出版社，2010.

[87] 陈潮. 近代留学生 [M]. 北京：中华书局，上海：上海古籍出版社，2010.

[88] 代钦，松宫哲夫. 数学教育史 [M]. 北京：北京师范大学出版社，2011.

[89] 吴小鸥. 中国近代教科书的启蒙价值 [M]. 福州：福建教育出版社，2011.

[90] 张元济. 张元济论出版 [M]. 北京：商务印书馆，2011.

[91] 陆费逵. 陆费逵文选 [M]. 北京：中华书局，2011.

[92] 李文林. 数学史概论 [M]. 北京：高等教育出版社，2011.

[93] 舒新城. 近代中国留学史 [M]. 上海：上海书店出版社，2011.

[94] 傅国涌. 过去的中学 [M]. 北京：同心出版社，2012.

[95] 王建辉. 教育与出版：陆费逵研究 [M]. 北京：中华书局，2012.

[96] 黄克武. 近代中国的思潮与人物 [M]. 北京：九州出版社，2012.

[97] 卡尔·B. 博耶博耶. 数学史（上、下）[M]. 秦传安，译. 北京：中央编译出版社，2012.

[98] 白寿彝. 中国通史纲要 [M]. 北京：中国友谊出版公司，2012.

[99] 斯图尔特. 数学的故事 [M]. 熊斌，汪晓勤，译. 上海：上海辞书出版社，2013.

[100] 周洪宇，陈竞蓉. 旧教育与新教育的差异：孟禄在华演讲录 [M]. 合肥：安徽教育出版社，2013.

[101] 王建辉. 教育与出版——陆费逵研究 [M]. 北京：中华书局，2012.

[102] 唐钺，朱经农，高觉敷. 教育大辞书 [Z]. 上海：商务印书馆，1933.

[103] 戴伯韬. 解放战争初期苏皖边区教育 [M]. 北京：人民教育出版社，1982.

[104] 陈学恂. 中国近代教育史教学参考资料（中册）[M]. 北京：人民教育出版社，2000.

[105] 小平邦彦. 我只会算术：小平邦彦自传 [M]. 尤斌斌，译. 北京：人民邮电出版社，2022.

[106] 叶秀山. 美的哲学（重订本）[M]. 北京：世界图书出版公司，2010.

论文部分

[1] 严敦杰. 中国数学教育简史 [J]. 数学通报，1965（8）（9）.

[2] 李迪. 1860—1960年间中国数学教科书的变迁及原因与思考 [A]. 中日近现代数学教育史（第二卷）[C]. 大阪：ハンカイ出版印刷株式会社，1998.

[3] 李迪. 清末（1860—1911）对数学教育的倡导与实践 [J]. 内蒙古师范大学学报（哲学社会科学版），2003（2）.

[4] 李迪. 周达与中日数学交流 [A]. 中国科学技术史论文集（第一集）[C]. 呼和浩特：内蒙古教育出版社，1991.

[5] 陈婷. 20世纪我国初中几何教科书编写的沿革与发展 [D]. 重庆：西南

大学，2008.

[6] 魏佳. 20世纪中国小学数学教科书内容的改革与发展研究[D]. 重庆：西南大学，2009.

[7] 张伟. 中国近代中学代数教科书发展史研究[D]. 呼和浩特：内蒙古师范大学，2011.

[8] 刘盛利. 中国微积分教科书之研究（1904—1949）[D]. 呼和浩特：内蒙古师范大学，2012.

[9] 王敏. 欧美对中国中小学数学教育的影响（1902—1949）[D]. 呼和浩特：内蒙古师范大学，2014.

[10] 刘冰楠. 中国中学三角学教科书发展史研究（1902—1949）[D]. 呼和浩特：内蒙古师范大学，2015.

[11] 张美霞. 清末民国时期中学解析几何学教科书研究[D]. 呼和浩特：内蒙古师范大学，2018.

[12] 张彩云. 中国中学几何作图教科书发展史（1902—1949）[D]. 呼和浩特：内蒙古师范大学，2019.

[13] 毕苑. 中国近代教科书研究[D]. 北京：北京师范大学，2004.

[14] 吴小鸥. 清末民初教科书的启蒙诉求[D]. 长沙：湖南师范大学，2009.

[15] 王昌善. 我国近代中小学教科书编审制度研究[D]. 长沙：湖南师范大学，2011.

[16] 张伟. 中国近现代数学教科书发展史研究[D]. 呼和浩特：内蒙古师范大学，2008.

[17] 王靖宇. 中国近现代高中立体几何教科书研究（1902—1949）[D]. 呼和浩特：内蒙古师范大学，2012.

[18] 屈蓓蓓. 崔朝庆对中国近现代数学教育的贡献[D]. 呼和浩特：内蒙古师范大学，2015.

[19] 杨珊. 清末新学制时期的中学数学教科书分析与研究[D]. 上海：华东师范大学，2015.

[20] 王莉. 中国中学解析几何教科书发展史研究（1902—1949）[D]. 呼和

浩特：内蒙古师范大学，2016.

[21] 刘铭.民国时期四川中学数学教育的变迁[D].成都：四川师范大学，2017.

[22] 李瑶.清末民国时期三套中学数学教科书的比较研究[D].成都：四川师范大学，2018.

[23] 胡佳军.汪桂荣中学数学教学之研究[D].呼和浩特：内蒙古师范大学，2016.

[24] 张伟.外国数学教科书的翻译对中国数学教育的影响[J].内蒙古师范大学学报（教育科学版），2007（12）.

[25] 李春兰，代钦.民国时期中学混合数学教学法发展研究[J].内蒙古师范大学学报（自然科学汉文版），2007（6）.

[26] 吕世虎.20世纪中国中学数学课程的发展（1901—1949）[J].数学通报，2007（6）.

[27] 代钦.王国维到陈建功——中国数学教育研究50年的回顾与反思[J].数学通报，2008（3）.

[28] 代钦.王国维到陈建功——中国数学教育研究50年的回顾与反思（续）[J].数学通报，2008（4）.

[29] 郭玉峰，李亚玲.吴在渊、胡敦复初中几何教材内容简介、分析及思考[J].数学通报，2008（4）.

[30] 陈婷.20世纪上半叶中国初中几何教科书的演变及其启示[J].教育学报，2009（2）.

[31] 吕世虎，吴春燕，陈婷.20世纪以来中国中学数学课程内容综合化的历程及其启示[J].数学教育学报，2009（6）.

[32] 张伟.民国时期主要使用的数学教科书（1911—1949）[J].内蒙古师范大学学报（自然科学汉文版），2009（5）.

[33] 李朝晖，张伟.清末的数学教科书[J].内蒙古师范大学学报（自然科学汉文版），2009（5）.

[34] 陈婷.20世纪20年代末中国初中混合数学教科书考察[J].教育学报，2010（2）.

[35] 代钦，李春兰. 吴在渊的数学教育思想[J]. 数学通报，2010（3）.

[36] 王靖宇. 清末新学制下的《最新中学教科书几何学·立体部》研究[J]. 内蒙古师范大学学报（自然科学汉文版），2011（4）.

[37] 代钦. 漫话清末中学数学教科书[N]. 中华读书报，2012（6）.

[38] 刘盛利，代钦. 清末罗密士的《最新微积学教科书》[J]. 数学教育学报，2012（2）.

[39] 刘盛利，代钦. 中国高等教育之研究——以微积分教科书（1904—1949）为视角[J]. 内蒙古师范大学学报（教育科学版），2012（5）.

[40] 刘盛利，代钦. 民国时期微积分教科书研究——以熊庆来的《高等算学分析》为例[J]. 内蒙古师范大学学报（自然科学汉文版），2012（3）.

[41] 陈婷，吕世虎. 二十世纪混合数学教科书的先河——《布利氏新式算学教科书》之考察[J]. 数学教育学报，2013（2）.

[42] 李春兰. 中西数学文化碰撞下的清末中学数学教科书[J]. 内蒙古师范大学学报（教育科学版），2013（4）.

[43] 张伟，董杰. 论中国近代代数教科书的多元化[J]. 内蒙古师范大学学报（教育科学版），2013（4）.

[44] 王敏，代钦. 上野清数学教科书研究[J]. 内蒙古师范大学学报（教育科学版），2013（6）.

[45] 苏日娜，代钦. 民国时期的《初级混合数学》教科书[J]. 内蒙古师范大学学报（教育科学版），2013（8）.

[46] 刘冰楠，代钦. 清末新学制下的《最新中学教科书三角术》[J]. 内蒙古师范大学学报（教育科学版），2013（8）.

[47] 张涛，代钦. 温德华士数学教科书在中国[J]. 内蒙古师范大学学报（教育科学版），2013（8）.

[48] 海红，代钦，刘冰楠. "中学校用共和国教科书"数学教科书研究[J]. 内蒙古师范大学学报（教育科学版），2013（12）.

[49] 杨薇，刘晓平，代钦. 吴在渊对中学数学教科书的贡献[J]. 内蒙古师

范大学学报（教育科学版），2013（12）．

[50] 陈婷．我国20世纪30年代初中实验几何教科书考察[J]．数学通报，2014（1）．

[51] 代钦．民国时期初中数学教科书发展及其特点[J]．数学通报，2014（8）．

[52] 汤雪峰．清末民国时期江苏地区中小学数学教科书与教学史论[J]．江苏教育，2014（8）．

[53] 许新忠．试论我国近现代数学制度文化的发展[J]．数学学习与研究，2015（3）．

[54] 代钦．清末中学数学教科书发展及其特点[J]．课程·教材·教法，2015（1）．

[55] 代钦，刘冰楠．民国时期高中数学教科书发展及其特点[J]．数学通报，2015（4）．

[56] 刘冰楠，代钦．民国时期国人自编三角学教科书中"三角函数"变迁[J]．数学教育学报，2015（3）．

[57] 李雪婷，代钦．清末民国时期统计学教材的发展[J]．内蒙古师范大学学报（教育科学版）2015，28（3）．

[58] 张伟，代钦．民国函数教育历史之考略[J]．兰台世界，2015（31）．

[59] 陈婷，孙彬博．清末民国时期小学数学课程的嬗变及其评析[J]．数学教育学报，2016（1）．

[60] 张美霞，代钦．20世纪我国中学解析几何课程目标的演变[J]．数学通报，2018（1）．

[61] 张美霞，代钦．20世纪前半叶我国中学解析几何课程演变之探微[J]．内蒙古师范大学学报（自然科学汉文版），2018（5）．

[62] 张彩云，代钦．清末几何作图教科书《最新中学教科书用器画》研究[J]．数学教育学报，2019（1）．

[63] 张彩云，代钦．民国时期中学几何作图教科书发展及其特点[J]．数学通报，2019（4）．

[64] 王敏．清末民国时期欧美中小学数学教科书的中国化[J]．数学通报，2019（12）．

[65] 魏佳.清末小学数学教科书编写：史实与借鉴[J].课程·教材·教法，2009（11）.

[66] 付云菲，代钦.清末民国时期初中算术教科书研究[J].内蒙古师范大学学报（教育科学版），2012（6）.

[67] 李江南，付云菲.清末民国时期初中算术教科书中分数概念内容编排特点[J].内蒙古师范大学学报（教育科学版），2013（4）.

[68] 魏佳.清末小学笔算教科书的艰难蜕变[N].中华读书报，2013（13）.

[69] 魏佳，肖萍.《最新笔算教科书》内容结构探析[J].课程·教材·教法，2014（11）.

[70] 常红梅，代钦.清末小学算术教科书个案分析——以《初等小学用最新笔算教科书》为例[J].内蒙古师范大学学报（教育科学版），2016（4）.

[71] 常红梅，代钦.中国初中算术教科书中分数概念表述演变考（1902—1949）[J].数学通报，2019（8）.

[72] 常红梅，代钦.民国初期初中算术教科书发展及其特点[J].内蒙古师范大学学报（教育科学版），2019（12）.

[73] 松宫哲夫.中国数学教育史概观（1862—1987年）——分期与各时期的特征[J].数学教育研究，1987（17）.

[74] 牛瑞雪.从口耳相传到云课程：课程形态视域下的课程演变史[J].课程·教材·教法，2013（12）.

[75] 李淑文.日本新编中学数学教材的特点评析[J].数学教育学报，2003（4）.

[76] 蒋维乔.编辑共和国小学教科书缘起[J].教育杂志，1912（1）.

[77] 郑逸梅.老教育家蒋维乔[J].民主，1992（10）.

[78] 伍振.天下盆景"东湖"收[J].生命世界，2006（9）.

[79] 厉晋元.学习珠算（盘）历史论述的心得体会（中）[J].齐鲁珠坛，1997（8）.

[80] 郑鹤声.三十年来中央政府对于编审教科图书之检讨[J].教育杂志

（夏季特大号），1935（7）.

[81] 陆殿扬. 中小学国定教科书编纂之经过及其现状 [J]. 中华教育界，1947，复刊1（1）.

[82] 贺晓恒. 从分数的历史看分数的教学 [J]. 湖南教育，2007（5）.

[83] 章敏. 关于分数教学的思考 [J]. 课程·教材·教法，2015（3）.

[84] 范文贵. 分数的内涵有多大？——兼谈小学分数的教学 [J]. 人民教育，2011（7）.

[85] 张奠宙. 分数定义 [J]. 小学教学（数学版），2010（1）.

[86] 李迪. 1860—1960年间中国数学教科书的变迁及原因与思考 [A]. 中日近现代数学教育史（第二卷）[C]. 大阪：ハンカイ出版印刷株式会社，1998.

[87] 田淼. 清末数学教师的构成特点 [J]. 中国科技史料，1998（4）.

[88] 田淼. 清末数学教育对中国数学家的职业化影响 [J]. 自然科学史研究，1998（2）.

[89] 代钦. 我国近现代数学教学法发展研究 [J]. 内蒙古师大学报（自然科学汉文版），2000（2）.

[90] 代钦. 王国维与我国近代数学教育 [J]. 内蒙古师范大学学报（教育科学版），2006（5）.

[91] 代钦，李春兰. 中国数学教育史研究进展70年之回顾与反思 [J]. 数学教育学报，2007（3）.

[92] 林志伟，代钦，李春兰. 小仓金之助的数学教育思想——以《算学教育的根本问题》为中心 [J]. 内蒙古师范大学学报（自然科学汉文版），2009（5）.

[93] 王嵘. 民国中学数学教科书的发展与特点 [J]. 数学通报，2014（9）.

[94] 吴洪成，周楠. 民国初期中华书局教科书编辑述略 [J]. 衡水学院学报，2018（6）.

[95] 王丽. 温故壬戌学制 [N]. 中国青年报，2009-01-21.

[96] 徐章韬. 分数历史发展过程中认识视角的变迁及其教学意蕴 [J]. 湖

南教育，2010（4）.

外文文献

[1] Ernst R Breslich. Second-Year Mathematics for Secondary Schools [M]. Chicago: The University of Chicago Press，1924.

[2] Robert Edouard Moritz. Memorabilia Mathematica, or the Philomath's Qutation-Book [M]. New York: The Macmillan Company，1914.

[3] Dewdney A K. A Mathematical Mystery Tour [M]. Canada: Navta Associates Inc.，1999.

[4] George M A Stanic, Jeremy Kilpatrick. A History of School Mathematics（V1）[M]. NCTM，2006.

[5] Stephen Hawking. God Created the Integers [M]. London: Running Press，2005.

[6] Jacques Hadamard. The Psychology of Invention in the Mathematical Field [M]. Dover: Dover Publications Inc.，1944.

[7] Joseph Warren Dauben. Georg Cantor: His Mathematics and Philosophy of the Infinte [M]. Cambridge, Massachusetts: Harvard University Press，1979.

[8] Clifford A Pickover. The Math Book [M]. New York: Sterling Publishing Co. Inc.，2009.

[9] Young J W A. The Teaching of Mathematics in The Elementary and the Secondary School [M]. Cambridge, U.S.A: The University Press，1914.

后 记

本书的初稿为我的博士学位论文，对中国近代初中算术教育的发展历程进行系统梳理，展现中国近代初中算术教育尤其是教科书的编写从学习日本到学习德国、美国的过程，以及在此过程中自我的提升与改造。通过对比分析翻译日本不同的初中算术教科书，探寻其内容体系及所传达的数学思想之异同，同时比较国人自编与翻译日本初中算术教科书的具体内容，分析中国在借鉴日本等西方国家初中算术教育发展经验基础上本土化探索的历程。

本书的完成得益于我的博士导师代钦教授的悉心指导与帮助。代老师从史料的充实到书稿内容的深入挖掘、规范撰写都一一推敲指点，我之前不太清晰的思路得到重新整理，书稿的撰写收到事半功倍的效果。书稿撰写期间点点滴滴的收获与成绩都归功于代老师对我的启迪与教诲，在此表示深深的谢意！

感谢师姐李春兰教授、师妹张晓雪博士、王瑞芳博士、张露露博士在书稿修改过程中对我的无私帮助。特别感谢内蒙古师范大学教育学院领导米俊魁教授、赵荣辉教授对本书出版的大力支持与帮助。

本课题的研究还得到"内蒙古师范大学高层次人才科研启动经费"项目的支持。承蒙内蒙古师范大学教育学院学术著作出版基金的资助及中国纺织出版社有限公司的厚爱，本书才得以顺利出版，谨此并致谢忱。

常红梅

2023 年 5 月